Andreas Mieth
Hans-Rudolf Bork

Inseln der Erde

Andreas Mieth

Hans-Rudolf Bork

Inseln der Erde

Landschaften und Kulturen

Die Kapitel „Spitzbergen – gletscherbedeckte Inseln im Eismeer“ und „Azoren – grüne Vulkaninseln zwischen Europa und Amerika“ wurden von Klaus Dierßen, Kiel, verfasst.

Alle Fotos stammen von Andreas Mieth, soweit nicht anders angegeben.

Die Deutsche Nationalbibliothek verzeichnet diese Publikation in der Deutschen Nationalbibliografie; detaillierte bibliografische Daten sind im Internet über http://dnb.d-nb.de abrufbar.

Die Herausgabe des Werkes wurde durch die Vereinsmitglieder der WBG ermöglicht.
Redaktion: Karen David-Sirocko, Mainz
Layout, Satz und Prepress: schreiberVIS, Seeheim
in Zusammenarbeit mit Elke Göpfert, Mörlenbach-Weiher
Gedruckt auf säurefreiem und alterungsbeständigem Papier
Printed in Germany

Besuchen Sie uns im Internet: www.primusverlag.de

ISBN 978-3-89678-650-0

Inhaltsverzeichnis

Dank

Unsere Forschungsarbeiten auf Inseln und das Werden des Buches wurden vielfach unterstützt. Zuvorderst sei Herrn Prof. Dr. Klaus Dierßen gedankt für das Verfassen der Inselportraits „Spitzbergen“ und „Azoren“. Großartige Unterstützung leisteten vor allem unsere Ehefrauen. Dank gilt daher Frau Dr. Edith Reck-Mieth für die stets interessierte Anteilnahme, für das begleitende Lesen der Manuskripte und viele bereichernde Ideen. Desgleichen trug Frau Helga Bork mit der engagierten Durchsicht zahlreicher Kapitel zum Gelingen der Texte bei. Herr Wolfram Schwieder betreute als Lektor der WBG das Buchprojekt überaus engagiert und umsichtig. Wir danken ihm für das stets in uns gesetzte Vertrauen, die manchmal abverlangte Geduld und die immer exzellente Kooperation. Frau Dr. Karen David-Sirocko leistete vorzügliche Arbeit bei der redaktionellen Überarbeitung des Manuskriptes. Wir danken ihr für die vertrauensvolle und exzellente Zusammenarbeit. Frau Dipl.-Designerin Doris Kramer trug zu den Illustrationen des Buches durch ihr engagiertes Wirken bei der Erstellung von Grafiken, der Fotografie von Sammlungsobjekten und der digitalen Bearbeitung von Bildmaterial bei. Herr Joachim Schreiber und sein Team setzten Ideen und Material in ein wundervoll gelungenes Layout um. Für die Abdruckrechte einzelner Fotos und Grafiken danken wir: Herrn Jack Jeffrey (Pepeekeo, Hawaii), Herrn Prof. Dr. Klaus Dierßen (Kiel), Herrn Dr. Martin Stock (Nationalpark Schleswig-Holsteinisches Wattenmeer), dem Postmuseum Stockholm, der Postverwaltung der Åland-Inseln sowie dem Wikingerschiff-Museum Roskilde. Die Quellen sind bei den jeweiligen Abbildungen vermerkt.

Nicht zuletzt danken wir all jenen hier nicht namentlich genannten Personen und Institutionen, die uns bei Forschungsarbeiten auf den Inseln der Erde intensiv, liebevoll, engagiert, Hände reichend und Brücken bauend unterstützt haben.

Meinen Eltern, meiner Frau Edith und
meiner Tochter Finja in großer Dankbarkeit gewidmet
von Andreas Mieth

Gertrud, Helga, Sebastian und Tabea Bork
in großer Dankbarkeit gewidmet
von Hans-Rudolf Bork

Liebe Leserin, lieber Leser,

sind Sie reif für Inseln? Sie dürfen es sein, denn bisher fehlte ein umfassendes, gut lesbares Buch zur Natur-, Landschafts- und Kulturgeschichte der Inseln unserer Erde. Nun liegt ein solches, reich illustriertes Werk vor Ihnen.

Inseln sind erheblich mehr als nur von Wasser umgebenes Land. Ihre Abgelegenheit und Flächenbegrenztheit machen sie in allen Klimazonen der Erde zu besonderen Lebensräumen. Auf Inseln entwickelten sich einzigartige, nirgendwo sonst vorkommende Tiere und Pflanzen. Außerdem zogen Inseln von jeher Menschen in ihren Bann. Manche von ihnen gehörten zu den letzten Bastionen der Erde, die unsere Spezies eroberte. Inseln boten zwar Sicherheit, Überschaubarkeit und immer wieder neue Chancen, selten jedoch erwiesen sie sich als Paradiese. Schwierige Lebensbedingungen und limitierte Ressourcen rangen ihren Bewohnern besondere technische Erfindungen und Anpassungen ab. Einzigartige Kulturen entstanden etwa in den Inselwelten Ozeaniens, wo schon in der Steinzeit aus sesshaften Gartenbauern fernfahrende Wasserwanderer und aus den Nachkommen von Töpfern herausragende Schiffskonstrukteure wurden. Heute liegt ein erheblicher Teil unseres Weltkultur- und -naturerbes auf Inseln, obwohl diese kaum 7 % der globalen Landfläche ausmachen.

Das Zusammenwirken von Mensch und Natur stellt einen Schwerpunkt unserer Erforschung von Inseln dar. Nur selten nutzte der Mensch Inseln behutsam und nachhaltig, oftmals zerstörte er die natürlichen Ressourcen schnell und raumgreifend. Inselökosysteme reagieren auf intensive Nutzung besonders empfindlich. Manche Insel musste schon nach wenigen Generationen verlassen werden, weil ihre Naturgüter zerstört und ihre lebenserhaltenden Ressourcen erschöpft waren. Gleichsam wie unter dem Brennglas fokussiert zeigen Inseln, wo die Gefahren unbedachten menschlichen Handelns liegen. Auch wenn der Vergleich von Inseln und Kontinenten mit Vorsicht zu handhaben ist: Als eindringliche Fallstudien verdeutlichen Inseln, wie sich Landschaften auch auf den Kontinenten zu unser aller Nachteil verändern können, wenn die Nutzungsintensität über die Regenerationsfähigkeit der Ökosysteme hinausgeht.

Wir laden Sie ein zu einer Reise durch die Inselwelten der Erde. Der erste Teil des Buches bietet einen umfassenden Überblick über die Natur-, Kultur- und Landschaftsgeschichte von Inseln. Anhand vieler Beispiele werden die Prozesse des Werdens und Vergehens von Inseln dargestellt und es wird geschildert, warum die Tier- und Pflanzenwelt auf Inseln so einzigartig und empfindlich ist. Wir zeichnen die eindrucksvollsten Inselentdeckungen nach, zeigen wie Inseln zu kulturellen Schatzkästen wurden und versuchen einen Blick in ihre Zukunft zu werfen.

Im zweiten Teil des Buches nehmen wir Sie mit auf eine Reise zu ausgewählten Archipelen und Inseln der Erde. Verdichtet in spannend geschriebenen Portraits wird deutlich, in welch unterschiedlicher, oft atemberaubender Weise der Mensch Inseln entdeckte, prägte und veränderte. Ganz gezielt wurde eine repräsentative und zugleich subjektive Auswahl getroffen, mit der wir Sie an unseren Entdeckungen, Erforschungen und Analysen besonderer Inseln und Archipele teilhaben lassen.

Beim Verfassen des Buches reisten wir in Gedanken zurück auf jene Inseln, die wir in den letzten Jahren besucht haben. Eindringlich standen uns beim Recherchieren und Schreiben wieder die einzigartigen Landschaften und Menschen, die Farben und Strukturen von Felsen und Böden, Stränden und Eisbergen, die Meerestönungen und Wolkenbilder vor Augen. Das Auswählen der Farbfotos wiederum ließ nicht nur die visuellen Eindrücke, sondern auch Gerüche, Wind- und Wellengeräusche, Wärme und Kälte wiedererleben. Wenn es Ihnen beim Lesen und Betrachten des vorliegenden Buches ebenso geht, würden wir uns freuen.

Wir wünschen Ihnen erlebnis- und aufschlussreiche Inselreisen!

Andreas Mieth und Hans-Rudolf Bork,
Kirchbarkau und Kiel im November 2008

Inseln: Natur-, Landschafts- und Kulturgeschichte

▶ 1
Die Siedlung Kummannag auf einer kleinen Felsinsel vor der Küste Nordwest-Grönlands

Grönland Nord-Atlantik

Stora Karlsö Ostsee

Lofoten Nord-Atlantik

▶ 2
Die Inseln der Erde (maßstabsbedingt sind nur die größeren Inseln dargestellt)

Saunders Island / Falklandinseln Süd-Atlantik

Robinson Crusoe Ost-Pazifik

Santa Cruz / Galápagos-Inseln Ost-Pazifik

Madeira Atlantik

Senja Nord-Atlantik

Öland Ostsee

Öland Ostsee

Gotland Ostsee

Tasmanien Süd-Pazifik

Osterinsel Pazifik

Rock Islands / Palau West-Pazifik

Dunk Island Pazifik vor Australien

La Digue / Seychellen Indik

Werden und Vergehen von Inseln

Inseln liegen in der Tiefsee, in flachen Meeresteilen auf dem Schelf (küstennaher Meeresboden auf dem Kontinentalsockel) sowie in Seen und Flüssen. Landmassen in den Meeren der Erde, die eine geringere Ausdehnung als Kontinente haben, heißen ozeanische Inseln. Eine kleinere Landmasse, die in einem See oder einem Fluss auf einem Kontinent liegt, nennt man kontinentale Insel. Ozeanische und kontinentale Inseln besitzen dennoch ein gemeinsames Merkmal: Sie sind allseitig von Wasser umgeben – ozeanische Inseln bei mittlerem Tidehochwasser, See- und Flussinseln bei mittleren See- und Flusswasserständen.

Alle Inseln verändern sich durch konkurrierende Prozesse des Werdens und Vergehens beständig. Diese Prozesse bestimmen die Lebensdauer und damit das Alter, die Größe und die Form einer Insel.

Mindestgröße einer Insel

Auch kleinste, dauerhaft aus dem Meer oder einem Binnensee aufragende Landmassen mit Ausdehnungen selbst von weniger als einem Quadratmeter gelten als Inseln, die also nicht über Mindestgrößen definiert sind.

Maximalgröße einer Insel

Aus den Meeren der Erde ragen vier größere Landmassen auf, die als Kontinente und nicht als Inseln bezeichnet werden: Asien mit Europa und Afrika, Amerika, Australien und Antarktika (vgl. Abb. 2). Im Verlauf der Erdgeschichte haben sich Ausdehnung und Zahl der Kontinente durch die Wanderung von tektonischen Platten in der Erdkruste verändert. Der natürliche und in jüngster Zeit auch der von Menschen verursachte Klimawandel verändert die Höhenlage des Meeresspiegels und damit die Ausdehnung der Kontinente sowie die Zahl und Größe von Inseln.

Eine Insel kann nicht größer sein als der kleinste Kontinent – Antarktika. Die bei weitem größte Insel ist Grönland, gefolgt von Neuguinea, Borneo und Madagaskar. Grönland besitzt weniger als ein Drittel der Ausdehnung Australiens und mehr als das Sechsfache der Größe Deutschlands.

Kulturspezifische Inselnamen

Für Inseln existieren zahlreiche sprach- und kulturspezifische Bezeichnungen. Friesen nennen Inseln „Eylande“ oder „Eilande“ (in der hochdeutschen Umgangssprache ein veralteter Begriff für kleine Inseln). Im Mittelniederdeutschen sind u. a. „Oie“, „Oge“ und „Holm“ gebräuchlich, im Polynesischen „Motu“ (häufig verwendet für kleine Fels- oder Koralleninseln). Umgangssprachlich werden in einigen Regionen der Erde eigene Begriffe für kleine Inseln wie „Inselchen“, „islet“, „îslot“ oder „isleta“ verwendet. Viele skandinavische Inseln tragen die Endungen -holm, -holmur, -oy, -ö oder -ø, viele schottische die Endungen -ey oder -ay; diese Silben sind synonym mit dem Wort „Insel“ im jeweiligen Sprachraum.

Form- und gesteinsbedingte Inselbezeichnungen

Leicht abtragbare Gesteine wie Sande oder Tone bilden vergängliche Lockergesteinsinseln (zum Beispiel die Ostfriesischen Inseln). Der Abtragung weitaus stärker widerstehende feste Gesteine wie Sandsteine, Kalksteine oder Granite verdanken Festgesteinsinseln ihre längere Existenz (zum Beispiel Gotland, Abb. 3). Kleine, flache, aus feinem Lockermaterial aufgebaute Inseln werden als „Cays“, „Keys“ oder „Cayos“ bezeichnet. Am bekanntesten sind die Florida Keys. Schroff ragen Klippen oder Felsnadeln aus dem Meer oder einem See auf. Eine bekannte Felsnadel ist die „Lange Anna“ an der Hauptinsel Helgolands.

Gletscher schliffen in den Kaltzeiten festes Gestein; nach dem Abtauen der Gletscher verblieb eine unregelmäßige Oberfläche mit buckelförmigen glatten Erhebungen, den Rundhöckern. Die tieferen Bereiche wurden nach der Erwärmung zu Beginn der bis heute anhaltenden Warmzeit von Wasser bedeckt. Nur die höchsten Buckel ragen heute noch aus dem Meer und aus Seen auf. Isolierte, vollkommen von Wasser umgebene Rundhöcker werden als

Inseldefinitionen

Eine Landmasse, die kein Kontinent ist und beständig bei mittlerem Tidehochwasser aus dem Meer oder bei mittlerem Wasserstand aus einem See oder einem Fluss aufragt, wird als Insel bezeichnet – unabhängig von ihrer Größe. In den Meeren und Binnengewässern der Erde existieren Hunderte von Millionen von Inseln. Ihre Zahl verändert sich beständig durch natürliche und anthropogene Prozesse. Wird ein Erddamm zwischen einer Insel und dem Festland angelegt, so wandelt sich die Insel in eine Halbinsel (zum Beispiel Sylt). Brücken und Tunnel verändern den Status von Inseln hingegen nicht.

In der von Johann Georg Krünitz (1773–1858) begründeten „Oekonomischen Encyklopädie“ wird der Begriff „Insel“ definiert und es wird erläutert, weshalb Kontinente nicht als Inseln zu bezeichnen sind: „In engerer und gewöhnlicher Bedeutung, ein mit Wasser umflossenes, folglich einzeln und abgesondert liegendes festes Land. In diesem Verstande machen die drey alten Welttheile zusammen genommen, und die neue Welt nur zwey große Inseln aus, ob man sie gleich wegen ihrer Größe gemeiniglich nicht Inseln, sondern festes Land zu nennen, und sie, so wie beträchtliche Theile derselben den Inseln entgegen zu setzen pflegt; weil man erst in den spätern Zeiten entdeckt hat, dass die Welttheile wirkliche Inseln sind. Das Wort Insel ist also ein durch den Gebrauch eingeschränkter Ausdruck, welcher nur kleinern mit Wasser umflossenen Ländern beygeleget wird.“

Einige Institutionen und Kulturen verwenden besondere Inseldefinitionen. War ein Gewässer zwischen dem Festland und einer kleineren Landfläche im Meer schiffbar, verwendeten die Wikinger den Begriff „Insel“ für letztere. Konnte eine Landmasse in einem Gewässer mindestens ein Schaf ernähren, wurde sie in der schottischen Landesaufnahme des 19. Jahrhunderts als Insel bezeichnet. Wächst auf Land, das vollständig von Wasser umgeben ist, mindestens ein Baum, so darf es in Kanada besiedelt und als Insel bezeichnet werden. Nach der internationalen Seerechtskonvention muss eine von Wasser umgebene Landmasse dauerhaft bewohnbar sein, um als Insel mit umliegender exklusiver Wirtschaftszone anerkannt zu werden.

◀ 3
Durch nacheiszeitliche Landhebung entstand die Insel Gotland. Abrasion und Erosion formen das Kliff aus Kalkstein an der Küste

Schären, Gruppen als Schärenhöfe oder als Schärengärten bezeichnet. Dieser Inseltyp ist häufig an den Küsten beziehungsweise in den Seen Skandinaviens und Kanadas zu finden.

Inselgruppen

Liegen mehrere Inseln mit ähnlichen naturräumlichen Merkmalen zusammen, so bilden sie, wie die Azoren (siehe Kap. Azoren) oder die Westindischen Inseln, eine Inselgruppe. Ein Archipel umfasst eine Inselgruppe einschließlich des dazwischen liegenden Gewässers. Inselketten bestehen aus mehreren, perlschnurartig aufgereihten Inseln (zum Beispiel Hawaii-Archipel). Regelhaft gekrümmte Inselketten wie die Aleüten werden als Inselbögen bezeichnet. Atolle sind Gruppen meist ringförmig um Lagunen angeordneter Korallenriffinseln, die um bzw. auf vulkanischen Inseln entstanden (vgl. Abb. 5). Seltener bestehen Atolle aus nur einer Insel um eine Lagune herum.

Ozeanische Inseln

An sehr verschiedenartigen Positionen im Meer können ozeanische Inseln entstehen:

- durch Magma (Gesteinsschmelze), das aus einem Hot Spot (einer Kammer im oberen Erdmantel) in den Rissen einer riesigen Gesteinsplatte der Erdkruste aufsteigt, am Meeresboden erkaltet und schließlich einen bis über die Meeresoberfläche reichenden Vulkan aufbaut (vulkanische Insel auf einem Hot Spot, siehe Abb. 5)
- durch Magma, das (wie oben) an der Grenze auseinanderdriftender riesiger Gesteinsplatten aufsteigt, am Meeresboden erkaltet, zunächst untermeerische Gebirge (die ozeanischen Rücken) und dann Inseln bildet (vulkanische Insel auf einem ozeanischen Rücken)
- durch Hebungen der Erdkruste
- durch Bruchstücke von Kontinenten, die sich von diesen entfernt haben und in riesige, unter den Ozeanen liegende Gesteinsplatten integriert sind (Kontinentalsplitterinseln)
- durch Meeresspiegelschwankungen am Rand von Kontinentalmassen auf dem Schelf
- sekundär auch durch das Wachstum von Korallenriffen auf vulkanischen Inseln oder Kontinentalsplitterinseln in den Tropen
- durch Hebung einer Landmasse nach dem Abschmelzen einer Eismasse (isostatische Landhebung)

Tiefseeinseln auf ozeanischen Platten (Hot-Spot-Inseln)

Magmenkammern (Hot Spots) fördern durch ozeanische Platten flüssiges Gestein an den Meeresboden, das langsam zu meist schildförmigen untermeerischen Vulkanen aufwächst. Erreichen diese Schildvulkane die Meeresoberfläche, bilden sie Hot-Spot-Inseln (Abb. 5 A – B). Unter den bekanntesten sind die Inseln von Hawaii (siehe Kap. Big Island) und Galápagos (siehe Kap. Galápagos) (Abb. 4).

Hot-Spot-Inseln erheben sich meist mehrere tausend Meter aus den ozeanischen Platten. Hawaii (Big Island) mit den Bergen Mauna Loa und Mauna Kea ragt gar um etwa neun Kilometer aus einer Ozeanplatte auf – mehr als der Himalaya aus seiner Umgebung.

Entfernt sich eine Insel mit der Wanderung der ozeanischen Platte, auf der sie aufsitzt, von der unterlagernden stationären Magmenkammer, so klingt der Vulkanismus hier ab (vgl. Abb. 5 C). Häufig bildet sich über der Magmenkammer an anderer Stelle auf der ozeanischen Platte ein neuer, zunächst untermeerischer Schildvulkan. Die

▲ 4
Die Vulkaninsel Daphne Major im Galápagos-Archipel

nunmehr vulkanisch inaktive Insel beginnt langsam zu vergehen. Intensiv ist die Abtragung ihrer Oberfläche in Phasen mit geringer Pflanzenbedeckung durch Oberflächenabfluss während seltener intensiver Niederschläge. Die erodierten Bodenpartikel werden von kleineren Inseln aus überwiegend direkt in das Meer gespült. Auch der Wellenschlag an den Küsten nagt an einer Insel und bildet über lange Zeiträume flache Plattformen, die bei Hochwasser vom Meerwasser überspült werden. Dieser Prozess der Abtragung an der Küste wird als Abrasion, die entstehende Fläche als Abrasionsplattform bezeichnet. Über Jahrzehntausende bis Jahrhunderttausende wird eine Insel durch Erosion und Abrasion erheblich kleiner und niedriger.

Hot-Spot-Inseln besitzen ein erhebliches Gewicht. Sie sinken daher ganz allmählich in die unterlagernden ozeanischen Platten. Dadurch sinkt auch die durch Abrasion entstandene Plattform allmählich ab. Auf ihr können nachfolgend in den Tropen Steinkorallen ihre Riffe bauen.

Von der Hot-Spot-Insel zum Atoll

Wachsen die Riffkorallen stärker in die Höhe als die Insel zeitgleich absinkt, so entstehen mächtige Riffsysteme in einem Saum um die tropische Insel herum. Gleichzeitig wird der Inselkern in Phasen mit geringer Pflanzenbedeckung weiter abgetragen. Schließlich haben ihn Erosion und Abrasion vollständig bis auf die Höhe des Meeresspiegels beseitigt. Da die Insel weiter langsam absinkt, bleibt dort, wo früher der Inselkern lag, eine flache, von Meerwasser bedeckte Fläche. Wird die Insel gehoben oder sinkt der Meeresspiegel, so ragt das Riff als ringförmige Struktur um eine Lagune aus dem Wasser. Die Kombination der aus dem Wasser herausragenden Riffelemente, die zahlreiche kleine Koralleninseln bilden, mit der Lagune wird als Atoll bezeichnet (vgl. Abb. 5 E).

Gelegentlich führen Bewegungen der Erdkruste, die sich in See- und Erdbeben äußern, zu einem plötzlichen Absinken, zu einer Hebung oder zu einer lateralen Verschiebung von (Teilen von) Tiefseeinseln. Korallenriffe können gehoben werden; sie sterben dann sofort ab. Anschließend unterliegen sie über längere Zeiträume den Prozessen der Erosion auf den Plateaus und der Abrasion an den Rändern (Abb. 6). Neue Abrasionsplattformen in der Höhe des Meeresspiegels entstehen, auf denen später wieder neue Korallenriffe aufwachsen.

A:
Ausgangssituation (Meeresspiegel in einer Warmzeit)

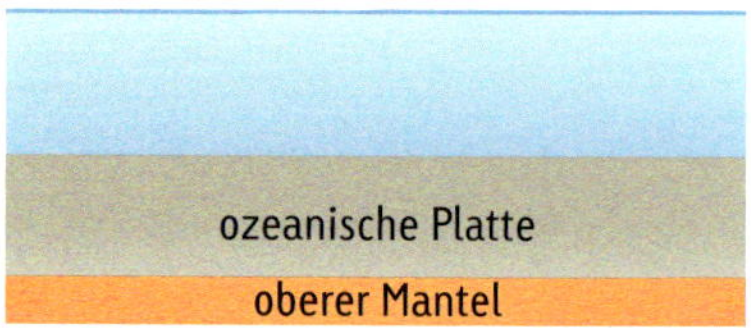

B:
Bildung eines untermeerischen Stratovulkans (kegelförmiger Schichtvulkan)

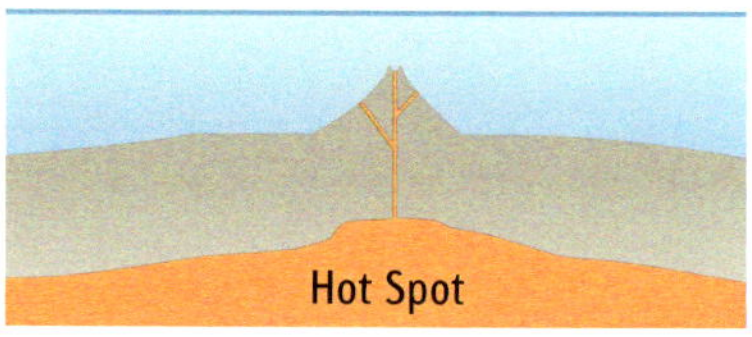

C:
Bildung eines aus dem Meer aufragenden Stratovulkans (vulkanische Insel)

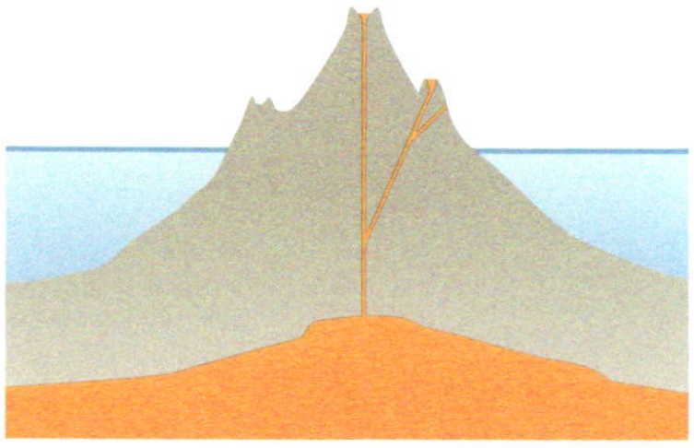

D:
Abklingender Vulkanismus; allmähliche Zerstörung der vulkanischen Insel durch Erosion im Binnenland und Abrasion (Abtragung durch Brandungswellen) an der Küste; Entstehung von Korallenriffen

E:
Atollbildung mit Koralleninseln und Lagune durch Hebung

F:
Versunkenes Atoll (Guyot)

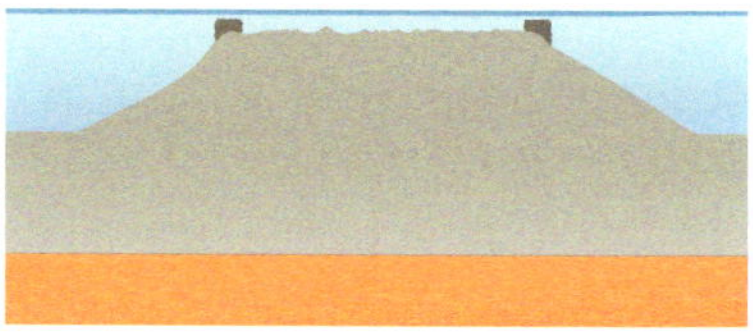

G:
Wiederauftauchen eines Atolls durch absinkenden Meeresspiegel in einer Kaltzeit

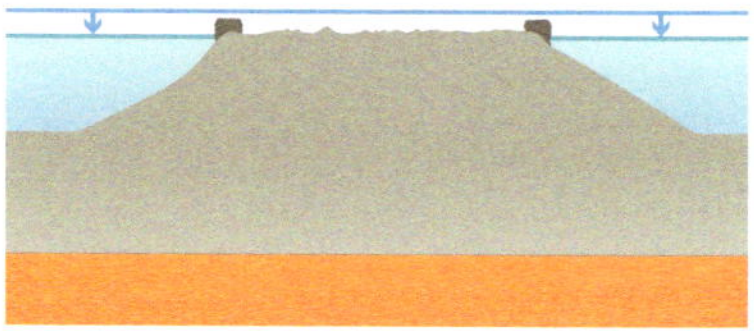

▲ 5 Entstehen und Vergehen einer Hot-Spot-Insel

Vom Atoll zum Guyot

Sinkt die Insel schließlich mit einer höheren Rate als die Korallenriffe aufwachsen können, so sterben die Riffe ebenfalls ab und die Insel verschwindet unter der Meeresoberfläche. Ein untermeerischer Gesteinskörper mit einem flachen Top ist entstanden. Dieser wird als „Guyot" oder „seamount" bezeichnet (vgl. Abb. 5 F). Guyots bilden sich auch außerhalb der Tropen, dann allerdings ohne die Zwischenphase der Riffbildung.

Der in Kaltzeiten stets kräftig absinkende Meeresspiegel bringt in den Warmzeiten unter der Meeresoberfläche liegende Guyots an die Oberfläche und wandelt diese für einige Jahrtausende zu Inseln (vgl. Abb. 5 G). Daher existieren in den Kaltzeiten weitaus mehr Inseln in den Meeren als in den Warmzeiten.

Inseln auf ozeanischen Rücken

An den Grenzen auseinanderdriftender ozeanischer tektonischer Platten steigt beständig Magma auf. Über viele Jahrhunderttausende türmen sich die erkalteten Magmenmassen zu Gebirgen auf, deren höchste Bereiche über den Meeresspiegel aufragen. Der bekannteste, noch heute vulkanisch aktive Teil eines aus dem Meer ragenden ozeanischen Gebirges, dem Mittelatlantischen Rücken, ist Island.

Über dem Meeresspiegel liegende Bereiche der ozeanischen Rücken unterliegen – wie am Beispiel der Hot-Spot-Inseln geschildert – der Erosion, der Abrasion und dem gewichtsbedingten Absinken. Diese Prozesse führen schließlich zur Abflachung der Gebirge auf Meereshöhe, zum Untertauchen der ehemaligen Inseln, in den Tropen auch zur Atollbildung.

Die bei weitem größte Zahl der Inseln über Hot Spots und auf ozeanischen Rücken verdankt demnach ihre Entstehung der Bewegung tektonischer Platten und dem Vulkanismus, ihr Vergehen der Erosion, der Abrasion und dem Absinken.

Mikrokontinent-Inseln

Tektonische Vorgänge haben Teile von einigen Kontinentalmassen abgetrennt. Diese Kontinentalsplitter, die als Mikrokontinente bezeichnet werden, sind weitergewandert und als Inseln in neu entstandene ozeanische Platten integriert. Für Kontinente typische und mit diesen unmittelbar korrelierbare Tiefengesteine wie Granite

▼ 6
Die Rock Islands im Palau-Archipel (westliches Mikronesien) sind abgestorbene Korallenriffe, die durch Tektonik aus dem Meer gehoben wurden. Verwitterung, Erosion und Abrasion schaffen bis heute bizarre Inselformen

und Gneise belegen, dass zum Beispiel Madagaskar und die Seychellen (Abb. 7) abgesplitterte Mikrokontinent-Inseln sind. Zum Ende des Jura, vor etwa 150 Millionen Jahren, begann eine Meeresbodenspreizung im Osten des heutigen Kontinents Afrika: Eine neue tektonische Kontinentalplatte, die Madagaskar, die Seychellen und Indien umfasste, begann sich von der Afrikanischen Platte zu lösen. Vor etwa 90 bis 85 Millionen Jahren löste sich Madagaskar schließlich auch von dieser Platte. Die Seychellen drifteten (zunächst noch gemeinsam mit Indien) nordostwärts.

Schelfinseln

An den Rändern der Kontinentalmassen liegen zahlreiche Schelfinseln wie Neuguinea und Tasmanien auf der australischen, Neufundland auf der nordamerikanischen und die Britischen Inseln sowie die skandinavischen Schäreninseln auf der eurasischen Landmasse. Schwankungen des Meeresspiegels bestimmen Größe, Form und Zahl der Schelfinseln. Mit ansteigendem Meeresspiegel verschwinden Schelfinseln; andererseits werden einige Festlandsbereiche an den Küsten der Kontinente isoliert und so zu neuen Schelfinseln. Sinkt der Meeresspiegel, so werden bestehende Schelfinseln in die Kontinente integriert und neue Inseln tauchen aus dem Schelfmeer auf. In der letzten Kaltzeit, vor etwa 20 000 Jahren, lag der Meeresspiegel mehr als 100 Meter unter dem heutigen Niveau. Die erwähnten Schelfinseln existierten damals nicht, sie waren Teil der Kontinente (andere, damals existierende Schelfinseln sind heute überflutet). Skandinavien oder Nordkanada, die in der letzten Kaltzeit von Inlandeismassen bedeckt waren, heben sich aufgrund der Druckentlastung seit dem Abschmelzen der Gletscher beständig. Diese isostatischen Landhebungen verändern Zahl und Größe der Schäreninseln bis heute (siehe Kap. Åland-Archipel).

Küstenparallele Strömungen verlagern auf flachen Schelfabschnitten Sandkörner. Bevorzugt in Bereichen mit geringeren Strömungsgeschwindigkeiten zwischen einmündenden Flüssen wird der Sand abgelagert; Sandbänke bilden sich. Zunächst nur bei Niedrigwasser aus dem Meer herausragende Sande werden vom Wind verdriftet und im Lee von Hindernissen abgelagert. Aus kleinen Sandanhäufungen werden Dünen, die nun über längere Zeiträume oder dauerhaft aus dem Meer als Inseln herausragen. Da Meeresströmung und Wind beständig Sand verdriften, verlagern sich die Inseln allmählich in die von der Strömung abgewandte Richtung. Die Ostfriesischen Inseln sind markante Beispiele für diesen fortwährenden Prozess: Einst im Osten der Inseln begründete Siedlungen liegen heute im Zentrum oder im Westen.

▼ 7
Granite auf der Insel La Digue belegen, dass die Seychellen alte Kontinentalsplitter sind

▲ 8
Die Insel Olsborg im Großen Plöner See (Schleswig-Holstein)
Foto: Hans-Rudolf Bork

Halligen

Eine Besonderheit stellen Schelfinseln an sehr flachen Küstenabschnitten der Kontinente mit Tidenhub dar, die bei Sturmfluten unter Wasser gesetzt werden, so dass dann nur noch die von Menschen errichteten Wohnhügel (Wurten oder Warften) zu sehen sind: die Halligen im Watt an der Nordseeküste Schleswig-Holsteins (siehe Kap. Halligen). Während der Sturmfluten werden auf ihnen feine Sedimente abgesetzt; sie wachsen Millimeter für Millimeter auf und Überflutungen geschehen immer seltener.

Kontinentale Inseln in Seen und Flüssen

Seeinseln

Reich an Seen und damit auch an Seeinseln sind zum Beispiel die Jungmoränenlandschaften in Mittel- und Nordeuropa. Gletschereis schuf in Skandinavien und in den Alpen in festem Gestein ein unregelmäßiges Relief aus Rundhöckern (flachen walrückenförmigen Erhebungen) und kleinen Hohlformen, die sich nach dem Abschmelzen mit Wasser füllten. Manche Rundhöcker überragen die Seespiegel und bilden Schären.

Die Gletscher lagerten in ihren Zehrgebieten (Bereichen, in denen die Eismassen allmählich schmelzen) Endmoränenzüge ab, so im Alpenvorland, dem östlichen Hügelland Schleswig-Holsteins, in Mecklenburg-Vorpommern, im Norden und Osten Brandenburgs und im Norden Polens. Das Wasser der abschmelzenden Gletscher staute sich oberhalb der Endmoränenriegel in den dortigen, zumeist flachen mit glazialen und glazifluvialen Ablagerungen teilverfüllten Becken; ihre höchsten Erhebungen ragten aus den Seen und bildeten Inseln wie zum Beispiel die Reichenau und die Mainau im Bodensee, die Herreninsel und die Fraueninsel im Chiemsee, die Roseninsel im Starnberger See und die Olsborg im Großen Plöner See.

Sinkende Seespiegel lassen neues, zuvor wasserbedecktes Land zu Inseln werden, ehemalige Inseln werden durch die Absenkung zu Halbinseln. In Kulturlandschaften sind Seeinseln besonders vergänglich, da Menschen seit Jahrhunderten die jeweilige Höhenlage der Seespiegel bestimmen. Um Mühlen am Auslass von Seen betreiben zu können, wurden Seespiegel erhöht. Manche in die Seen ragenden Landzungen wurden damit zu Seeinseln. Entwässerungsmaßnahmen führten dann andererseits besonders im 19. und im 20. Jahrhundert zur Absenkung von Seespiegeln. Ehemalige Inseln wurden so wieder mit dem umgebenden Land verbunden oder zuvor versunkene Inseln erneut sichtbar, wie zum Beispiel die Insel Olsborg im Plöner See (Abb. 8). Zum Betreiben einer Wassermühle wurde der Spiegel des Großen Plöner Sees in Schleswig-Holstein im frühen 13. Jahrhundert um mehr als zwei Meter angehoben, die kleine Insel Olsborg ging unter; im 19. Jahrhundert wurde der Seespiegel wieder abgesenkt, und Olsborg tauchte wieder auf.

Flussinseln

Flussinseln, die im Deutschen auch als „Werder“ oder „Warder“ bezeichnet werden, sind oft kurzlebig. Eine Verlagerung der Stromlinie während eines Hochwassers vermag binnen weniger Stunden oder Tage eine Flussinsel abzutragen und andernorts eine neue zu bilden. In den Ästuaren (Trichtermündungen) großer Flüsse wachsen durch die Ablagerung von Schwebstoffen beständig neue Inseln auf dem Kontinentalschelf zu Lasten der Ausdehnung der Schelfmeere (Abb. 9). Die intensivierte Landnutzung auf den Hängen der Einzugsgebiete dieser Flüsse hat

▲ 9
Inseln und Sandbänke im Hinchinbrook-Ästuar (Nordost-Australien)

mit der Bodenerosion die Schwebstofffracht und damit das Inselwachstum in den Ästuaren während der vergangenen Jahrzehnte erheblich verstärkt.

„Schwimmende Inseln"

Eisberge oder Pflanzenteile, die im oder auf dem Wasser schwimmen, werden nicht als Inseln bezeichnet. So sind die schwimmenden Pflanzenmatten auf dem Inle-See in Birma, die mit Bambusstangen am Seeboden verankert sind und auf denen Gemüse angebaut wird, keine Inseln (Abb. 10).

◀ 10
Die schwimmenden Gärten auf dem Inle-See in Birma sind keine Inseln Foto: Hans-Rudolf Bork

Inseln statistisch betrachtet

Die globale Inselfläche

Obwohl Millionen von Inseln in unseren Meeren liegen, sind die meisten von ihnen aufgrund ihrer geringen Ausdehnung selbst auf einer Insel-akzentuierten Darstellung unserer Erde nicht oder kaum zu erkennen (vgl. Abb. 2). Die Meeresinseln der Erde besitzen in der Summe eine Landfläche von etwa 9,8 Millionen km² (nach Berechnungen von Depraetere & Dahl 2007). Sie nehmen damit von der Erdoberfläche einen Anteil von etwa 1,9 %, von der globalen Landfläche einen Anteil von immerhin 6,6 % und von der globalen Wasserfläche einen Anteil von ungefähr 2,7 % ein. Es sind die wenigen Mega-Archipele und Inselriesen, die auf der Erdkarte hervorstechen: die indo-pazifische Inselwelt mit Sumatra, Borneo, Sulawesi und Neuguinea, die Philippinen, Japan, Neuseeland, Madagaskar, die karibischen Inseln mit Kuba und Hispaniola, die Inselwelt der kanadischen Arktis, der Inselriese Grönland, Island und Großbritannien. Allein die 20 größten Inseln der Erde (Tab. 1, vgl. Abb. 2) machen fast drei Viertel der globalen Inselfläche aus. Entsprechend klein ist der Flächenanteil aller übrigen Inseln. Ohne die 20 Rekordhalter würden die übrigen mehr als 80 000 Inseln der Erde, die eine Fläche von jeweils mindestens 0,1 km² be-

▶ Tab. 1
Die 20 größten Inseln der Erde. Die Angaben variieren je nach Datenquelle erheblich. Um die Konsistenz der Daten zu gewährleisten, wurden bei den absoluten Flächenangaben ausschließlich die planimetrischen Berechnungen von Depraetere & Dahl (2007) zu Grunde gelegt, die wiederum auf den GSHHS-Daten von Wessel & Smith (1996) beruhen (GSHHS = *Global Self-consistent, Hierarchical, High-Resolution Shoreline Database*)

	Insel	Landfläche der Insel (in km²)	Anteil an der gesamten Erdoberfläche (in %, gerundet)
1	Grönland (Dänemark)	2104005	0,413
2	Neuguinea (Papua-Neuguinea und Indonesien)	783408	0,154
3	Borneo (Indonesien)	735853	0,144
4	Madagaskar	592495	0,116
5	Baffin Island (Kanada)	477549	0,094
6	Sumatra (Indonesien)	430802	0,085
7	Honshu (Japan)	227899	0,045
8	Victoria Island (Kanada)	219135	0,043
9	Großbritannien (Vereinigtes Königreich)	218571	0,043
10	Ellesmere Island (Kanada)	199289	0,039
11	Sulawesi (Indonesien)	170493	0,033
12	Südinsel von Neuseeland	149955	0,029
13	Java (Indonesien)	127207	0,025
14	Nordinsel von Neuseeland	113886	0,022
15	Neufundland (Kanada)	109315	0,021
16	Kuba	105797	0,021
17	Luzón (Philippinen)	105548	0,021
18	Island	101794	0,020
19	Mindanao (Philippinen)	94550	0,018
20	Irland (mit Nordirland)	83577	0,016
	Die 20 größten Inseln zusammen	7151128	1,402

sitzen, alle zusammen auf der Fläche Madagaskars Platz finden.

Inseln lassen sich nicht allein durch ihre Landfläche charakterisieren, sie werden in vielerlei Hinsicht auch durch die umgebenden Meeresgebiete bestimmt. Die Flächenbedeutsamkeit selbst kleinster Inselstaaten erscheint unter dem Blickwinkel ihrer meeresseitigen Souveränitätsgebiete in einem völlig anderen Licht. Eine kartographische Darstellung, die man in den meisten Atlanten vermisst, zeigt Abb. 11: Inseln und Küsten der Erde mit ihren nach internationalem Recht anerkannten 200-Seemeilen-Zonen (*Exclusive Economic Zones, EEZ*). Einige Inselstaaten und Inselgebiete lassen bei dieser Darstellung ungeahnte Größen erkennen, wie zum Beispiel die Archipele des südwestlichen Pazifik. Das maritime Wirtschaftsgebiet des mikronesisch-polynesischen Inselstaates Kiribati ist mit rund 5,2 Millionen km² Fläche mehr als 6000-mal so groß wie die Landfläche seiner kleinen Atolle. Auch in der globalen Summe ist die Ausdehnung sämtlicher Wirtschaftszonen von Inseln erheblich. Landgebiete und Hoheitsgewässer aller Inseln zusammen nehmen rund ein Sechstel (ca. 17 %) der Erdoberfläche ein, etwa zehnmal mehr als die Landfläche der Inseln allein.

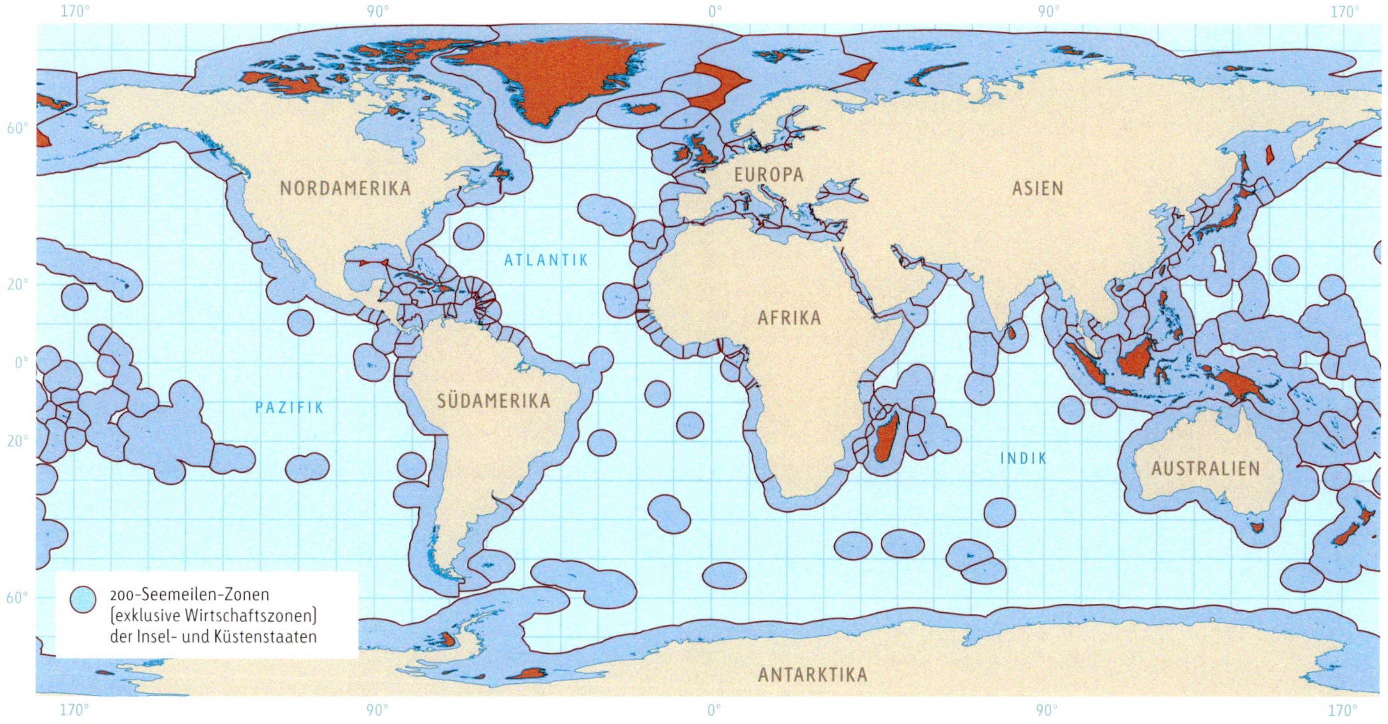

▲ 11 Insel- und Küstenstaaten der Erde mit ihren maritimen Souveränitätszonen (200-Seemeilen-Zonen, international als *Exclusive Economic Zones, EEZ*, bezeichnet) Grafik verändert nach VLIZ Maritime Boundaries Geodatabase, Vlaams Instituut voor de Zee, Oostende, Belgien, www.vliz.be/vmdcdata/marbound/index.php (28. 03. 2008)

doch die meisten von ihnen nicht zu entdecken. Denn es sind vor allem die winzigen Felsinseln und Schären der eiszeitlich geformten Fjordküsten Skandinaviens, Kanadas und Grönlands, welche die Inselzahl der nördlichen Breiten in die Höhe treiben und regional für die höchsten Inseldichten der Erde sorgen. Eine Entsprechung für diesen Inseltypus gibt es auf der Südhalbkugel vor allem zwischen 40° und 55° südlicher Breite, zum Beispiel vor der chilenischen Küste, um das südamerikanische Kap Hoorn und um die Falklandinseln herum. Vergleichsweise gering sind die Inseldichten in den Subtropen beider Hemisphären, denn in diesen Breiten kommen weder die inselbildenden Prozesse der Entstehung und Hebung von Korallenriffen wie in den Tropen noch die zur Inselentstehung führenden nacheiszeitlichen Landhebungen vor, wie sie für die höheren Breiten typisch sind.

▲ 12
Winzige Felsinseln als Resultat der Erosion und Subduktion einer Vulkaninsel: Die „Teufelskrone" vor der Küste Floreanas im Galápagos-Archipel

Die räumliche Verteilung von Inseln

Lage, Größe und Dichte der Inseln der Erde resultieren aus den unterschiedlichen geologischen Prozessen, welche die Inseln entstehen ließen (siehe vorangehendes Kapitel). Die meisten und größten Inseln liegen nahe an den Kontinenten. Sie sind entweder verdriftete Bruchstücke von Kontinenten (zum Beispiel Madagaskar, Neuseeland), über die Meeresoberfläche aufragende Teile der heutigen Kontinentalschelfe (zum Beispiel Tasmanien, Großbritannien, Neufundland) oder vulkanische Bildungen entlang der Subduktionszonen an den Kontinentalrändern (zum Beispiel indonesischer, philippinischer und japanischer Inselbogen). Die weiter von den Kontinentalrändern entfernten ozeanischen Inseln sind im Mittel kleiner als die Inseln der Schelfränder und allesamt vulkanischen Ursprungs. Die Inselvulkane bildeten sich entweder über Hot Spots (Galápagos, Hawaii) oder entlang der mittelozeanischen Divergenzzonen (beispielsweise Island, die Azoren und Tristan da Cunha auf dem Mittelatlantischen Rücken). Auch die korallinen Inseln, ausgeprägt als aufgewachsene Atolle oder als tektonisch gehobene Riffe, sitzen auf vulkanischen Fundamenten (zum Beispiel Tuamotu-Archipel und Marshallinseln im Pazifik).

Die größten Inselflächen der Erde liegen einerseits im indo-pazifischen Raum zwischen 10° südlicher und 20° nördlicher Breite, andererseits im Nordosten des amerikanischen Kontinentes, hier nördlich des 60. Breitengrades (vgl. Abb. 2). Doch wie verhält es sich mit der globalen Verteilung der Inselzahlen und Inseldichten? Depraetere & Dahl (2007) differenzieren Inselhäufigkeiten nach Breitengraden (Abb. 14). Das Ergebnis: Die Tropen mit ihren Tausenden von Atollinseln besitzen zwar regional hohe Inseldichten, doch bilden sie in der globalen Verteilungskurve bei weitem nicht die Spitze. Mit den höchsten Inselzahlen und Inseldichten kann vielmehr der hohe Norden aufwarten. Die meisten Inseln der Erde liegen auf der nördlichen Hemisphäre zwischen 55° und 70° nördlicher Breite. Auf der Inselkarte der Erde (vgl. Abb. 2) sind je-

▶ 13
Blick von der Insel Træna zur Nachbarinsel Sanna. Beide liegen in der inseldichten Region um den Polarkreis vor der norwegischen Küste

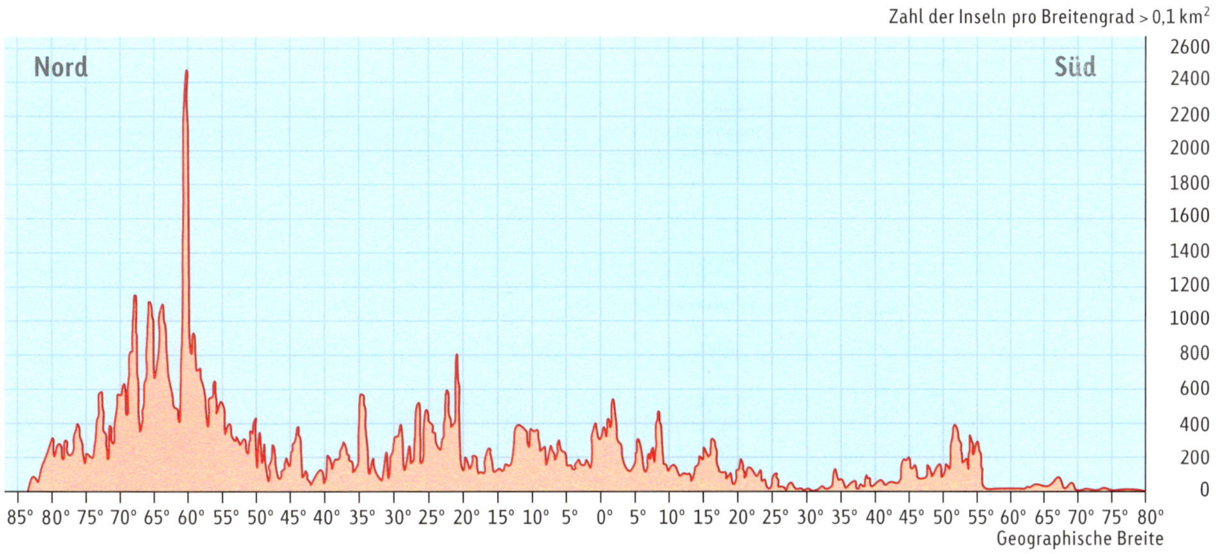

◀ 14
Die Verteilung von Inselzahlen über die Breitengrade der Erde. Berücksichtigt sind Inseln mit einer Fläche über 0,1 km²

Grafik verändert nach Depraetere & Dahl (2007)

Wie viele Inseln gibt es?

Erst seit dem 20. Jahrhundert dürften (vermutlich) alle Inseln der Erde bekannt und auf Karten, in Archiven und Datenbanken weitgehend korrekt erfasst sein. Bis dahin schrieb die Menschheit eine Geschichte fortwährend neuer Inselentdeckungen oder zumindest erstmaliger Inseldokumentationen. Für Letztere zeichneten große Seefahrervölker wie Wikinger, Chinesen, Portugiesen, Niederländer, Spanier, Engländer und Franzosen in den letzten tausend Jahren verantwortlich. Durch sie wurden Inseln geographisch lokalisiert, auf Karten verzeichnet, in Logbüchern und Reiseberichten beschrieben und mit (neuen) Namen versehen. Die Genauigkeit der Erfassung wuchs mit der Technikentwicklung über die Jahrhunderte. Immer wieder musste man Umrisse, Größe, Lage und manchmal sogar die Existenz von Inseln auf Karten korrigieren. Doch auch das 21. Jahrhundert birgt noch Geheimnisse. Obwohl heute modernste Satellitentechniken die Lokalisierung, Vermessung und kartographische Darstellung jeder Region und damit fast jeder Insel der Erde erlauben, kennt niemand ihre genaue Zahl. Einerseits ist die globale Inselzahl natürlich keine feste Größe. Wöchentlich, täglich, stündlich verschwinden und entstehen Inseln, zum Beispiel in den hochdynamischen Systemen der Verlandungsküsten und Flussästuare. Aber selbst eine quantitative Momentaufnahme scheint nach heutigem Wissensstand kaum möglich zu sein. Dies wird etwa darin deutlich, dass selbst für kleinräumig definierte Gebiete die Angabe von Inselzahlen in den zur Verfügung stehenden Datenquellen erheblich schwankt. Selbst offizielle Statistiken von Küsten- und Inselnationen liefern meist nur unzureichende, ungenaue oder gar widersprüchliche Angaben zu den Inselzahlen innerhalb des eigenen Staatsgebietes. Folglich erliegt auch das vorliegende Buch dieser Problematik. Wir gehen daher eher zurückhaltend mit Angaben zu Inselzahlen für bestimmte Regionen um.

Die Unkenntnis zu Inselzahlen liegt vor allem in den nicht einheitlichen Definitionen, welche Mindestgrö-

◀ 15
Kleine Felsinseln vor einem Kontinentalrand: Die „Zwölf Apostel" vor der Südküste Australiens

	Staatsname	Landfläche (km²)	Einwohner (Mio.)
1	Indonesien	1919440	234,69
2	Madagaskar	587040	19,45
3	Papua-Neuguinea	462840	5,80
4	Japan	377835	127,43
5	Philippinen	300000	91,08
6	Neuseeland	268680	4,12
7	Vereinigtes Königreich	244820	60,78
8	Kuba	110860	11,39
9	Island	103000	0,30
10	Irland	70280	4,11
11	Sri Lanka	65610	20,93
12	Dominikanische Republik	48730	9,37
13	Republik China (Taiwan)	35980	22,86
14	Haiti	27750	8,71
15	Salomonen	28450	0,57
16	Fidschi	18270	0,92
17	Timor-Leste	15007	1,09
18	Bahamas	13940	0,31
19	Vanuatu	12220	0,21
20	Jamaika	10991	2,78
21	Zypern	9250	0,79
22	Brunei	5770	0,38
23	Trinidad und Tobago	5128	1,06
24	Kapverden	4033	0,42
25	Samoa	2944	0,21
26	Mauritius	2040	1,25
27	Komoren	2170	0,71
28	São Tomé und Príncipe	1001	0,20
29	Kiribati	811	0,11
30	Tonga	748	0,12
31	Dominica	754	0,07
32	Bahrain	665	0,71
33	Mikronesien	702	0,11
34	Singapur	693	4,55
35	Sta. Lucia	616	0,17
36	Palau (Belau)	458	0,02
37	Seychellen	455	0,08
38	Antigua und Barbuda	442	0,07
39	Barbados	431	0,28
40	St. Vincent und die Grenadinen	389	0,12
41	Grenada	344	0,09
42	Malta	316	0,40
43	Malediven	300	0,37
44	St. Kitts und Nevis	261	0,04
45	Marshallinseln	181	0,06
46	Tuvalu	26	0,01
47	Nauru	21	0,01
	Alle Inselstaaten zusammen	4762692	639,31

◀ Tab. 2
Die Inselstaaten der Erde. Inselstaaten sind Staaten, die keine Gebiete auf dem kontinentalen Festland besitzen und deren hoheitliches Territorium sich folglich ausschließlich auf Inseln und deren umliegende Gewässer erstreckt. In der Liste berücksichtigt wurden die von den Vereinten Nationen anerkannten Staaten. Quelle für die Angaben: The World Factbook (CIA 2008). Die Einwohnerzahlen wurden gerundet

ße eine Insel haben muss, um als erfassungswürdig zu gelten. Schwierigkeiten macht also das untere Ende der Größenskala, dem gerade die meisten Inseln zuzuordnen sind, wenn man der allgemein akzeptierten Definition folgt, die einer Insel keine Mindestfläche vorschreibt (siehe vorangehendes Kapitel). Die moderne Landerfassungstechnik liefert zumindest Größenordnungen. Depraetere & Dahl (2007) listen 85 358 (Meeres-)Inseln mit einer Größe von mehr als 0,1 km² erdweit auf, eine Angabe, die sich auf eine satellitengestützte geographische Erfassung der Küsten der Erde stützt (GSHHS, *Global Self-consistent, Hierarchical, High-Resolution Shoreline Database*, nach Wessel & Smith 1996). Die Zahl der Inseln mit einer Fläche von weniger als 0,1 km² schätzen die Autoren mit Hilfe fraktaler Modelle ab. Demnach könnten etwa 700 Millionen Inselchen unterhalb einer Größe von 0,1 km² und oberhalb einer Größe von 0,1 m² in den Meeren der Erde existieren. Doch die genaue Zahl der Inseln der Erde wird man vermutlich niemals exakt bestimmen können, nicht zuletzt deswegen, weil sich ihre Zahl ständig wandelt.

Wie viele Menschen leben auf Inseln?

Fast ein Viertel aller völkerrechtlich anerkannten Staaten der Erde (47 von 193) sind Inselstaaten (Tab. 2), 30 gelten als „Kleinstaaten", da sie weniger als eine Million Einwohner haben. Die Disproportionen unter den Inselstaaten in Bezug auf Fläche und Bevölkerungszahl sind gewaltig: Indonesien, größter Inselstaat und eine der bevölkerungsreichsten Nationen auf unserem Globus, hat etwa 90 000-mal so viel Fläche und 17 000-mal so viele Einwohner wie Nauru, die kleinste Inselnation. Wie viele Menschen insgesamt auf Inseln leben, ist nicht mit genauen Zahlen zu belegen, da es an konsistenten Daten mangelt. Zum Beispiel liefern etliche Küstenländer mit Inselbesitz keine klar differenzierten Zahlen für Insel- und Festlandbevölkerung. Es gibt jedoch Schätzungen, dass insgesamt mindestens 700 Millionen Menschen, also mehr als 10 % der Erdbevölkerung, auf Inseln leben. Die Nationen Indonesien, Japan, die Philippinen und Großbritannien leisten den größten Beitrag zur weltweiten Inselbevölkerung. Alle Zahlen zusammen machen deutlich: Inseln sind geographisch, politisch, wirtschaftlich und demographisch ein bedeutsamer Teil unserer Erde.

Rekord	Daten	Insel
Größte Meeresinsel	2 200 000 km²	Grönland im Nordatlantik und Nordpolarmeer
Größte Insel in einem See	2766 km²	Manitoulin Island, Lake Huron, Kanada
Größte Flussinsel	19 162 km²	Ilha do Bananal, Rio Araguia, Brasilien
Größte vulkanische Insel	100 250 km²	Island, Nordatlantik
Größte Sandinsel	1600 km²	Fraser Island, Queensland, Australien, Pazifik
Größtes Atoll	16,4 km²	Kwajalein, Marshallinseln, Pazifik
Kleinster Inselstaat	21 km²	Nauru, Pazifik
Größte Insel auf einer Insel	630 km²	Pulau Samosir im See Toba auf Sumatra
Nördlichste Insel	Lage bei 83 Grad 40 Minuten nördlicher Breite	unbenannte Insel nördlich von Grönland
Südlichste Insel	Lage bei 81 Grad 28 Minuten südlicher Breite	Deverall Island, Antarktika
Älteste Insel	ca. 90 Millionen Jahre	Madagaskar
Jüngste vulkanische Insel	ragt seit 1995 über die Meeresoberfläche	Lomu Island, Vava'u-Gruppe, Tonga, Pazifik
Höchste Meeresinsel	4884 Meter ü. d. M.	Neuguinea
Höchste Insel in einem See	1580 Meter ü. d. Seespiegel	Isla Ometepe, Lake Nicaragua
Bevölkerungsreichste Insel	ca. 120 Millionen Einw.	Java, Indonesien
Festlandküstennahe Insel mit höchster Bevölkerungsdichte	60 000 Einw. pro km²	Ap Lei Chau, Hong Kong
Festlandküstenferne Insel mit höchster Bevölkerungsdichte	ca. 1200 Einw. pro km²	Malta, Mittelmeer
Bewohnte Insel mit niedrigster Bevölkerungsdichte	0,00077 Einw. pro km²	Ellesmere Island, kanadische Arktis
Größte unbewohnte Insel	55 247 km²	Devon Island, kanadische Arktis

▲ Tab. 3
Einige globale Inselrekorde Quelle: Calder (2008): Island Superlatives, www.worldislandinfo.com

Die Einzigartigkeit von Inseln – ein Überblick

Orte des Wohlbefindens

Bewohner von Kontinenten belegen Inseln oftmals mit negativen Werturteilen: Sie seien isoliert, abgelegen, peripher, flächenbegrenzt und ressourcenarm. Auch werden Inseln nicht selten als kulturell rückständig und wirtschaftlich benachteiligt angesehen. Zudem gelten Inseln als sensibel. So manche Insellandschaft wurde im letzten Jahrtausend durch Landnutzung irreversibel geschädigt; Ressourcen gingen verloren, die einst das Ziel der Ausbeutung waren. Unter diesen Rahmenbedingungen scheinen Inseln Verlierer im globalen Wettbewerb zu sein. Doch eine solche Schlussfolgerung wäre nicht nur stark vereinfachend und einseitig, sie wäre auch falsch. Eine ausführliche Betrachtung der kulturellen, sozialen, ökologischen und ökonomischen Besonderheiten von Inselregionen belegt, dass diese den Wettbewerb mit großen kontinentalen Nationen in vielerlei Hinsicht nicht scheuen müssen. Denn Inseln und ihre Gesellschaften zeichnen sich durch ganz eigene Stärken aus. Deutlich wurde dies in einer englischen Studie, die das menschliche Wohlbefinden in den Staaten der Erde verglich. In die Berechnung einer „Lebensglück-Formel" („The Happy Planet Index", New Economics Foundation [Nef], 2006) gingen die Parameter Zufriedenheit, Lebenserwartung und anthropogene Umweltbelastungen ein. Das Ergebnis war erstaunlich: Inselstaaten schnitten im Vergleich überdurchschnittlich positiv ab: Vanuatu, ein in Europa fast unbekannter pazifischer Archipel, wurde Sieger des weltweiten Rankings. Weitere neun Inselstaaten rangieren unter den 20 Bestplatzierten. Die dicht besiedelte Insel Malta führt weit vor Deutschland, Kanada, Australien und den USA die Liste der westlichen Nationen an. Die Autoren der Studie resümieren (Nef 2006, S. 30): „Gelänge es dem Rest der Welt, einerseits der überdurchschnittlichen Lebenserwartung und Zufriedenheit von Inselbevölkerungen nachzueifern und andererseits das im Mittel umweltfreundlichere Handeln von Inselgesellschaften zur Richtschnur des Handelns zu machen, wäre die Welt ein besserer Lebensraum."

Maritime Wirtschaftszentren

Bezogen auf Einkommen, Arbeitsplätze und wirtschaftliche Entwicklung sind heute viele Inselregionen tatsächlich benachteiligt. Zahlreiche Inseln leiden unter Abwanderung und Strukturschwäche. Doch Statistiken belegen auch eindrucksvolle Gegenbeispiele: Unter den 20 Nationen mit dem höchsten Pro-Kopf-Einkommen der Erde befinden sich neun Inselstaaten: Bermuda, Jersey, Irland, Guernsey, die Cayman-Inseln, Island und die Britischen Jungferninseln neben den Inselmetropolen Hong Kong und Singapur. Irland und Island zeigen, dass keineswegs nur Steuerparadiese im Wettbewerb vorne liegen. Auch innerhalb einzelner Nationen stehen nicht selten einzelne Inseln oder Archipele an der wirtschaftlichen Spitze, wie zum Beispiel die finnischen Åland-Inseln aufgrund ihrer traditionellen Seefahrtstrukturen oder die ecuadorianischen Galápagos-Inseln aufgrund ihres Naturreichtums (siehe die entsprechenden Kap.).

Auf vielen Inseln, selbst denen einiger westlicher Industrienationen, ist Subsistenz (Eigenversorgung) immer noch wichtig. Niedrige Einkommen und hohe Transportkosten wirken sich limitierend sowohl auf den Import von Produkten als auch von globalen Wertmaßstäben aus, verlangsamen Konsumraten und fördern lokale Wirtschaftskreisläufe. Die sogenannte „Strukturschwäche" von Inseln erweist sich insofern nicht selten als gesellschaftlich stabilisierend, sie schafft ökonomische Unabhängigkeit und wirkt entlastend für die Umwelt.

Ihrer Abgelegenheit trotzend, ja oftmals gerade ihrer maritim-strategischen Vorzugslage wegen, entwickelten sich Inseln immer wieder zu wirtschaftlichen Macht- und Handelszentren. Das umgebende Meer wurde und wird von Inselgesellschaften keineswegs durchweg als einengend, begrenzend und behindernd gesehen. Nur selten blieben Inseln wirklich isoliert, denn sie waren ja durch schiffbare Wasserwege mit Festlandküsten oder untereinander verbunden. Gebirge und Wüsten der Kontinente wirkten oft als stärkere Barrieren. Einige der bedeutendsten Kulturen der Erde basierten auf der Besiedlung von Inseln oder Küsten. Die Wikinger dehnten ihre Kultur über die Shetland-Inseln, die Lofoten, Island, Grönland und Neufundland großräumig über den Nordatlantik aus (siehe die entsprechenden Kap.). Für Phönizier, Griechen, Etrusker und Römer waren die Mittelmeerinseln wichtige Basen ihrer Machtexpansion. Eine lange und bis heute geheimnisvolle Chronologie tausender Inseleroberungen steht hinter der Besiedlung des riesigen pazifischen Raumes (siehe Kap. Meereswanderer). Heute global unbedeutend erscheinende Archipele wie die kleine mikronesische Inselgruppe Yap (siehe Kap. Yap) standen dort einst im Zentrum ausgedehnter maritimer Herrschafts- und Handelsreiche. Auch nordeuropäische Inseln, die nunmehr wirtschaftlich nachrangig erscheinen, fungierten einst als Handelszentren, wie die Ostseeinsel Gotland, die aufgrund ihrer strategisch und klimatisch günstigen Lage im Mittelalter zum wirtschaftlichen Mittelpunkt des gesamten Baltikums aufblühte und Beziehungen bis in den Vorderen Orient unterhielt. Die europäischen See- und Handelsmächte des 18., 19. und 20. Jahrhunderts gründeten ihre politische und ökonomische Machtstellung zu einem erheblichen Teil auf Inselwelten fern des eigenen Kontinents, zum Beispiel auf den karibischen Jungferninseln,

▲ 16
Lebensglück: Festlich geschmücktes Mädchen auf Bali (Indonesien)

◀ 17
Einstiges insulares Wirtschaftszentrum des Baltikums: Visby auf Gotland (Schweden)

die zu einer Drehscheibe des Sklavenhandels und Zuckerrohranbaus wurden (siehe Kap. Jungferninseln). Die einstige Bedeutung von Inseln als koloniale Machtzentren zeichnet sich noch heute in den globalen Wirtschaftsstrukturen ab, da mehr als die Hälfte der 53 Mitgliedstaaten des Commonwealth Inselstaaten sind.

Zentren des Kulturerbes

13 % der von der UNESCO gelisteten Welterbestätten (113 von 851, Stand 2007) liegen auf Inseln, obwohl diese nur etwa 6,6 % der globalen Landfläche ausmachen. Ein großer Teil fällt unter die Kategorie des kulturellen Erbes. Allein diese Zahl ist ein eindrucksvoller Beleg dafür, dass Abgeschiedenheit und Flächenbegrenztheit von Inseln die Ausprägung hoch entwickelter Kulturen nicht verhinderten, sondern vielmehr beflügelten. Eindrucksvolle Beispiele finden sich in den Megalithkulturen des atlantischen und pazifischen Raumes, die sich eben gerade auf Inseln konzentrierten und dort zu monumentaler Größe entfalteten, wie die Statuen der Osterinsel (Abb.18), das Steingeld von Yap (vgl. Abb. 173), die Stelenkreise der Orkney-Inseln (vgl. Abb. 99), die Menhire von Korsika (vgl. Abb. 19) oder die Meeresfestungen auf der mikronesischen Insel Pohnpei (vgl. Abb. 70).

Oftmals länger und umfangreicher als auf Kontinenten haben sich auf vielen Inseln Relikte archaischer Kulturen erhalten. Denn die relative Isolation von Inseln war nicht nur Auslöser für spezielle Entwicklungen, sondern erwies

sich häufig als besonderer Kulturschutz. Mehr als kontinentale Räume blieben Inseln von zerstörenden externen Einflüssen verschont. Die mittelalterliche Stadt Visby (vgl. Abb. 17) und die fast einhundert mittelalterlichen Kirchen auf Gotland sind nur deshalb so hervorragend erhalten, weil die Insel nie von heftigen Kriegen heimgesucht wurde. Auch immaterielle kulturelle Ausdrucksformen wurden auf Inseln oft viel länger bewahrt als auf dem Festland. Nicht zuletzt deshalb sind Inseln seit mehr als einem Jahrhundert herausragende Studienobjekte von Anthropologen, Archäologen und Ethnologen. Grundlegende Erkenntnisse zur menschlichen Besiedlungs- und Kulturgeschichte, zur Herkunft und Migration, zur menschlichen Anpassung an die Lebensraumstruktur

▲ 19
Die bronzezeitlichen Menhire bei Palaggiu auf Korsika bilden die größte Ansammlung kultischer Megalithe im Mittelmeerraum

◀ 18
Weltkulturerbe: Die gigantischen Steinfiguren (*moai*) auf der Osterinsel (Rapa Nui)

und zu anthropogenen Umweltveränderungen wurden am Beispiel von Inseln gewonnen. Auf vielen Inseln ist bis heute zu spüren, dass Modernisierung und Globalisierung das kulturelle Erbe nicht aus dem Bewusstsein der Menschen verdrängt haben. Andererseits konnten Traditionsbewusstsein und tiefe kulturelle Verwurzelung auch auf abgeschiedenen Inseln nicht verhindern, dass vor allem in den letzten 300 Jahren Kriege, Kolonisierung und Industrialisierung einen erheblichen Teil des Kulturerbes zerstörten. Sprachen und seltene Dialekte, traditionelle Tänze und Musik, einmalige Architektur und spezielle Bootsbauweisen, vorzüglich angepasste Fischerei- und Agrartechniken gingen und gehen rasch und unwiderruflich verloren. Gleichwohl liefern uns gerade Inselgesellschaften immer wieder eindrucksvolle Vorbilder, wie sich die Bewahrung des Kultur- und Naturerbes mit modernen Entwicklungsprozessen vereinbaren lässt.

Ökologische Besonderheiten

Nicht nur kulturell, sondern auch biologisch und ökologisch sind Inseln besondere Lebensräume, da sie erdweit überdurchschnittlich hohe Anteile endemischer (nur lokal vorkommender) Tier- und Pflanzenarten aufweisen. Sie sind in vielen Regionen der Erde „Hot Spots" der Biodiversität. Inseln beherbergen gleichermaßen alte, seltene und besondere Lebensformtypen. Evolutionsprozesse lassen sich außerhalb von Forschungslaboren nirgendwo besser nachvollziehen als unter insularen Bedingungen. Es ist kein Zufall, dass Charles Darwin und Alfred Russel Wallace im 19. Jahrhundert ihre grundlegenden, noch immer prinzipiell gültigen Evolutionstheorien auf Inselforschungen gründeten, der eine im Galápagos-Archipel, der andere in der südostasiatischen Inselwelt. Gerade ihre

▲ 20
Weltkulturerbe: Die von Mönchen etwa im 7. Jahrhundert n. Chr. errichteten Steinhäuser in Bienenkorbform auf der kleinen irischen Insel Skellig Michael mit Blick auf die Insel Little Skellig im Nebel

biologischen Eigenheiten machen Inseln jedoch ökologisch verwundbar. Die Kulturgeschichte vieler Inseln ist daher gleichzeitig eine Geschichte dramatischer Umweltveränderungen, wie der zweite Teil des Buches an Inselbeispielen erdweit zeigen wird. Manche Inseln werden von Publizisten und Wissenschaftlern wiederholt als Metapher und Lehrstück für globale Umweltveränderungen durch den Menschen zitiert. Die Osterinsel (siehe Kap. Osterinsel) ist das wohl bekannteste Beispiel. Doch dieser direkte Vergleich von Inseln und Kontinenten ist problematisch, eben wegen der grundlegenden Unterschiede zwischen diesen geographischen Systemen (Abgelegenheit, Isolation, Größe, Einzugsgebiet, unterschiedliche Voraussetzungen der Mensch-Umwelt-Wechselwirkungen). Dennoch lässt sich von umweltbewussten Handlungskonzepten vieler Inselgesellschaften lernen. Ökonomische Prozesse sind auf Inseln nicht selten sehr viel konsequenter auf Umweltbelange abgestimmt, als es hoch entwickelte Festlandnationen vorexerzieren. Dies resultiert nicht selten aus dramatischen Veränderungen insularer Landschaften in der Vergangenheit, ist aber auch in dem engen Naturbezug der meisten Inselkulturen begründet. Sucht man heute nach innovativen Handlungskonzepten der Abfallvermeidung, des Rohstoffrecyclings, der Trinkwasseraufbereitung, der Verbindung von Naturschutz und Tourismus, des Landschaftsschutzes, umweltverträglicher Aquakultur und regenerativer Energienutzung, wird man auf Inseln vorbildliche Modelle finden.

Tradition und Innovation

Immer wieder regten Inseln Menschen zu Innovationen und technischer Perfektion an. Die hoch effizienten Jagdtechniken der grönländischen Inuit (siehe Kap. Grönland) zeigen dies ebenso wie die Navigationskünste der Polynesier (siehe Kap. Meereswanderer). Gerade ökologisch und ökonomisch schwierige Rahmenbedingungen waren es, die Gesellschaften immer wieder eindrucksvolle Antworten auf schwierige Lebensbedingungen, Mangelsituationen und Umweltveränderungen finden ließen. Mehr noch als von Gesellschaften in kontinentalen Räumen waren von Inselbevölkerungen Flexibilität und Anpassung traditioneller Verhaltensweisen gefordert. Nach dem durch Entwaldung verursachten Zusammenbruch der Salzindustrie auf der dänischen Insel Læsø übernahmen beispielsweise Frauen die Feldarbeit, um ihre Männer für den neu erworbenen Seefahrtberuf freizustellen (siehe entsprechendes Kap.). Extrem arbeitsaufwändige Agrartechniken wie die hoch entwickelten Reisterrassen auf Bali, die Steinmulchung auf der Osterinsel oder die von Steinmauern geschützten künstlichen Böden der Aran-Inseln zeigen eindrucksvoll, wie von der Subsistenzwirtschaft abhängige Inselbevölkerungen auf den Druck von Flächenbegrenztheit, Bevölkerungswachstum und Gefährdung fruchtbarer Böden reagierten (siehe entsprechende Kap.). Als stabilisierend erwies sich eine große Diversität der Ressourcennutzung und Erwerbssicherung. Fischerei und Landwirtschaft beispielsweise

◀ 21
Weltnaturerbe: Die Gesteine und Verwitterungsformen im Vulkangebiet des Teíde auf Teneriffa, Kanarische Inseln

▼ 22
Weltnaturerbe: Die Insellandschaften des Galápagos-Archipels – hier mit endemischen Sträuchern (*Nolana galapagensis*) bewachsene Küstendünen auf der Insel Floreana

waren und sind auf vielen Inseln der Weltmeere eng miteinander verwoben. Der Kulturfruchtanbau zeichnet sich auf vielen Inseln Ozeaniens seit Jahrtausenden durch eine große Vielfalt erprobter, weiter entwickelter und widerstandsfähiger Arten aus. Dadurch ließen sich auch bei extremen Naturereignissen Hungersnöte vermeiden, wie in den 1990er Jahren auf Samoa, als dort durch Jahrhundert-Taifune der überwiegende Teil der Taro-Anbauflächen verloren ging. Auf Yap stärkte das einstige maritime Tributsystem nicht nur die Machtfülle wichtiger Häuptlinge der größeren Inseln, sondern sicherte umgekehrt auch die von Flächenknappheit, Ressourcenarmut und Taifunen besonders betroffene Bevölkerung der winzigen Atolle (siehe Kap. Yap). Soziale Netze sind allgemein bis heute stark entwickelt, so spielt etwa auf vielen Inseln Ozeaniens die Kultur des Teilens, des Schenkens, des wechselseitigen Gebens und Nehmens eine große Rolle.

Nissologie – eine Wissenschaft mit Zukunft

Schon dieser erste knappe Überblick über die Einzigartigkeit von Inseln macht deutlich, dass der kanadische Wissenschaftler Baldacchino (2007) recht hat, wenn er formuliert, dass Inseln nicht nur unter dem Blickwinkel der Begrenztheit gesehen werden dürfen. Man solle eben nicht fragen, was Inseln *nicht* haben, sondern was sie *besonders auszeichnet*. Viele von ihnen geben über ihre große geographische, geologische, biologische und kulturelle Vielfalt hinweg einen tiefen Einblick in die Dynamik der Wechselwirkungen zwischen Umwelt und Kulturentwicklung. Inseln schaffen und schärfen das Bewusstsein für den Verlust von Natur und Kultur, für das Aussterben sowohl von Arten als auch von Sprachen, für den Verlust ganzer Lebensräume und die dramatischen Folgen des Klimawandels. Der frühere Generalsekretär der Vereinten Nationen Kofi Annan formulierte: „Inseln sind die Frontzonen der Erde, in denen die Hauptprobleme von Entwicklung und Umweltveränderungen offenbar werden" (United Nations 1999). Gerade Inselgesellschaften zeigen uns, wie unter manchmal schwierigen Bedingungen Kulturbewahrung, Identität, wirtschaftliche Entwicklung, soziale Gerechtigkeit und Umweltschutz erfolgreich miteinander vernetzt werden können. Der australische Anthropologe Grant McCall (1994, 1996) prognostizierte, dass das 21. Jahrhundert für Politik, Wissenschaft und Gesellschaft zum „Jahrhundert der Inseln" werden könnte, nachdem das 20. Jahrhundert vor allem den kontinentalen Problemen gewidmet war. Er fordert alle wissenschaftlichen Disziplinen auf, die kontinentale Sichtweise auf Inseln aufzugeben und vielmehr Inseln gemäß ihren eigenen Kriterien, Regeln und Gesetzen zu verstehen. Mit der Einführung des Begriffes „nissology", abgeleitet aus dem griechischen Wort ἡ νῆσος ([nesos] = Insel), für den es noch keine adäquate deutsche Übersetzung gibt, ist ein Anfang gemacht.

Das Klima von Inseln

Klima und Wetter: Definitionen

Der Begriff „Klima" beschreibt den mittleren Zustand der bodennahen Atmosphäre an einem bestimmten Ort und seine mittlere Variabilität während längerer Zeiträume. Unter „Wetter" versteht man den Zustand der bodennahen Atmosphäre zu einem bestimmten Termin. Während sich das Wetter rasch ändert, beschreibt das Klima das „mittlere Wetter" über Jahrzehnte, Jahrhunderte oder Jahrtausende.

▼ 23 Zahlreiche alte Windmühlen dokumentieren die für kleine Meeresinseln kennzeichnenden beständig starken Winde auf der estnischen Insel Saaremaa

◀ 24
Humides, kühles Klima führte auf der nordschottischen Orkney-Insel Mainland zur Entstehung ausgedehnter Moore

Die Klimazonen der Erde

Die Klimate von Inseln werden wesentlich von ihrer geographischen Lage, ihrer Höhe und ihren Oberflächenformen sowie der Ausdehnung der umgebenden Wasserfläche bestimmt. Je weiter eine Meeresinsel von den Festlandsküsten entfernt liegt, desto stärker bestimmen die mittleren Wassertemperaturen das Klima der Insel.

Der Einfallswinkel der Sonnenstrahlen beeinflusst das Klima stark. So ist die Einstrahlung der Sonne an den Polen weitaus geringer als in der Nähe des Äquators. Vernachlässigt man den Einfluss der Land-Meer-Verteilung und der Oberflächenhöhen und -formen, so kann die Erde von den Polen zum Äquator in etwa breitenkreisparallele Klimazonen unterteilt werden: polare und subpolare Regionen, gemäßigte Breiten, Subtropen und Tropen. Die ungleiche Land-Meer-Verteilung bewirkt Abweichungen von dieser an den Breitenkreisen orientierten Zonierung. Die asymmetrische Verteilung von Land und Meer in den einzelnen Klimazonen schafft Räume mit geringeren oder stärkeren Schwankungen der mittleren Monatstemperaturen und der Niederschläge im Jahresverlauf.

Auf den Inseln der polaren Zonen dominieren ganzjährig kalte Ostwinde. Die Temperaturen überschreiten selten den Gefrierpunkt, so dass Dauerfrostböden entstehen. Die Niederschläge sind ganzjährig niedrig.

In den subpolaren Zonen beider Hemisphären resultieren niedrige Wintertemperaturen aus polaren Ostwinden. Die Sommertemperaturen liegen hingegen bei vorwiegend gemäßigten Westwinden deutlich über dem Gefrierpunkt. Die Niederschläge sind gering und fallen überwiegend im Sommer.

Westwinde prägen die gemäßigten Breiten. In dieser Klimazone bekommen Inseln, die an den Westküsten der Kontinente liegen, ganzjährig oder besonders im Winter hohe Niederschläge (Seeklima). Die jahreszeitlichen Temperaturschwankungen sind hier geringer als auf den Kontinenten gleicher Breitenlage. Ein kühles Kontinentalklima mit ganzjährigen Niederschlägen bzw. – äquatorwärts – ein sommerwarmes Kontinentalklima mit niedrigen Jahresniederschlägen kennzeichnen Binneninseln im Zentrum der Kontinentalmassen der gemäßigten Breiten. Auf Inseln, die an den Ostseiten der Kontinente in der gemäßigten Zone liegen, schwanken die mittleren Temperaturen zwischen Sommer und Winter deutlich. Die Niederschläge fallen hier ganzjährig, auf den Inseln vor der Ostküste Asiens dagegen hauptsächlich im Sommer aufgrund des Südost-Monsuns, dessen Luftmassen über dem Meer viel Feuchtigkeit aufnehmen und bis in die gemäßigte Zone strömen.

Außertropische Westwinde und der Wechsel von Hoch- und Tiefdruckgebieten bestimmen im Winter das Klima von Inseln, die am polwärtigen Rand der Subtropen vor den Westrändern der Kontinente liegen. Im Sommer dominieren allerdings die subtropischen Hochdruckgürtel, woraus der Gegensatz von feuchten, kühlen Wintern und trockenen, heißen Sommern resultiert. Inseln, die in der äquatorseitigen subtropischen Zone vor den Westseiten der Kontinente liegen, zeigen ein trockenes Passatklima mit ganzjährig geringen Niederschlägen. Subtropische Inseln an den Ostseiten der Kontinente, im Westen und im Zentrum der Ozeane werden von einem immerfeuchten oder sommerfeuchten Klima geprägt. Inseln vor den subtropischen Ostseiten der Kontinente erhalten ganzjährig oder im Sommer hohe Niederschläge durch feuchte Passatwinde bzw. vor Ostasien durch den Südost-Monsun. Immerfeucht sind die Florida Keys und die Bahamas, winterfeucht die westlichen Kanarischen Inseln, die Balearen und die Inseln im Juan-Fernández-Archipel, ganzjährig trocken San Félix und San Ambrosio westlich der Atacama in Chile.

▲ 25
Windschur von Bäumen durch beständig aus einer Richtung wehende Aufwinde (Robinson-Crusoe-Insel, Archipel Juan Fernández, Chile)
Foto: Hans-Rudolf Bork

Zwischen den Wendekreisen, also in den Tropen, steht die Sonne zweimal im Jahr im Zenit. Ganzjährig hohe Temperaturen prägen die tropischen Inseln. Die immerfeuchten tropischen Inseln in der Nähe des Äquators stehen ganzjährig unter dem Einfluss der innertropischen Konvergenzzone, ganzjährig kann Niederschlag fallen; die Maxima liegen im Frühjahr und im Herbst nach den Zenitständen. Inseln in den sommerfeuchten Tropen, vor allem vor den Westküsten der Kontinente, stehen im Winter unter dem Einfluss trockener Passatwinde.

Auf kleineren Meeresinseln fernab größerer Landmassen herrscht ein ausgeglichenes thermisches Klima, nämlich ein ozeanisches Klima mit geringen Temperaturunterschieden zwischen dem kühlsten und dem wärmsten Monat. Inseln in Binnengewässern inmitten von Kontinenten werden von einem extremen Landmassenklima mit starker Abkühlung in den Wintermonaten und starker Erwärmung in den Sommern bestimmt. Nur die größten Inseln (wie zum Beispiel Grönland) besitzen küstennah ein ozeanisches und im Zentrum ein ausgeprägt kontinentales Klima. Nur wenige der größten Inseln der Erde wie Grönland oder Madagaskar erstrecken sich über mehrere Klimazonen.

Das Lokalklima von Inseln

Die jahreszeitliche Differenzierung der Niederschläge, die Menge des mittleren Jahresniederschlages und die Winde werden einerseits von der großräumigen klimatischen Situation bestimmt: also von Klimazone und Lage einer Insel innerhalb dieser Klimazone (insbesondere von der Entfernung zu größeren Landmassen und der Lage an den Kontinenträndern – West- oder Ostseite). Beständig über Wochen und Monate kräftig wehende Winde prägen Inseln und deren Vegetation in den subtropischen Passatwindzonen (Abb. 25). Unregelmäßige, in Böen oft nur über einige Minuten sehr starke Winde treten in der Westwindzone der subpolaren Regionen und der gemäßigten Breiten sowie während der Wirbelstürme in den sommerfeuchten Tropen auf. Sie gefährden Menschen, Infrastruktur und Vegetation gleichermaßen. Die Luftfeuchte kontinentferner Inseln ist außerhalb des Einflusses trockener Passatwinde grundsätzlich hoch. Schwüle herrscht während der niederschlagsreichen Phasen auf ozeanischen Inseln in den Subtropen und Tropen.

Andererseits beeinflussen Höhe und Oberflächenform einer Insel die absoluten Niederschlagsmengen ebenso wie ihre räumliche Verteilung. Inseln verändern den Strömungsverlauf von Luftmassen, denn sie wirken als Hindernis. So werden die Luftmassen der bodennahen Passatwinde auf der Luvseite einer Insel zum Aufsteigen und damit zu Abkühlung, Kondensation, Wolkenbildung und zum Abregnen, auf der Leeseite dagegen zur Auflösung gezwungen (Abb. 26). Die ungleiche Verteilung der Niederschläge auf den Luv- und Leeseiten wie auch die unterschiedlichen Höhen über dem Meer bewirken eine deutlich ausgeprägte Höhenstufung der Vegetation (vgl. Abb. 153). Hohe Inseln in den Subtropen wie die Hauptinsel Hawaiis, Big Island, besitzen daher eine bis zur Obergrenze der Passatbewölkung sehr niederschlagsreiche, der Hauptwindrichtung zugewandte Seite und eine trockene Leeseite. Luvseitig, unmittelbar in der Passatwolkenzone, fallen im Nordosten der höheren Inseln Hawaiis Niederschläge von mehreren tausend Millimetern pro Jahr. Die höher gelegenen Gebiete und die Standorte auf der Leeseite erhalten hingegen nur noch wenige hundert Millimeter Niederschlag im Jahresmittel.

Die feuchten Luvseiten bewohnter subtropischer Inseln werden oft intensiv ackerbaulich genutzt, auf den niederschlagsarmen Leeseiten ist aufgrund des Wasserdefizits ohne Bewässerung lediglich eine extensive Beweidung möglich. Starke Bodenerosion ist häufig eine Folge der Zerstörung der Primärvegetation und der anschließenden intensiven Nutzung sowohl der trockenen als auch der feuchten Seiten subtropischer und wechselfeuchter tropischer Inseln.

Kaltes Meerwasser fördert die Kondensation und damit die Nebelbildung. Rasch aufziehende Nebel lassen Inseln in den Roaring Forties („Brüllende Vierziger", die von häufigen Stürmen geprägten südlichen vierziger Breitengrade) und am nördlichen Ende des Humboldtstroms auf der Südhalbkugel innerhalb kürzester Zeit „verschwinden". So liefen vor der Einführung der modernen Navigation viele Schiffe auf die Klippen der „verwunschenen" Inseln des Galápagos-Archipels.

Natürliche Klimaanomalien

Einige Inseln und Archipele werden von regelhaften Klimaanomalien geprägt. In Rhythmen von drei bis zehn Jahren werden die Ausläufer des kalten, Nebel erzeugenden Humboldtstroms von warmem Wasser abgelöst. Starke Evaporation (Verdunstung) befördert die Wasserdampf-, Wolken- und Niederschlagsbildung. Dieses von Klimatologen als El Niño bezeichnete Phänomen vervielfacht vorübergehend die Niederschläge äquatornah im östlichen Pazifischen Ozean. Auf den Galápagos-Inseln kommt es daher für einige Monate zu üppigem Vegetationswachstum und einer starken Vermehrung der Landtiere (siehe Kap. Galápagos).

Die absehbaren Folgen des von Menschen erzeugten Klimawandels für Meeresinseln

Der Klimawandel wird wahrscheinlich die Nordwest- und die Nordostpassagen schiffbar und damit einige bislang sehr abgelegene Inseln der polaren und subpolaren Zonen gelegentlich oder alljährlich in den Sommermonaten zugänglich und damit nutzbar machen.

Tiefdruckgebiete über den Meeren vor allem in den Zonen der wechselfeuchten Tropen beiderseits des Äquators nehmen in erheblichem Umfang das verdunstende Meerwasser als Wasserdampf auf und entwickeln sich im Spätsommer und im Frühherbst – der Phase mit den höchsten Meerestemperaturen – zu tropischen Wirbelstürmen. Im Indischen Ozean werden sie als Zyklone bezeichnet, im westlichen Pazifischen Ozean, in Ost- und Südostasien als Taifune sowie im Atlantik, im östlichen und zentralen Pazifischen Ozean als Hurrikane. Inseln der wechselfeuchten Tropen werden häufig von Wirbelstürmen heimgesucht. Besonders häufig und stark betroffen sind die nördlichen karibischen Inseln, die Maskarenen mit Mauritius und Réunion sowie Madagaskar im westlichen Indischen Ozean, die südlichen japanischen Inseln, Taiwan, die Karolinen und die Philippinen im westlichen Pazifik. Der Klimawandel wird vermutlich zu einer Zunahme der Anzahl und Intensität tropischer Wirbelstürme führen und die durch sie verursachten Schäden in diesen Räumen erheblich vergrößern.

Der Anstieg des Meeresspiegels, der nach Berechnungen des Intergovernmental Panel on Climate Change bis zum Ende des 21. Jahrhunderts 18 bis 59 Zentimeter erreichen dürfte, gefährdet vornehmlich flache, kleine Inseln: Halligen, Atolle, flache Sandinseln und niedrige Schären. Die Bundesrepublik Deutschland kann mit kostenintensiven Küstenschutzmaßnahmen eine Zerstörung der Halligen an der schleswig-holsteinischen Nordseeküste über längere Zeit verhindern. Dagegen sind einige winzige, dicht besiedelte, arme Inselstaaten, wie das nördlich von Neuseeland gelegene, maximal fünf Meter aus dem Meer aufragende Tuvalu, schon bereits jetzt in hohem Maße in ihrer Existenz gefährdet.

▼ 26
Luvseitige Wolkenbildung und leeseitige Wolkenauflösung über der Robinson-Crusoe-Insel (Ostpazifik)
Foto: Hans-Rudolf Bork

▲ 27
Farne gehören zu den Erstbesiedlern auf vulkanischen Böden, hier auf Pahoehoe-Lava, Hawaii (Big Island)

Inseln als Schauplätze der Evolution

Wie gelangen Tiere und Pflanzen auf Inseln?

Inseln, die durch tektonische Abtrennung oder durch Veränderungen des Meeresspiegels vom Festland getrennt wurden, konnten während ihrer Entstehung einen großen Teil der Flora und Fauna des kontinentalen Herkunftsgebietes mitnehmen. Anders verhält es sich bei neu über den Meeresspiegel gehobenen oder gewachsenen Inseln. Die Besiedlung ihrer oberirdischen Landfläche durch Organismen ist ein langwieriger Prozess, der auf sehr niedrigem Niveau beginnt. Solche „Anfänger" sind nicht nur ozeanische Inseln, wie zum Beispiel Hot-Spot-Vulkane oder tektonisch gehobene Korallenriffe, sondern auch einige kontinentale Inseltypen: Alluviale Inseln etwa, die durch Sedimentanschwemmung in Verlandungsgebieten neu entstehen, oder die felsigen Schären Skandinaviens, von denen stets neue mit der nacheiszeitlichen Landhebung aus dem Meer auftauchen. Das allgemeine Lehrbuchbild der bei „nichts" beginnenden Inseleroberung gilt es jedoch zu relativieren: Nicht immer beginnt die Besiedlung neu entstandener Inseln am Nullpunkt. Inselentstehung und biologische Sukzession sind vielmehr Prozesse, die häufig miteinander verschränkt sind. Bei der Genese von Salzwieseninseln an der Schwemmlandküste zum Beispiel gehen Prozesse der Sedimentation mit der allmählichen Einwanderung von Pflanzen Hand in Hand. Salztolerante Kräuter sind schon im amphibischen Vorinselstadium präsent, sie unterstützen den Sedimentationsprozess und so die Inselentstehung (vgl. Abb. 112). Ein weiteres Beispiel: Ein über den Meeresspiegel aufwachsender tropischer Vulkan besitzt meist schon vor seinem Inseldasein artenreiche Korallenriffe, die eines Tages daran teilhaben werden, amphibische Küstenlandschaften zu formen und unter anderem die Ansiedlung einer Mangroven-Vegetation zu ermöglichen. Befinden sich andere Landökosysteme in der Nähe, so kann die Besiedlung neuer Inseln durch Organismen recht schnell erfolgen, wie gigantische natürliche „Experimente" dokumentieren. 1883 verheerten extreme Eruptionen die drei Inseln der indonesischen Krakatau-Gruppe. Die Inseln wurden größtenteils abgetragen und ihre Reste unter Asche und Lava begraben. Vermutlich war jedes Leben auf den Inseln erloschen. Auf der größten (Rakata) fanden Wissenschaftler schon drei Jahre später fünfzehn Pionierpflanzenarten vor. Weniger als 50 Jahre nach dem Ausbruch war die Insel bereits wieder von einem Wald bedeckt, ein Jahrhundert nach dem Extremereignis zählten Zoologen etwa 50 Schmetterlings- und 30 Vogelarten.

Vor der Südküste Islands entstand 1963 die Vulkaninsel Surtsey. Auch sie wurde zum Forschungslabor der Wissenschaft, das eindrucksvolle Bilder des Besiedlungsgeschehens liefert: Nur vier Jahrzehnte nach dem Auftauchen der Insel aus dem Meer wurden dort unter anderem 300 wirbellose Tierarten registriert.

Fernreisende Tiere und Pflanzen

Rakata und Surtsey liegen nur wenige Zehnerkilometer von den nächsten Landmassen entfernt. Die Besiedlung weit abgelegener ozeanischer Inseln wie Hawaii, Galápagos, Sankt Helena oder Tristan da Cunha erforderte ungleich längere Zeiträume und stellte hohe Anforderungen an den Ferntransport von Tieren und Pflanzen. Nur wenige Landorganismen, wie einige Vogel- und Fledermausarten, sind in der Lage, Meeresentfernungen von einigen tausend Kilometern aktiv zu überwinden. Die Distanz zur nächsten Landmasse, und sei es nur eine schmale Meeresstraße, wirkt als biogeografischer Filter, der nur bestimmte Arten, abhängig von ihrer spezifischen Mobilität und Ausbreitungsfähigkeit, auf Inseln gelangen lässt. Abnehmende Artenzahlen mit zunehmender Inselentfernung illustrieren diesen Filtereffekt, wie die abnehmende Zahl von Landvogelgruppen und -arten entlang des Ausbreitungsgradienten vom artenreichen westpazifischen Neuguinea bis in die abgelegene Inselwelt des zentralpazifischen Polynesien zeigt (Abb. 28). Dass auch schon kurze Meeresdistanzen selektiv wirken, zeigt sich zum Beispiel an der Fauna Irlands. Dort fehlen Schlangen, Wühlmäuse sowie etliche Vogel- und Insektenarten, die auf der benachbarten Insel Großbritannien heimisch sind. Auf Großbritannien wiederum kommen zahlreiche Arten des europäischen Kontinentes nicht vor.

Die meisten Tiere und Pflanzen gelangten nicht aktiv schwimmend oder fliegend, sondern durch passive Verdriftung auf die abgelegenen Inseln unserer Ozeane. Bodennahe Winde oder Höhenströmungen können Pflanzensamen und Pflanzensporen, Insekten und Spinnen als „Luftplankton“ weit über das Meer tragen. Der Wissenschaftler Thornton (zitiert in: Berry 2007, S. 208) registrierte auf den Lavafeldern der jungen indonesischen Vulkaninsel Anak Krakatau 72 Spinnen- und Insektenarten, die binnen zehn Tagen aus der Luft auf die Probeflächen „hinunterregneten“. Auch Meeresströmungen transportieren Samen, Früchte oder überlebensfähige Sprossteile von Pflanzen über große Entfernungen. Die oft sehr einheitliche Strandflora ozeanischer Inseln spiegelt die

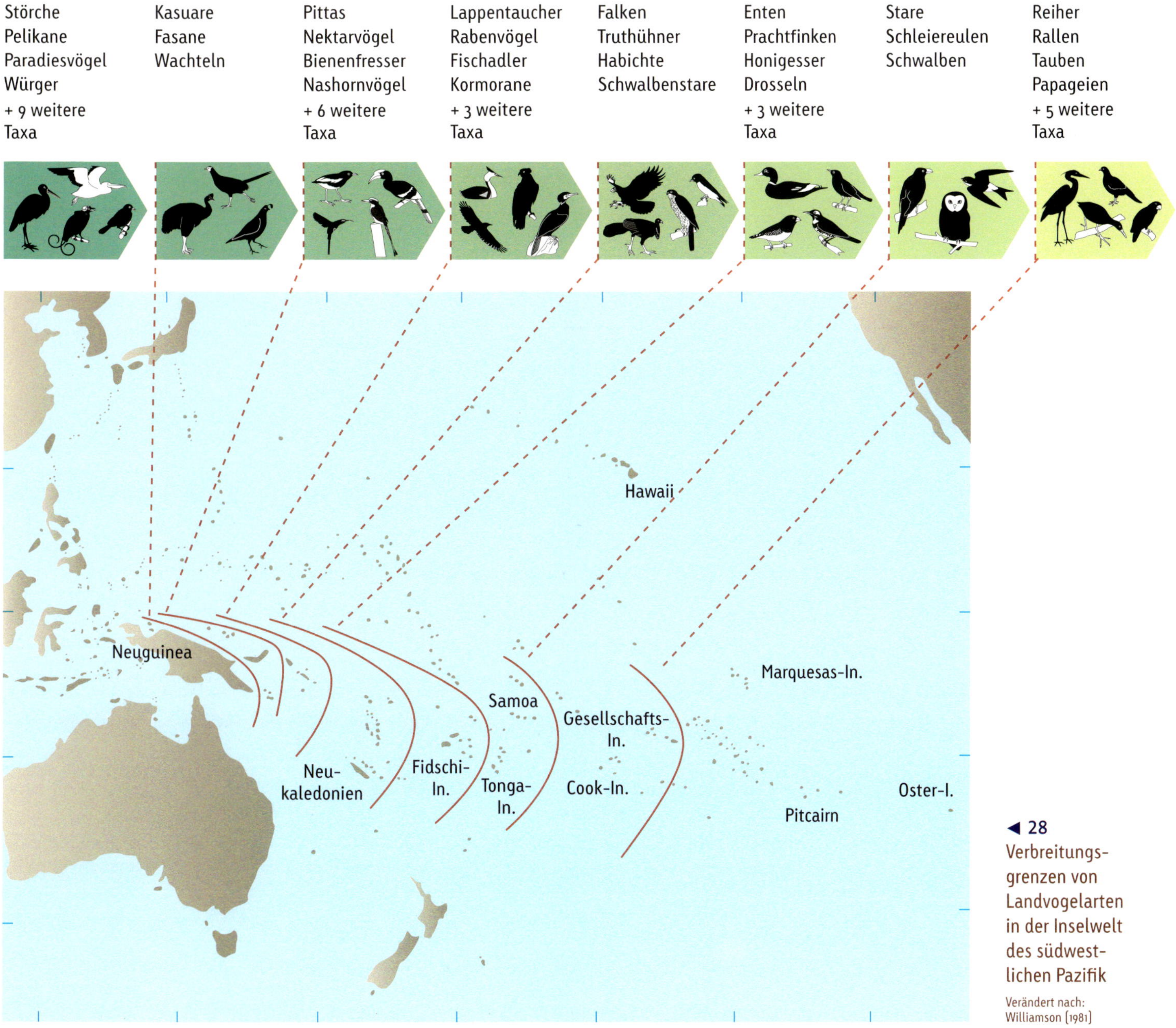

◀ 28 Verbreitungsgrenzen von Landvogelarten in der Inselwelt des südwestlichen Pazifik

Verändert nach: Williamson (1981)

▶ 29
Viele Reptilien besitzen eine hohe physiologische Toleranz und überleben längere Meeresreisen auf Treibgut schwimmend. Im Bild: Die an den marinen Lebensraum angepasste endemische Meerechse (*Amblyrhynchus cristatus*) der Galápagos-Inseln

Salzwassertoleranz und den Siedlungserfolg solcher Meeresreisenden wider. Pflanzliches Treibgut wiederum kann flug- und schwimmunfähige Tiere wie Landschnecken, Reptilien und Nagetiere lebend an die Küsten von Inseln schwemmen. Vögel sind wohl für die meisten Pflanzenarten abgelegener Inseln das entscheidende Transportmedium. Am Gefieder haftend, im Verdauungstrakt aufgehoben oder mit Erdspuren an den Füßen der Vögel klebend, können Pflanzensamen ihre Fernreise ohne Salzwasserkontakt meistern. Die Transportfähigkeit von Tieren und Pflanzen wird durch ihre artspezifischen Eigenschaften mitbestimmt. Größe, spezifisches Gewicht, Flügel oder Fortsätze von Pflanzen- und Tierkörpern entscheiden darüber, ob ein Schweben, Schwimmen oder Anheften möglich ist. Schließlich entscheiden auch hydrographische oder klimatische Gegebenheiten über die Ausbreitungsfähigkeit von Tieren und Pflanzen. Denn mit der Richtung von Wind- und Wasserstrom lassen sich große Inselentfernungen wesentlich leichter überbrücken als entgegen der Hauptstromrichtung.

Vom Transport zur Etablierung

An entfernten Inselgestaden angelangt, stellen sich Neuankömmlingen weitere schwierige Anforderungen: Pflanzensamen müssen nach wochen- oder monatelanger Seereise noch keimfähig sein. Boden- und Klimaverhältnisse müssen zu den Ansprüchen der Arten passen. Tiere und Pflanzen sind auf eine ausreichende Individuenzahl zum Aufbau fortpflanzungsfähiger und genetisch ausreichend fundierter Populationen angewiesen. Pflanzenverzehrer benötigen geeignete Futterpflanzen, Blütenpflanzen passende Bestäuber. Räuber und Parasiten können nur überleben, wenn sich Beute- und Wirtsorganismen schon zuvor erfolgreich angesiedelt haben. Bereits ansässige Konkurrenten erschweren die Etablierung neuer Ankömmlinge; alles in allem ungünstige Voraussetzungen für Zuwanderer. Obwohl die meisten Ankömmlinge auf Inseln zum Scheitern verurteilt waren, machten lange Zeiträume selbst auf den abgelegensten Inseln das Unwahrscheinliche möglich, nämlich eine erfolgreiche Besiedlung. Die Wissenschaftler Carlquist (1965) und Zimmermann (1965) errechneten, dass sich auf den Hawaii-Inseln statistisch gesehen nur etwa alle 20 000 Jahre eine neue Pflanzenart oder einmal in 300 000 Jahren eine Vogelart hat etablieren müssen, um die heutige Artenvielfalt hervorzubringen. Etablierung bedeutete dabei nicht nur das Überleben der einst gestrandeten Spezies, sondern zu einem erheblichen Anteil auch die Entwicklung neuer Arten aus den einst zugereisten (siehe unten).

Disharmonie: Unterschiede insularer und kontinentaler Lebensgemeinschaften

Das Arteninventar ozeanischer Inseln unterscheidet sich oft erheblich von dem der biogeographisch nächstgelegenen kontinentalen Lebensräume, auch dann, wenn die abiotischen Voraussetzungen (Klima, Boden, Relief) sehr ähnlich sind. Man bezeichnet dies als „Disharmonie" der Inselbiozönosen (Lebensgemeinschaften). Besonders disharmonisch sind ozeanische Inseln, die durch große Meeresdistanzen von anderen Landmassen getrennt sind (zum Beispiel Hawaii oder Galápagos), oder auch Inseln, die eine sehr lange eigenständige Entwicklung hinter sich haben (zum Beispiel Madagaskar).

◀ 30
Chamäleons haben sich auf der lange isolierten Insel Madagaskar zu großem Arten- und Formenreichtum entwickelt. Etwa die Hälfte aller erdweit bekannten Arten lebt hier

◀ 31
Lemuren sind eine sehr ursprüngliche Gruppe der Affentiere, die auf Madagaskar aufgrund des Fehlens höherer Primaten überdauerte und sich dort artenreich entfaltete. Im Bild: Milne-Edwards-Sifaka (*Propithecus edwardsi*)

Ein typisches Kennzeichen der Disharmonie von Inseln ist eine Armut beutegreifender Säugetiere und Vögel. Auch wirbellose Tiergruppen können fehlen. So gab es auf den Hawaii-Inseln vor dem Eintreffen des Menschen gar keine Ameisen, eine sonst weit verbreitete und überaus artenreiche Insektengruppe. Auf Inseln im Golf von Kalifornien wurde gezeigt, dass Spinnen vor allem an marine Nahrungsnetze angeschlossen sind, weil die Produktivität der dortigen Landpflanzen keine ausreichende Entwicklung von wirbellosen Pflanzenverzehrern zulässt. Insgesamt können mehrere natürliche Faktoren für die biotische Unterschiedlichkeit von Insel- und Festlandgemeinschaften verantwortlich sein:

- Die mit der Insel-Festland-Entfernung zunehmende Filterwirkung, die bestimmte Arten, Gattungen und Familien auch während langer Zeiträume an der Überbrückung der Distanzen hindert
- Ein geringes Alter der Insel mit einer noch am Beginn stehenden Sukzession der Biozönosen
- Die Lage einer Insel im Einflussbereich mehrerer Zuwanderungswege, die zu einem Artengemisch aus mehreren kontinentalen Quellgebieten führen kann
- Die eigenständige Artenbildung auf Inseln durch evolutive Weiterentwicklung oder Aufspaltung der ursprünglichen Siedlerarten
- Inselspezifische abiotische Besonderheiten, die selektiv auf die Etablierung eingewanderter Arten wirken können (zum Beispiel von den kontinentalen Bedingungen desselben Großklimaraumes abweichendes Lokalklima)
- Veränderungen abiotischer Bedingungen auf der Insel im Laufe ihrer geologischen Geschichte (zum Beispiel tektonische Verdriftung in einen anderen Klimaraum, tektonische oder vulkanische Reliefveränderungen, relative Meeresspiegelveränderungen), die zum Aussterben einst eingewanderter Arten führen

Der Mensch hat die natürliche Disharmonie von Inseln erdweit dramatisch verändert, indem er von den Kontinenten Tiere und Pflanzen mitgebracht hat, die sonst dort nie Fuß gefasst hätten. Außerdem hat die menschliche Nutzung der Ökosysteme direkt und indirekt zum Aussterben von Arten beigetragen und Artenverschiebungen in Gang gesetzt, die auf Inseln häufig einen besonders dramatischen und nicht vorhersehbaren Verlauf nehmen. Durch die Zerstörung insularer Eigenarten und durch globale „Homogenisierung“ der Arteninventare ist heute die natürliche Disharmonie auf den meisten Inseln der Erde geschwunden. Anthropogene Disharmonien und neu geschaffene Artengemische prägen vielmehr die Ökosysteme. Phänomene und Folgen der durch Menschen bewirkten Artenverschiebung auf Inseln werden im folgenden Kapitel diskutiert.

Artenzahlen auf Inseln und ihre Determinanten

Inseln weisen in der Regel eine geringere Zahl an Tier- und Pflanzenarten auf als kontinentale Lebensräume vergleichbarer Art und Größe. Eine natürliche Ursache hierfür liegt in der bereits beschriebenen Filterwirkung der Inseldistanz zum Festland, die potentielle Siedler an der Einwanderung hindert beziehungsweise deren Einwanderung erschwert. Aber auch die Fläche einer Insel entscheidet über ihre Artenzahl, große Inseln sind meist artenreicher als kleine. Die Gründe dafür sind vielfältig. Eine große Insel mit längerer Küstenlinie wird von einwandernden Organismen leichter „gefunden". Eine größere Insel bietet oft eine höhere Vielfalt unterschiedlicher Lebensraumtypen und damit mehr ökologische Nischen, die von unterschiedlichen Arten besetzt werden können. Eine große und zugleich hohe Vulkaninsel etwa besitzt aufgrund ihres ausgeprägten Reliefs mit entsprechenden Klima- und Vegetationszonen eine viel größere Habitat- und Artenvielfalt als eine kleine, flache Atollinsel. Ein größeres Angebot an nutzbaren Ressourcen und ökologischen Nischen äußert sich wiederum in geringeren Konkurrenz- und Verdrängungseffekten und erhöht damit die Überlebenschancen für eine höhere Anzahl von Arten.

McArthur & Wilson (1967) haben die Aspekte des Einwanderns und Aussterbens von Arten auf Inseln, beide in ihrer Dimension abhängig von der Abgelegenheit und Größe der Inseln, miteinander in Beziehung gesetzt. Die maximal erreichbare Artenzahl einer Insel lässt sich danach aus den Faktoren Inselgröße, Inselentfernung, Zuwanderungs- und Aussterberate ableiten. Fallbeispiele (unter anderem beschrieben in Begon et al. 1998, S. 585 ff.) zeigen, dass solche Arten-Areal-Beziehungen tatsächlich zutreffen und dass sich die Arten*zahl* von Inseln auf einem Gleichgewichtsniveau einpendelt, selbst dann, wenn sich die Arten*zusammensetzung* verändert.

▲ 32 und 33
Der endemische Juan-Fernández-Kolibri (*Sephanoides fernandensis*) und der ebenfalls auf der chilenischen Robinson-Crusoe-Insel endemische baumförmige Korbblütler *Dendroseris litoralis* sind durch eine spezialisierte Nahrungs-Bestäuber-Beziehung eng miteinander verbunden. Beide Arten besitzen nur noch extrem kleine Populationen

Insel(gruppe)	Organismengruppe	Anteil endemischer Arten in %
Hawaii	Gefäßpflanzen	95
	Landschnecken	99
	Insekten	99
	Landvögel	99
Neuseeland	Gefäßpflanzen	82
Neukaledonien	Gefäßpflanzen	80
	Landschnecken	99
Sankt Helena	Gefäßpflanzen	89
Tristan da Cunha	Landvögel	100
	Gefäßpflanzen	69
Madagaskar	Gefäßpflanzen	85
	Landschnecken	95
	Reptilien	95
	Vögel	50

◀ Tab. 4
Beispiele für hohe Endemismus-Raten auf Inseln. Die Angaben verschiedener Autoren für dieselben Inseln können variieren. Zu beachten ist, dass spurlos ausgestorbene Arten in den Zahlen nicht erfasst sind und sich die Zahlen auf den indigenen Artenbestand der Inseln beziehen, also eingeführte Arten nicht berücksichtigen

Angaben nach: Begon et al. (1998), Carlquist (1974), Royle (2001), Whittaker & Fernández-Palacios (2007)

Evolution und Endemismus

Inseln sind prädestinierte Schauplätze der Evolution. Die Entwicklung innovativer Lebensformen und Baupläne, die Entstehung neuer Arten und Unterarten als Anpassung an spezifische Lebensbedingungen sind Prozesse, die hier vielfach markanter und schneller ablaufen als in kontinentalen Systemen. Inseln sind daher evolutive Sondergebiete, vor allem aus zwei Gründen:

1. Tier- und Pflanzenpopulationen auf Inseln haben oft kleine und isolierte Genpools. Sie reagieren daher besonders empfindlich und schnell auf selektive Mechanismen.
2. Aufgrund der biogeographischen Filterwirkung fehlen auf Inseln bestimmte Organismengruppen und Arten mit der Konsequenz, dass zahlreiche ökologische Nischen einer evolutiven Einpassung neuer Arten offen stehen.

Da die Wirkung beider Faktoren vom Isolationsgrad der Inseln abhängt, sind besonders intensive Prozesse der Artentstehung auf den abgelegensten Inseln unserer Ozeane zu erwarten. Die teilweise extrem hohen Anteile endemischer Tier- und Pflanzenarten, also ausschließlich lokal vorkommender Spezies, zum Beispiel auf den Hawaii-Inseln, Tristan da Cunha, Sankt Helena und Neukaledonien, belegen die Richtigkeit dieser Annahme (Tab. 4).

Ein Sonderfall der Artentstehung auf Inseln ist die *adaptive Radiation*. Der Begriff bezeichnet die rasch verlaufende evolutive Aufspaltung einer Ursprungsart in mehrere neue Arten, die an unterschiedliche ökologische Lebensbedingungen (ökologische Nischen) angepasst sind. Ein Lehrbuchbeispiel für diesen Evolutionsprozess ist die Entwicklung der dreizehn endemischen Darwinfinkenarten auf den Galápagos-Inseln, die vermutlich von einer einzigen Finkenart abstammen, die einst vom südamerikanischen Festland auf die Inselgruppe versprengt wurde. Körperbau, Größe und unterschiedliche Schnabelformen der Darwinfinken (Geospizinae) illustrieren verschiedene Ernährungsformen und Lebensweisen der Arten dieser Gruppe (Abb. 34). Die Tatsache, dass die Darwinfinken 40 % der Landvogelarten von Galápagos ausmachen, illustriert den Erfolg ihrer ökologischen Einnischung.

▶ 34
Adaptive Radiation der Darwinfinken auf den Galápagos-Inseln

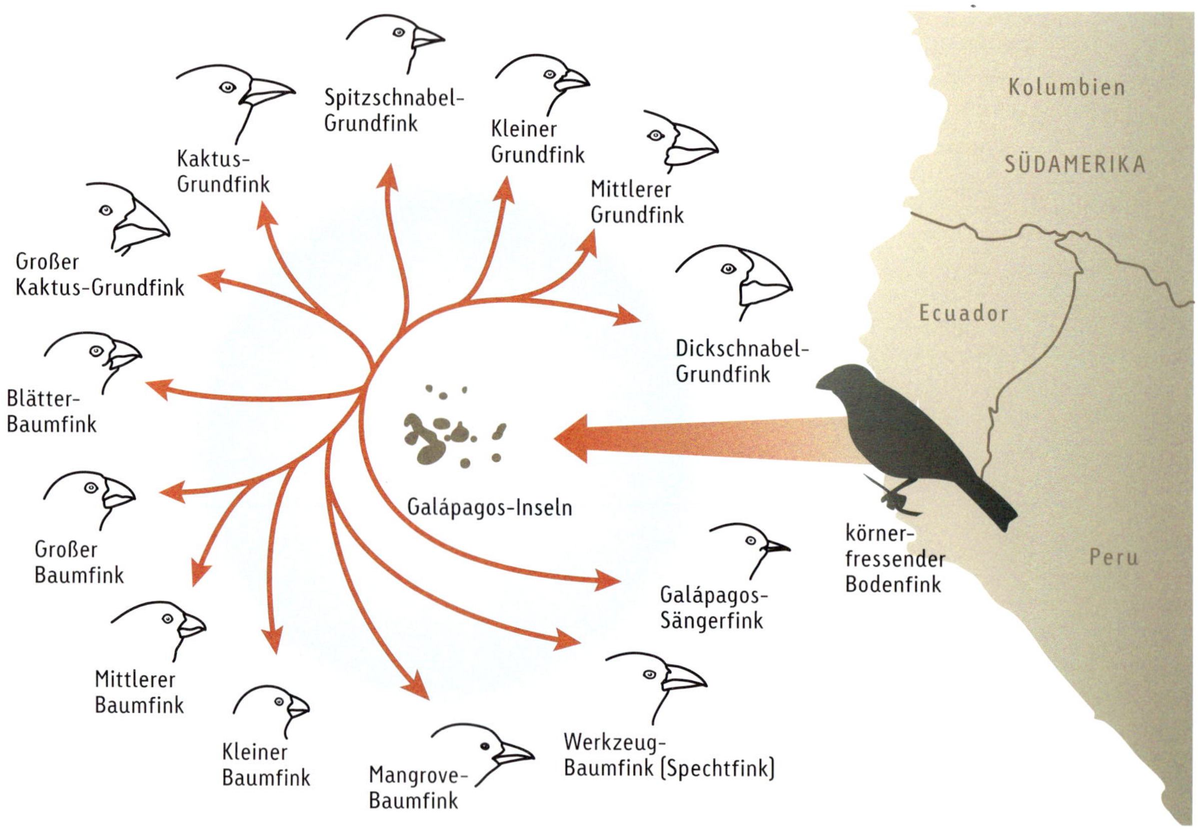

Auf den Hawaii-Inseln gibt es eine ebenso erfolgreiche Gruppe von Finkenvögeln, die durch adaptive Radiation aus vermutlich nur einer Vorläuferart des Festlandes entstand: die Gruppe der Kleidervögel (Drepanidinae, vgl. Abb. 39), die einst mehr als 40 Arten umfasste und heute auf 21 (bedrohte) Arten reduziert ist. Weitere Paradebeispiele für adaptive Radiation auf den Hawaii-Inseln sind die etwa 500 Fruchtfliegenarten der Gattung *Drosophila*, die etwa ein Drittel des Weltartenbestandes ausmachen, und die mehr als 1200 endemischen Landschneckenarten, die aus nur etwa 24 eingewanderten Ahnenarten hervorgingen.

Standorttreue und reduziertes Ausbreitungsvermögen auf Inseln

Zu den typischen Anpassungsmustern vieler Tier- und Pflanzenarten auf Inseln gehört eine verringerte Ausbreitungsfähigkeit. Passives und aktives Flugvermögen, also Eigenschaften, die einst zum Erreichen einer Insel unabdingbare Voraussetzung waren, konnten sich nach der Ansiedlung als Nachteil erweisen. Auf windexponierten Inseln muss die Insektenfauna einer ungewünschten Verdriftung hinaus auf das Meer entgegenwirken, um die Etablierung der Inselpopulation zu sichern. Unter diesem selektiven Druck entwickelten sich auf subantarktischen Inseln wie Südgeorgien, Marion Island und den Kerguelen zahlreiche stummelflügelige, nicht mehr flugfähige Schmetterlings- und andere Insektenarten. Nach einer Einwanderung über weite Meeresstrecken wurde Standorttreue in den erfolgreich besiedelten Lebensräumen wichtig, zumal bei günstigen Lebensbedingungen. Auf etlichen Inseln der Erde verloren so auch Vögel ihre Flugfähigkeit. Auf den Galápagos-Inseln lebt beispielsweise eine flugunfähige Kormoranart, auf den Falklandinseln die gleichfalls flugunfähige Dampfschiffente (Abb. 12.14), auf Neuseeland leben der flugunfähige Kakapo-Papagei und die flugunfähigen Kiwis. Besonders die Gruppe der bodenbewohnenden Rallenvögel (Rallidae) hat eine Vielfalt flugunfähiger Arten auf abgelegenen Inseln wie Hawaii, Tristan da Cunha, Neuseeland, Tonga, Fidschi und zahlreichen anderen Inseln des Pazifik hervorgebracht. Eine wichtige Voraussetzung für die Reduktion des Flugvermögens war das Fehlen von Beutegreifern unter den Säugetieren und Vögeln auf diesen Inseln. Die Situation änderte sich, als der Mensch und mit ihm im Gefolge Hunde, Katzen, Ratten und andere Tiere die Inseln besiedelten. Standorttreue und Energieeinsparung wurden nun zum Nachteil. Viele der flugunfähigen Vogelarten starben binnen kurzer Zeit aus, darunter auch die wenigen nicht fliegenden Singvögel der Erde: mehrere Arten der Neuseeland-Schlüpfer (Xenicidae) und die kanarische Langbeinammer (*Emberiza alcoveri*). Vor deren Schicksal stehen heute auch die meisten anderen flugunfähigen Vogelarten auf allen Inseln.

Auch viele insulare Pflanzenarten zeigen eine von der Fernverbreitung hin zur Standorttreue veränderte Strategie. Der Wissenschaftler Carlquist (1974) zeigte dies für zahlreiche Pflanzenarten der Hawaii-Inseln, deren Samen im Vergleich zu denen der kontinentalen Verwandten verkümmerte Anheftungsorgane, verringerte Schwebefortsätze oder auch ein stark vergrößertes Gewicht aufweisen. Die Strategie des sicheren Hinunterfallens und Keimens statt des unsicheren Entschwebens in ungeeignete Lebensräume oder gar über die Inselgrenzen hinaus steckt hinter diesen abgewandelten Bauplänen.

◀ 35
Die endemische Falkland-Dampfschiffente (*Tachyeres brachydactyla*) ist flugunfähig, eine inseltypische Anpassung an das Fehlen von Fressfeinden

Gigantismus und Zwergenwuchs: Außergewöhnliche Baupläne und Lebensformen

Ein weiteres Inselphänomen unter Tieren und Pflanzen ist die Entwicklung besonders großer Körperformen („Inselgigantismus"). So konnten sich aus kleinen verbreitungsfähigen Krautpflanzen auf vielen Inseln verholzende, baumähnliche Großformen entwickeln, sofern Konkurrenten unter den echten Bäumen fehlten. Denn deren Samen sind vielfach schwer und daher für den Ferntransport über das Meer nicht geeignet. Auch die vergleichsweise ausgeglichenen Inselklimate und die Armut an größeren Pflanzenverzehrern mögen den pflanzlichen Gigantismus auf Inseln begünstigt haben. Eine besonders erfolgreiche Gruppe mit zahlreichen verholzten Insel-Großformen stellen die Korbblütler dar (Asteraceae, Abb. 32, 36). Eine Vielfalt strauch- und baumförmiger Arten dieser Familie gedeiht zum Beispiel auf den Galápagos-Inseln, im chilenischen Juan-Fernández-Archipel und auf Sankt Helena. Auf den Hawaii-Inseln gibt es eine artenreiche Gruppe baumförmiger Glockenblumengewächse (Campanulaceae). Auf den Kanarischen Inseln, den Kapverden und Madeira wachsen zahlreiche verholzende Großformen der Gattung *Echium* („Natternkopf", Familie Boraginaceae).

Den Inselgigantismus finden wir mehrfach auch in der Tierwelt. Hier waren vermutlich ebenfalls das Fehlen von Konkurrenten und Fressfeinden sowie günstige Nahrungsbedingungen die Triebfedern dieser Entwicklung. Inselriesen sind beispielsweise der indonesische Komodowaran, die Riesenschildkröten des Aldabra- oder des Galápagos-Archipels (vgl. Abb. 42), die Riesen-Wetas auf Neuseeland (große flugunfähige Langfühlerschrecken) oder auch die Riesenratte und der Riesenskink (eine Reptilienart) der Salomonen. Ihre besondere Größe machte viele Arten nach dem Eindringen des Menschen in die Inselräume anfällig. Die großen Tiere erschienen Mensch, Hund und Ratte geeignet als Nahrung, konnten nicht gut fliehen und reagierten empfindlich auf die Verkleinerung ihrer Habitate. Die meisten Inselriesen sind heute in ihrem Bestand bedroht. Viele Arten sind inzwischen ausgestorben, wie der Riesenalk der nordatlantischen Inseln, die Moas (große Laufvögel) von Neuseeland (vgl. Abb. 40), die Elefantenvögel und die größten Lemurenarten auf Madagaskar, die Riesentauben (Dodos) von Mauritius und (vermutlich) der kapverdische Riesenskink.

Das Gegenstück zum Inselgigantismus ist die Entwicklung besonders kleiner Körperformen auf Inseln („Inselzwergenwuchs"). Markante Beispiele für Zwergarten unter den Großsäugern sind eine ausgestorbene kleine Elefantenart auf der Insel Malta sowie ein ebenfalls ausgestorbenes Zwergflusspferd auf Madagaskar. Auf vielen Inseln der Erde treten Vogel- und Reptilienarten mit größenreduzierten Varianten auf. Bis heute können Biologen keine eindeutige Erklärung für dieses gehäufte Auftreten besonders kleiner Arten, Unterarten und Rassen liefern. Möglicherweise haben sich kleinere, sparsamere und effizientere Körperformen unter dem Druck von Ressourcenbeschränkungen auf Inseln entwickelt. Auch innerartliche Konkurrenz, gerade bei besonders erfolgreichen Besiedlern, kann als selektiver Druck gewirkt haben. Verkleinerung und Zurückschrauben der physiologischen Ansprüche dürften eine passende Antwort auf hohe Populationsdichten gewesen sein. Dass Inselgiganten und Inselzwerge sogar innerhalb einer Tier- und Pflanzen-

▶ 36
Inseltypische Großform unter den Pflanzen: Das auf der Hawaii-Insel Maui endemische Silberschwert (*Argyroxiphium sandwicense*, Asteraceae)

◄ 37
Baumfarn im Abel-Tasman-Nationalpark auf der Südinsel Neuseelands

gruppe nebeneinander auf einer Insel vorkommen, wie zum Beispiel die größten und kleinsten Chamäleonarten der Erde in den Regenwäldern Madagaskars, muss kein Widerspruch sein. Jede Art ist das Ergebnis spezifischer und eben durchaus unterschiedlicher Antworten auf die jeweiligen Vorzüge und Nachteile eines Insellebensraumes.

Archaische Lebensformen: Artenrelikte auf Inseln

Inseln stellen häufig Lebendarchive für alte, ursprüngliche Lebensformen dar, die auf Kontinenten längst ausgestorben oder nur noch selten vertreten sind. Isolation und fehlende Konkurrenten wirkten konservierend auf Arten, die auf den Kontinenten unter dem Druck „höher" entwickelter Arten irgendwann in der Evolution keine Chance mehr hatten. Vor allem alte Inseln sind prädestinierte Lebensräume reliktischer Arten. Auf Madagaskar zum Beispiel ermöglichte das Fehlen höher entwickelter Primaten nicht nur die Überdauerung, sondern sogar eine artenreiche Entfaltung ihrer evolutiven Vorläufer, der Lemuren (vgl. Abb. 31). Auf den Kontinenten dagegen sind die Lemuren dem Konkurrenzdruck ihrer intelligenten Nachfahren schon vor Millionen von Jahren erlegen. Auf kleinen Inseln vor Neuseeland leben die Tuataras (Brückenechsen), archaische Reptilien, die schon in der Dinosaurierzeit vor etwa 200 Millionen Jahren existierten, sowie die bereits erwähnten Wetas, Grillenverwandte, die hier etwa ebenso lange überdauerten. Für alte Pflanzengruppen sind Inseln gleichfalls reliktische Standorte. Drachenbäume, die einst über riesige Gebiete Nordafrikas verbreitet waren und vermutlich im Zuge der Saharaaustrocknung verschwanden, haben ihre größten (und heute isolierten) Vorkommen mit je einer Art auf der Insel Sokotra im Indischen Ozean und auf den Kanarischen Inseln im Atlantik. Araukarien, Vertreter einer altertümlichen Koniferenfamilie, wachsen heute nur noch an wenigen Orten der Erde. Vier Arten sind auf kleine kontinentale Verbreitungsgebiete in Südamerika und Australien beschränkt, während fünfzehn Arten auf einigen pazifischen Inseln erhalten sind, davon dreizehn ausschließlich auf den Inseln Neukaledoniens. Baumfarne (Abb. 37), die Erfolgspflanzen des Karbonzeitalters, sind heute besonders zahl- und artenreich noch auf subtropischen, tropischen und einigen gemäßigten Inseln des Pa-

▼ 38
Schnabeligel gehören zu der sehr ursprünglichen Tiergruppe der Eier legenden Kloakentiere, deren Vertreter nur noch in Australien, seinen vorgelagerten Inseln sowie auf Neuguinea vorkommen: Kurzschnabeligel der tasmanischen Unterart *Tachyglossus aculeatus setosus*

zifik zu finden, zum Beispiel auf Neuguinea, Neuseeland, Hawaii, Tasmanien, Taiwan, auf den indonesischen Inseln sowie in den Wäldern des Inselkontinents Australien. Vermutlich waren es auch für die Baumfarne verschiedene spezifische Inselfaktoren, die sie dort bevorzugt als lebende Fossilien überdauern ließen: ausgeglichenes maritimes Klima, Fehlen von großen Pflanzenverzehrern und geringe Konkurrenz echter Bäume. Im Juan-Fernández-Archipel vor der chilenischen Küste überdauerte eine besonders alte Baumfarnart: *Thyrsopteris elegans*. Die Gattung ist sonst nur durch Fossilien aus dem Jura bekannt und damit etwa 200 Millionen Jahre alt. Das Beispiel dieses Baumfarns auf den relativ jungen vulkanischen Inseln von Juan Fernández zeigt, dass Tier- und Pflanzenrelikte sehr viel älter sein können als ihre Insellebensräume selbst, ein typisches Merkmal für Relikte von Arten, die einst viel weiter auch in nahen Kontinentalbereichen oder auf anderen (inzwischen vielleicht verschwundenen) Inseln verbreitet waren.

Erweiterte Inseldefinition: der ökologische Aspekt

Die meisten der hier beschriebenen biologischen Phänomene gelten nicht nur für Inseln im geographisch engeren Sinne. Eine Insel nach ökologischem Verständnis ist jedes Biotop oder Habitat, das umgeben ist von andersartigen Lebensraumstrukturen und hierdurch von gleichartigen Strukturen isoliert ist. Inseln im ökologischen Sinne sind auch das Feldgehölz innerhalb der Agrarlandschaft, ein einzeln stehender Baum in der Savanne, ein isoliert liegender Süßwassersee, der aus einer Ebene aufragende Felsen oder auch das einzige Individuum einer Pflanzenart inmitten einer landwirtschaftlich genutzten Wiese. Inseln dieser Art lassen sich natürlich auch auf Inseln im geographischen Sinne entdecken: Die von jungen Lavaströmen umflossenen Vegetationsinseln, die sogenannten *kipukas* auf der Insel Hawaii (Big Island), seien als Beispiel genannt. Oder der höchste Berggipfel der chilenischen Insel Robinson Crusoe als exklusiver Standort des dort erst im 20. Jahrhundert entdeckten baumförmigen Korbblüters *Yunquea tenzii*. Die höchsten Vulkane des Hawaii-Archipels sind ebenfalls solche Inseln, auf denen es kleine und isolierte Vorkommen der Nene-Gänse und Silberschwert-Pflanzen (Abb. 36) gibt. Eine Insel im biozönotischen Sinn ist auch der Jellyfish Lake, ein vom Meer weitgehend abgeschlossener Brackwassersee auf einer winzigen Felsinsel des pazifischen Palau-Archipels. Nur dort leben die einzigartigen Mastigias-Quallen, die keine Nesselkapseln mehr besitzen und auf die Symbiose mit Algen angewiesen sind. Alle die für Inseln im eigentlichen Sinne beschriebenen Phänomene lassen sich auf solche isolierten Lebensräume übertragen: Entfernung und Isolation als Besiedlungshindernis, das Problem der Mindestarealgröße, die Verringerung des genetischen Austausches durch Isolation, die Entwicklung von Sonderformen und eine große Anfälligkeit gegenüber Eingriffen. Letztendlich gibt es wohl keinen Lebensraum und keine Lebensgemeinschaft ohne insulare Elemente oder Gesetzmäßigkeiten. Die Inselökologie hat daher eine erhebliche Bedeutung für das Verständnis ökologischer Prinzipien insgesamt. Nicht zuletzt für wirksame Naturschutz- und Biotopverbundkonzepte in Agrar-, Urban- und Industrielandschaften, in denen einst großflächige natürliche Habitate immer seltener und durch Fragmentierung ebenfalls zu Inseln werden, erweisen sich die Gesetzmäßigkeiten der Inselökologie als wichtig.

Das Aussterben von Tier- und Pflanzenarten auf Inseln

Inseln verzeichnen die höchsten Aussterberaten

Seit Entstehung des Lebens haben natürliche Prozesse sowohl Tier- und Pflanzenarten aussterben lassen als auch die Entwicklung neuer Arten gefördert. Biologen schätzen, dass der heutige Artenbestand der Erde weniger als 1 % aller je entstandenen Spezies ausmacht (Simpson 1952, zitiert in Begon et al. 1998, S. 623). Der Wandel des Arteninventars wird durch inter- und intraspezifische (innerartliche und zwischenartliche) Konkurrenz hervorgerufen, durch genetische Innovationen und Veränderungen abiotischer Lebensbedingungen, zum Beispiel des Klimas. Phasen intensiven Artensterbens gab es in der Erdgeschichte vor allem nach gigantischen Vulkanausbrüchen und Meteoriteneinschlägen. Im vorangehenden Kapitel wurde erläutert, dass auch der Artenbestand auf Inseln schon immer aus dynamischen Prozessen des Einwanderns, Entstehens und Aussterbens von Arten resultierte. Der Mensch hat allerdings völlig neue Rahmenbedingungen gesetzt, denn allein durch sein Wirken wurden viele Arten ausgelöscht. Zwar sind die Schätzungen zur globalen Veränderung von Artenzahlen mit großen Unsicherheiten behaftet, doch gehen Wissenschaftler davon aus, dass sich durch den Menschen die Aussterbege-

▶ 39
Der Kakawahie (*Paroreomyza flammea*), ein endemischer Kleidervogel der Insel Molokai (Hawaii). Das letzte lebende Individuum dieser Art wurde 1963 gesehen. Für das Aussterben dieser und zahlreicher anderer Kleidervogelarten der Hawaii-Inseln sind mehrere Ursachen verantwortlich: eingeführte Vogelkrankheiten, Ratten und Raubtiere sowie anthropogene Veränderungen des Lebensraumes. Das abgebildete wertvolle Präparat befindet sich in der Sammlung des B. P. Bishop-Museums in Honolulu

schwindigkeit von Tieren und Pflanzen um ein Vielfaches erhöht hat und noch weiter erhöhen könnte (Begon et al. 1998, S. 622 – 623). Die Zerstörung und Verinselung natürlicher Lebensräume, der Umbau von Landschaften zu Agrar-, Urban- und Industrielandschaften, die Ausbeutung natürlicher Rohstoffe, hohe Nährstoff- und Schadstoffeinleitungen, ausgesprochen intensive Bejagung und Fischerei gelten als Hauptursachen für den weltweiten Artenschwund.

Die Inseln der Erde tragen zur Statistik des globalen Artensterbens überproportional bei. Ökologen errechneten, dass sich 60 bis 75 % der erdweiten Artenverluste in den letzten Jahrhunderten auf Inseln ereigneten, obwohl diese nur 6,6 % der globalen Landfläche und nur etwa 1,9 % der Erdoberfläche einnehmen (siehe Whittaker & Fernández-Palacios 2007, S. 292 ff.; R. J. Berry 2007, S. 227). Gut erforschte Organismengruppen zeigen die Dramatik des Artenschwundes auf Inseln besonders deutlich, etwa wenn man die Verluste der Wirbeltierfauna betrachtet. Rund 81 % der in den letzten 400 Jahren ausgestorbenen Vogelarten, 60 % der ausgerotteten Säugetierarten und 95 % der verschwundenen Reptilienarten lebten auf Inseln (Whittaker & Fernández-Palacios 2007, S. 293). Auch die Inselfloren unterliegen erdweit hohen Aussterberaten. Ein Drittel aller aktuell gefährdeten Pflanzenarten sind Endemiten auf Inseln (ibid., S. 295). Diese Zahlen dokumentieren einmal mehr, dass Inseln aufgrund ihrer biologischen und ökologischen Eigenarten besonders empfindlich auf Eingriffe von außen reagieren. Kleine Landflächen, geringe Populationsgrößen und Reproduktionsraten, hoch spezialisierte Arten ohne natürliche Feinde sowie relative Artenarmut machen Inseln ökologisch anfällig. Sehr viel stärker als kontinentale Lebensräume reagieren sie auf Habitatverlust und Habitatfragmentierung, auf die Entnahme von Tieren und Pflanzen sowie auf die Invasion fremder Arten.

Dramatische Artenvernichtung auf pazifischen Inseln in prähistorischer Zeit

Selbst Biogeographen waren überrascht, welches Ausmaß die prähistorische Artenvernichtung auf den pazifischen Inseln hatte. Erst in den letzten Jahrzehnten wurde ihre Dimension durch die detaillierte Arbeit von Archäologen offenbar. Auf Neukaledonien, Tonga, Samoa, Fidschi, den Cook-Inseln, den Gesellschaftsinseln, den Marquesas, Henderson Island, Mangareva, Hawaii, Neuseeland und der Osterinsel entdeckten Wissenschaftler die Knochen zahlreicher Landvogelarten, die nicht mehr existieren (Steadman 1995, 1997; James & Olson 1991; Olson & James 1991; Kirch 2000; Steadman et al. 2002; Anderson 2002; Athens et al. 2002;). Eingebettet sind diese Knochen nahezu ausschließlich in Kulturschichten, Kochstellen und Abfallgruben der jeweils frühen Siedlungszeiten. Angesichts ihrer heute oft artenarmen Vogelfauna liest sich die Liste der ausgestorbenen Vogelarten für jede dieser Inseln wie ein ornithologischer Roman. Riesige, flugunfähige Rallen und Hühnervögel, Ibisse und Reiher, große Tauben- und Entenvögel, Pelikane und Sturmschwalben, Papageien, Greifvögel und zahlreiche Singvogelarten bevölkerten einst Wälder, Seen, Lagunen und Küsten. Die meisten von ihnen verschwanden schon

▲ 40
Reminiszenz an ausgestorbene Vogelarten auf Briefmarken: Der Riesen-Moa (*Dinornis* spp.) von Neuseeland und der Dodo (*Raphus cucullatus*) von Mauritius

kurz nach dem Eintreffen der ersten Menschen. Steadman (1995, 1997) rekonstruierte, dass auf den Inseln des südlichen Pazifik in den ersten Jahrhunderten nach ihrer Landnahme mindestens 2000 Landvogelarten verloren gingen. Möglicherweise hat allein schon die Zahl verschwundener Rallenarten diese Größenordnung erreicht. 50 % bis 70 % der pazifischen Vogelarten und damit ein Fünftel der weltweiten Vogelfauna wurde schon in der frühesten Kulturzeit Ozeaniens ausgelöscht (ibid.). Auf einzelnen Inseln war die Situation besonders dramatisch. Steadman & Kirch (1990) fanden zum Beispiel auf Mangaia (eine der Cook-Inseln) heraus, dass in der prähistorischen Siedlungszeit 75 % der Landvogelarten verloren gingen. Auch auf der Osterinsel dürfte nach dem vollständigen Verlust des Palmenwaldes und der Ausrottung etlicher endemischer Baum- und Straucharten schon vor der europäischen Entdeckung kaum eine der waldgebundenen Vogelarten überlebt haben (siehe Kap. Osterinsel).

Umstrukturierung von Landschaften und Jagd auf Vögel

Das Artensterben auf den pazifischen Inseln ist die Kehrseite einer großen ozeanischen Erfolgsgeschichte, die vor etwa 3500 Jahren mit der Besiedlung Ozeaniens durch die Lapita-Menschen begann und sich mit der mikronesischen und polynesischen Expansion bis zu den entlegensten Inseln des östlichen Pazifik fortsetzte (siehe Kap. Meereswanderer). Lapita, Mikronesier und Polynesier waren nicht nur hervorragende Seefahrer, sondern auch effiziente Landnutzer. Neu besiedelte Inseln gestalteten sie in jeweils wenigen Jahrhunderten zu intensiv genutzten Kulturlandschaften um. Brandrodung, Holznutzung und intensiver Gartenbau veränderten die Ökosysteme, zerstör-

◀ 41
Der im 19. Jahrhundert im Nordatlantik ausgerottete Riesenalk (*Alca impennis*) in einer Lithographie von J. G. Keulemans (1842–1912)

ten Jahrtausende alte Wälder und vernichteten nicht nur die Lebensräume vieler Vogelarten, sondern vermutlich auch Tausende Tier- und Pflanzenarten, die nicht mehr beschrieben werden können, weil uns Relikte fehlen. Neben der anthropogenen Veränderung von Lebensräumen hat die Einführung von Ratten, Hunden und Schweinen sowie ein gezieltes Verfolgen von Tieren durch den Menschen eine bedeutende Rolle beim Artenschwund gespielt. Die Jagd auf Vögel, vor allem auf die großen, flugunfähigen Arten, war neben der Fischerei für die Ozeanier vor allem zu Beginn der einzelnen Inselbesiedlungen von hoher Bedeutung. Die Nahrungsversorgung konnte so bis zur Etablierung gartenbaulicher Subsistenzstrukturen überbrückt werden. Auf Tonga zum Beispiel wurden die Knochen von Tauben und Großfußhühnern nur in den frühen Lapita-Kulturschichten (ca. 900 v. Chr.) gefunden, in den späteren polynesischen Kulturschichten fehlen sie bereits (Martin & Steadman 1999). Schon kleine Bevölkerungszahlen genügten, um die Bestände von Großvogelarten in kurzer Zeit auszulöschen, denn die Jagd auf sie war einfach. Flugunfähige Rallen, Großfußhühner und am Boden laufende Riesentauben brauchten bei Bedarf nur „eingesammelt“ zu werden; die Vögel kannten überhaupt kein Fluchtverhalten.

▼ 42
Die Populationen der Riesenschildkröten auf den Galápagos-Inseln wurden durch menschliche Verfolgung sowie durch eingeführte Haustiere erheblich dezimiert; einige Unterarten starben bereits aus

Auf kaum einer pazifischen Insel wird die Dramatik des prähistorischen Artensterbens so offenkundig wie auf Neuseeland, wo in den ersten wenigen Jahrhunderten der Besiedlungsgeschichte mindestens elf Arten großer Laufvögel, die sogenannten Moas (Dinornithidae, Abb. 40), ausgerottet wurden. In einigen Abfallgruben aus dem 13. und 14. Jahrhundert wurden Tausende von Knochen der bis zu 250 Kilogramm schweren Vögel gefunden, so dicht gepackt, dass Europäer sie ihrerseits im 19. und frühen 20. Jahrhundert zur Herstellung von Knochenmehl als Dünger ausbeuteten. Nicht nur die Moas verschwanden im Zuge der prähistorischen Bevölkerungsexpansion Neuseelands, sondern auch der Haastadler (*Harpagornis moorei*), ein auf Moas spezialisierter Greifvogel, sowie verschiedene Arten von Gänsen, Enten, Schwänen, Rallen und Papageien nebst etlichen Reptilien- und Amphibienarten.

Vögel wurden auf den pazifischen Inseln nicht allein zur Ernährung gejagt. Einige Kleidervogelarten (Drepanidinae) der Hawaii-Inseln wurden von den Polynesiern verfolgt, um Federn für Königs- und Häuptlingstrachten zu gewinnen. Allein für den heute im Bishop-Museum in Honolulu ausgestellten Umhang von König Kamehameha I. wurden die gelben Federchen von etwa 60 000 – 80 000 Individuen des heute ausgestorbenen Mamos (*Drepanis pacifica*) verarbeitet. Als James Cook und seine Begleiter ihren Fuß auf die Hawaii-Inseln setzten und dort das historische Kapitel der Artenvernichtung einleiteten, waren zuvor durch Waldzerstörung, Polynesische Ratten (siehe nachfolgendes Kapitel) und menschliche Bejagung in prähistorischer Zeit schon mindestens 60 Vogelarten ausgestorben.

Ausbeutung von Tierpopulationen in der europäischen Kolonialzeit

Die meisten Inseln und Archipele waren schon bewohnt, bevor erste europäische Besucher sie erreichten. Einige von ihnen wurden bereits in prähistorischer Zeit wieder aufgegeben, wie die neuseeländischen Inseln Norfolk, Chatham und Henderson Island, die die Polynesier nach kurzer Siedlungszeit wieder verließen – vermutlich, weil die dortigen Meeresvogelpopulationen nach intensiver Nutzung zusammengebrochen waren (siehe Steadman & Olson 1985). Nur wenige größere Inseln außerhalb der arktischen Breiten waren nach heutigem Wissensstand in prähistorischer Zeit nicht von Menschen besiedelt, wie zum Beispiel die Azoren, Ascension und St. Helena im Atlantik, die Maskarenen (Mauritus, La Réunion und Rodrigues) im Indik und die Galápagos- und Juan-Fernández-Inseln im Pazifik. Dort fanden europäische Seefahrer, Kolonisten und Piraten noch dichte Primärwälder, große flugunfähige Waldvögel, gewaltige Kolonien von Meeresvögeln ebenso wie Robben und Riesenschildkröten vor. Erstmals wird in historischen Dokumenten die besondere Zutraulichkeit von Tieren auf vormals unbesiedelten Inseln beschrieben. Wie vermutlich schon die frühen Eroberer Ozeaniens, zeigten sich europäische Entdecker verwundert über wilde Vögel, die sich leicht mit der Hand greifen ließen. Nicht selten folgte auf die erste Dokumentation das baldige Aussterben der Arten. Auf den Galápagos-Inseln (siehe Kap. Galápagos) wurden in den wenigen Jahrhunderten menschlicher Siedlungsgeschichte die Populationen von 24 Wirbeltiersippen ausgelöscht, nachdem in den 8000 Jahren des Holozäns vor Ankunft des Menschen nicht mehr als drei Sippen ausgestorben waren (Steadman 1995). Galápagos-Riesenschildkröten (*Geochelone elephantopus*) verschwanden zu Abertausenden in den Frachträumen von Schiffen.

Auf Mauritius waren der Dodo, eine flugunfähige Riesentaube (*Raphus cucullatus*), und eine endemische Riesenschildkröte (*Cylindraspis triserrata*) kaum 100 Jahre nach dem Beginn der Besiedlung verschwunden, ausgerottet durch menschliche Verfolgung sowie durch eingeschleppte Ratten, Schweine und Affen. Auf den südatlantischen Inseln wurden im 18. und 19. Jahrhundert große Kolonien von Meeresvögeln und Meeressäugern zur Rohstoffquelle für die in Europa boomende Industrie, denn Pinguine und See-Elefanten auf subantarktischen Inseln wie Falkland und Südgeorgien fielen in riesigen Zahlen der Ölgewinnung zum Opfer. Auf den Juan-Fernández-Inseln hat man am Ende des 18. Jahrhunderts binnen weniger Jahrzehnte etwa fünf Millionen Exemplare einer endemischen Robbenart, des Juan-Fernández-Seebären (*Arctocephalus philippii*), wegen ihres wertvollen Pelzes abgeschlachtet (siehe entsprechende Kapitel). Die Art galt als ausgerottet, bis Mitte des 20. Jahrhunderts kleine

◀ 43
Die australischen Hühnergänse (*Cereopsis novaehollandiae*) wurden von den frühen europäischen Siedlern massenhaft bejagt und als vermeintliche Weidekonkurrenten von Schafzüchtern verfolgt. Sie sind sehr selten geworden und leben heute überwiegend auf kleinen, unbewohnten Inseln in australischen Gewässern

▼ 44
Robbenpopulationen im südlichen Atlantik und Pazifik wurden vom 17. bis 19. Jahrhundert durch europäische Jäger erheblich dezimiert und haben seitdem nie wieder ihre ursprüngliche Größe erreicht. Kleine Populationen existieren heute noch vor allem auf abgelegenen Inseln. Australische Seelöwen (*Neophoca cinerea*) auf Kangaroo Island vor der australischen Südküste

▶ 45
Der neuseeländische Kaka-beak-Strauch (*Clianthus maximus*) ist unter dem Druck von eingeschleppten Pflanzen, zum Beispiel Besenginster, und Pflanzenverzehrern wie Hirschen, Ziegen und Hasen extrem selten geworden. Als diese Aufnahme in den 1980er Jahren entstand, gab es auf Neuseeland noch mehr als 1000 wild wachsende Exemplare; 2005 wurden noch etwa 150 gezählt

Restpopulationen wiederentdeckt wurden. Auf den nordatlantischen Inseln verschwand bis zur Mitte des 19. Jahrhunderts der Riesenalk (*Alca impennis*), der größte Meeresvogel der Nordhemisphäre (Abb. 41). Seine großen Populationen fielen der Gewinnung von Fleisch, Öl und Federn zum Opfer. Die letzten Exemplare erlagen dem Interesse von Sammlern und Museen.

Ausbeutung wertvoller Hölzer

Nicht nur Tiere, sondern auch wertvolle Pflanzen wurden auf Inseln ausgebeutet, wie zum Beispiel die Jahrtausende alten Kauribäume Neuseelands, die von den Ureinwohnern als heilige Bäume geachtet, von den europäischen Kolonisten hingegen in großer Zahl als geschätztes Bauholz geschlagen wurden. Ein Begleiteffekt der Edelholzgewinnung war die Zerstörung ganzer Inselwälder, zum Beispiel auf Mauritius, wo Holländer und Franzosen im 17. und 18. Jahrhundert den Wald auf der Jagd nach kostbarem Ebenholz rodeten. Etliche der zahlreichen endemischen Ebenholz-Arten (*Diospyros* spp.) haben sie dabei ausgelöscht. Auf Robinson Crusoe geht die Waldrodung unter anderem auf das Abholzen des endemischen Sandelholzbaumes (*Santalum fernandezianum*) zurück, dessen duftendes Holz unter anderem in China hohe Erlöse brachte. Anfang des 20. Jahrhunderts fiel das letzte Exemplar dieser Baumart.

Die erstmalige Rodung bis dahin unberührter Wälder, die Fortsetzung der durch frühere Siedler begonnenen Vegetationszerstörung, die gezielte Jagd auf Vögel und Meeressäuger, die Etablierung intensiver Viehhaltung und neuer Methoden des Pflanzenbaus ließen auf den Inseln der Erde zahlreiche Tier- und Pflanzenarten in den letzten 500 Jahren aussterben. In diesem Zeitraum hat vor allem die anthropogene Einschleppung neuer Spezies das Artensterben vielfach beschleunigt. Dieses Phänomen könnte sich gerade auf Inseln als das zukünftig größte Problem für den Schutz heimischer Arten erweisen. Das folgende Kapitel setzt sich daher mit diesem Aspekt gesondert auseinander.

Aliens erobern Inseln

Invasive Arten als globale Gefahr für die Artenvielfalt

Seitdem Menschen auf der Erde Wanderungen unternehmen, sind Tiere, Pflanzen und Mikroorganismen ihre Begleiter, ob gezielt mitgeführt oder unabsichtlich mitgetragen. Zahlreiche Tier- und Pflanzenarten haben mit Hilfe des Menschen nicht nur Wüsten durchquert und Gebirge überschritten, sondern sich auch über Ozeane hinweg auf Inseln etabliert, die sie durch Selbstausbreitung nie erreicht hätten. Einige der durch den Menschen verbreiteten Arten wurden so zu gefährlichen „Invasoren“. Haben sie sich erst einmal etabliert, verdrängen sie bodenständige Arten aus den Ökosystemen. Zwar erweist sich nur etwa jede hundertste eingeführte Art als invasiv (Williamson 1996, zitiert in: Whittaker & Fernández-Palacios 2007, S. 295), doch schon einzelne invasive Arten können die betroffenen Ökosysteme beträchtlich verändern. Dies gilt besonders auf Inseln, deren hoch spezialisierte Lebensgemeinschaften konkurrenzstarken Eindringlingen kaum Abwehrmechanismen entgegensetzen können. Die Invasion ortsfremder Tier- und Pflanzenarten gilt heute als eine der Hauptursachen für den globalen Artenrückgang, gleich nach der landnutzungsbedingten Veränderung von Lebensräumen. Maßnahmen zur Kontrolle und Bekämpfung invasiver Arten stehen heute auf der Agenda jeder Artenschutzkonferenz. Internationale Initiativen widmen sich besonders der Problematik invasiver Arten auf Inseln, genannt sei die *Cooperative Initiative on Island Invasive Alien Species* der IUCN (International Union for Conservation of Nature).

Tier- und Pflanzenimporte auf Inseln in präkolumbianischer Zeit

Tier- und Pflanzenarten, die durch den Menschen erst nach der europäischen Entdeckung Amerikas Verbreitung fanden, bezeichnet man als *Neozooen* beziehungsweise als *Neophyten* (beide zusammen als *Neobiota*). Doch schon lange vor 1492 n. Chr. wurden Tier- und Pflanzenarten vom Menschen in neue Lebensräume getragen. Diese Arten werden als *Archäobiota* bezeichnet. Verschiedene Getreidesorten ebenso wie domestizierte Tiere gelangten bereits mit Einbäumen und Booten neolithischer Siedler auf die Inseln Europas. Auf phönizischen Schiffen gelangten Hauskatzen vermutlich schon während der vorchristlichen Antike bis nach Großbritannien. Hausratten breiteten sich bereits mit der römischen Schifffahrt über die Inseln des Mittelmeeres und bis nach Mitteleuropa aus, von wo sie später wiederum mit den Wikingern weiter nach Norden vordrangen. Schon vor mindestens 10 000 Jahren brachten melanesische Seefahrer Kulturfrüchte nach Neuguinea, zu den Salomonen und zu den Inseln des Bismarck-Archipels. Vor 3500 Jahren begannen Austronesier mit Tieren und Pflanzen im Gepäck auch die abgeschiedene Inselwelt Ozeaniens zu besiedeln. Diese größte maritime Entdeckungsleistung der Geschichte (Kap. Meereswanderer) war nur möglich, weil bereits diese Seefahrer Dutzende von Pflanzenarten als Knollen, Samen oder Stecklinge sowie Schweine, Hunde oder Hühner als Basis für den Aufbau tragfähiger Subsistenzsysteme auf ihren Booten mitnahmen. Angesichts der zahlreichen Tiere und Pflanzen, die insbesondere auf den Doppelrumpfbooten der Polynesier mitgeführt wurden, sprechen Wissenschaftler heute gar von „transportierten Landschaften" (Kirch 2000, S. 109). Etliche Arten, die auf den pazifischen Inseln heute scheinbar bodenständig sind, wurden durch prähistorische Seefahrer über ihre einstigen Verbreitungsgrenzen gezielt hinausgetragen, wie zum Beispiel die Kokospalme (*Cocus nucifera*), die Tahiti-Kastanie (*Inocarpus edulis*) oder die Pazifische Ratte (*Rattus exulans*, Abb. 46). Die Ratte war ein so regelmäßiger Begleiter auf den mikronesischen, melanesischen und polynesischen Booten, dass die Alters- und Genanalyse ihrer Knochenrelikte heute zu den wichtigsten Methoden der chronologischen und räumlichen Siedlungsrekonstruktion des pazifischen Raumes gehört. Neue Erkenntnisse deuten jetzt darauf hin, dass Haushühner von Polynesiern und nicht erst von Europäern nach Südamerika gebracht wurden (siehe folgendes Kapitel).

Etablierung exotischer Tiere und Pflanzen auf Inseln in der Neuzeit

Mit der europäischen Entdeckungsgeschichte begann ab dem 15. Jahrhundert zugleich eine neue Ära des Importes fremder Arten auf Inseln. Seefahrer erwähnen in ihren Reiseberichten lebende Tiere und Pflanzen als Geschenke an ferne Inselbevölkerungen. Wissenschaftliche Reisebegleiter dokumentieren Kultivierungsversuche mitgebrachter Nutzpflanzen auf Inseln. Botanische Gärten Europas dienten als Drehscheibe für Zierpflanzen aus aller Welt und versorgten Inselkolonien aller Ozeane mit neuen Arten. Haus- und Wanderratten wurden mit europäischen Segelschiffen weltweit ausgebreitet. Einsiedler, Piraten und Fischer setzten auf unbewohnten Inseln Ziegen, Schweine und Kaninchen als lebende Fleischressourcen aus. Des Weiteren wurden Schaf- und Rinderfarmen begründet. Neue Nutzpflanzen kamen mit den Kolonisten und darüber hinaus unerwünschte Pflanzensaat als heimlicher Begleiter von Tieren, Tierfutter, Kultursaat und Erde. Gezielt hat man räuberische Tierarten eingeführt, um die unkontrollierte Massenvermehrung zuvor importierter Arten zu stoppen.

Durch eine Globalisierung der Verkehrsströme im letzten Jahrhundert ist die Zahl anthropogen verbreiteter Tier- und Pflanzenarten erheblich angestiegen. Mit der Fracht von Schiffen und Flugzeugen, durch weltumspannende Transporte von Agrarprodukten und im Gepäck des globalen Touristen dringen fremde Organismen zunächst oft unbemerkt in neue Lebensräume ein. Hat sich eine Art erst etabliert und ein sichtbares Invasorenproblem entwickelt, so ist es für Kontroll- und Bekämpfungsmaßnahmen oft zu spät. Unter den 100 Invasivarten, die die meisten Probleme bereiten (Lowe et al. 2004), sind viele, die inzwischen zum prägenden Faktor insularer Lebensgemeinschaften geworden sind (Tab. 5 und 6).

▼ 46
Die Pazifische Ratte (*Rattus exulans*) gelangte bereits mit den Booten der neolithischen Ozeanier auf viele Inseln des Pazifik und trug dort zur Dezimierung bodenständiger Tiere und Pflanzen bei

Foto und Copyright: Jack Jeffrey

Invasive Tierarten

Deutscher Name	Wissenschaftlicher Artname	Herkunft	Betroffene Inseln und Inselregionen (Beispiele)
Insekten			
Dunkler Holzbohrer	*Xylosandrus compactus*	Asien	Madagaskar, Mauritius, Seychellen, Java, Sumatra, Fidschi
Gelbe Spinnerameise	*Anoplolepis gracilipes*	Westafrika	Hawaii, Seychellen, Sansibar, Christmas Island, Hawaii
Gabelmücke („Malariamücke")	*Anopheles quadrimaculatus*	unbekannt	Hawaii
Feuerameise	*Solenopsis geminata*	Zentralamerika	Hawaii
Rote Feuerameise	*Wasmannia auropunctata*	Tropisches Amerika	Galápagos, Neukaledonien, Salomonen, Hawaii, Vanuatu
Mollusken			
Rosige Wolfsschnecke	*Euglandina rosea*	Südwesten der USA	Französisch Polynesien, Hawaii, Bermuda, Bahamas
Afrikanische Riesenschnecke	*Achatina fulica*	Nordosten von Afrika	Hawaii, Samoa, Philippinen, Sri Lanka, Tahiti
Gelbe Apfelschnecke	*Pomacea canaliculata*	Südamerika	Japan, Philippinen, Borneo, Neuguinea, Hawaii
Amphibien			
Aga-Kröte	*Bufo marinus*	Zentralamerika	Hawaii, Fidschi, Samoa, Guam, Marianen, Karolinen, Salomonen
Karibischer Baumfrosch	*Eleutherodactylus coqui*	Puerto Rico	Hawaii, Virgin Islands
Reptilien			
Braune Nachtbaumnatter	*Boiga irregularis*	Australien, Melanesien	Guam
Vögel			
Hirtenstar, Hirtenmaina	*Acridotheres tristis*	Indien	Neuseeland, Neukaledonien, Fidschi, Samoa, Hawaii, Cook-Inseln
Rußbülbül	*Pycnonotus cafer*	Südasien	Fidschi, Samoa, Tonga, Hawaii und weitere pazifische Inseln
Madenhackerkuckuck, Ani	*Crotophaga ani*	Südamerika, Karibik	Galápagos
Säugetiere			
Europäischer Igel	*Erinaceus europaeus*	Westeuropa	Neuseeland, vormals Igel-freie nordwesteuropäische Inseln
Fuchskusu	*Trichosurus vulpecula*	Australien	Neuseeland
Graues Eichhörnchen	*Sciurus carolinensis*	Nordamerika	Großbritannien, Irland
Hermelin	*Mustela erminea*	Nordhalbkugel	Neuseeland
Mauswiesel	*Mustela nivalis*	Nordhalbkugel	Neuseeland
Javaneraffe	*Macaca fascicularis*	Südostasien	Mauritius
Hausmaus	*Mus musculus*	Indien	Inseln erdweit
Hausratte	*Rattus rattus*	Indien	Inseln erdweit
Wanderratte	*Rattus norvegicus*	Nordosten Chinas	Inseln erdweit
Pazifische Ratte	*Rattus exulans*	Süd(ost)asien	Polynesien, Mikronesien, Melanesien
Kleiner Mungo, Manguste	*Herpestes javanicus*	Süd(ost)asien	Mauritius, Fidschi, Hawaii, Karibische Inseln
Hauskatzen	*Felis catus*	Asien	Inseln erdweit
Hausschwein	*Sus scrofa*	unbekannt	Neuseeland, Hawaii, Galápagos
Hausziege	*Capra hircus*	Asien	Inseln erdweit

▲ Tab. 5
Besonders problematische invasive Tierarten auf Inseln
Quellen: IUCN / ISSG 2008; Whittaker & Fernández-Palacios 2007; Lowe et al. 2004

◄ 47
Brombeeren sind auf vielen Inseln problematische Invasoren, wie die Art *Rubus niveus* auf Galápagos

► Tab. 6
Besonders problematische invasive Pflanzenarten auf Inseln
Quellen: IUCN / ISSG 2008; Whittaker & Fernández-Palacios 2007; Lowe et al. 2004

Invasive Pflanzenarten

Deutscher Name	Wissenschaftlicher Artname	Herkunft	Betroffene Inseln und Inselregionen (Beispiele)
Gemeine Waldrebe	*Clematis vitalba*	Europa	Neuseeland
Benghalen-Liane	*Hiptage benghalensis*	Indien	Réunion, Mauritius
Niaouli-Ölbaum	*Merremia peltata*	Afrika, Südasien	Fidschi, Franz.-Polynesien, Mikronesien, Samoa, Salomonen, Tonga
Chinesischer Sommerefeu	*Mikania micrantha*	Zentralamerika	Philippinen, Salomonen, Sri Lanka, Mauritius
Curuba-Passionsblume	*Passiflora tarminiana*	Südamerika	Hawaii, Neuseeland, Réunion
Abelmoschus	*Hibiscus abelmoschus*	Südasien	Samoa, Tonga, Hawaii, Marianen und weitere pazifische Inseln
Drüsiger Wasserdost	*Ageratina adenophora*	Mexiko	Neuseeland, Hawaii, Kanarische Inseln
Bartgras	*Andropogon virginicus*	Südost-USA	Hawaii
Honiggras	*Melinis minutiflora*	Afrika	Osterinsel, Hawaii, Gesellschaftsinseln, Neuguinea, Neukaledonien, Palau, Fidschi, Salomonen, Samoa, Tonga, Galápagos
Spanisches Rohr	*Arundo donax*	Indien	Guam, Palau, Fidschi, Hawaii, Nauru, Neukaledonien, Norfolk Island
Girlandenblume	*Hedychium gardnerianum*	Himalaya	Mikronesien, Französisch Polynesien, Hawaii, Neuseeland, Réunion, Jamaika, Azoren, Madeira
Drüsiges Springkraut	*Impatiens glandulifera*	Himalaya	Großbritannien
Silber-Stachelnüsschen	*Acaena argentea*	Südamerika	Robinson Crusoe
Neuseeland-Stachelnüsschen	*Acaena novae-zelandiae*	Neuseeland	Großbritannien
Große Wassergirlande	*Elodea crispa*	Südafrika	Neuseeland, Maskarenen
Federborstengras	*Pennisetum spp.*	Afrika	Hawaii, Neuseeland, Sri Lanka, Guam, Galápagos, Kanarische Inseln
Ohrbüschelfarn	*Salvinia molesta*	Brasilien	Sri Lanka, Neuguinea
Fluss-Dreimasterblume	*Tradescantia fluminensis*	Brasilen	Neuseeland, Kanarische Inseln
Ägyptischer Schotendorn	*Acacia nilotica*	Südasien	Antigua, Barbuda, Anguilla
Roter Chinarindenbaum	*Cinchona pubescens*	Tropisches Amerika	Tahiti, Galápagos, Hawaii, Sankt Helena
Hirten-Schwarzmundgewächs	*Clidemia hirta*	Tropisches Amerika	Hawaii, Fidschi, Vanuatu, Maskarenen, Seychellen, Palau, Komoren
Besenginster	*Cytisus scoparius*	Südeuropa	Neuseeland
Stechginster	*Ulex euorpaeus*	Westeuropa	Hawaii, Falklandinseln
Kalahari-Weihnachtsbaum	*Dichrostachys cinerea*	Afrika	Kuba, Hispaniola, Martinique
Fuchsie	*Fuchsia magellanica, F. boliviana*	Südamerika	Réunion, Hawaii
Mauritius-Hanf	*Furcraea foetida*	Südamerika	Kapverden
Wandelröschen	*Lantana camara*	Tropisches Amerika	Hawaii, Galápagos, Kapverden, Neuseeland, Neukaledonien
Wilde Tamarinde	*Leucaena leucocephala*	Zentralamerika	Hawaii, Maskarenen
Beständiger Liguster	*Ligustrum robustum*	Südasien	Réunion, Mauritius, Maskarenen
Mikonia	*Miconia calvescens*	Tropisches Amerika	Tahiti, Hawaii, Marquesas
Blaugrüner Tabak	*Nicotiana glauca*	Südamerika	Sankt Helena, Kanarische Inseln
Guave, Erdbeerguave	*Psidium guajava, P. cattleianum*	Tropisches Amerika	Hawaii, Norfolk Island, Mauritius, Galápagos, Neuseeland
Pontischer Rhododendron	*Rhododendron ponticum*	Mittelmeergebiet, Kaukasus	Großbritannien, Irland
Brombeere	*Rubus niveus*	Asien	Galápagos
Brombeere	*Rubus moluccanus*	Südostasien	Réunion, Mauritius
Brombeere	*Rubus ulmifolius*	Europa, Asien	Robinson Crusoe
Bruchweide	*Salix fragilis*	Eurasien	Neuseeland
Brasilianischer Pfefferbaum	*Schinus terebinthifolia*	Südamerika	Hawaii, Norfolk Island, Mauritius, Sankt Helena
Chilenische Guave	*Ugni molinae*	Chile	Juan-Fernández-Inseln, Chatham
Hottentottenfeige	*Carpobrotus edulis*	Südliches Afrika	Balearen
Kalanchoe	*Kalanchoe pinnata*	Madagaskar	Hawaii, Galápagos, Französisch-Polynesien
Feigenkaktus	*Opuntia spp.*	Zentralamerika, Mexiko	Hawaii, Kanarische Inseln, Madagaskar
Australische Akazie	*Acacia mearnsii*	Australien	Neuseeland, Hawaii
Bergahorn	*Acer pseudoplatanus*	Süd- und Mitteleuropa	Irland, Madeira, Neuseeland
Spitzblume, Ardisie	*Ardisia elliptica*	Südasien	Hawaii, Okinawa, Jamaika
Strandkasuarine	*Casuarina equisetifolia*	Australien	Hawaii, Réunion
Zimtbaum	*Cinnamomum zeylanicum*	Südostasien	Seychellen
Mao-Holzrose	*Melaleuca quinquenervia*	Australien, Neuguinea	Hawaii
Gagelbaum	*Myrica faya*	Azoren, Madeira, Kanaren	Hawaii, Neuseeland
Sternkiefer	*Pinus pinaster*	Mittelmeergebiet	Hawaii, Neuseeland
Krausblättriger Klebsame	*Pittosporum undulatum*	Australien	Norfolk Island, Lord Howe, Jamaika, Azoren
Afrikanischer Tulpenbaum	*Spathodea campanulata*	Westafrika	Hawaii, Fidschi, Guam, Vanuatu, Cook Islands, Samoa
Amerikanischer Mahagoni	*Swietenia macrophylla*	Zentralamerika	Sri Lanka

▲ 48
Der Fuchskusu („Possum“, *Trichosurus vulpecula*), ein Beuteltier Australiens, wurde Anfang des 19. Jahrhunderts nach Neuseeland eingeschleppt. Heute sind dort etwa 70 Millionen Tiere verantwortlich für die Dezimierung zahlreicher heimischer Pflanzen-, Vogel- und wirbelloser Tierarten

Auswirkungen räuberischer Invasoren auf Inseln

Auf Inseln, die natürlicherweise arm sind an indigenen (ursprünglich einheimischen) Beutegreifern, entfalten vor allem räuberische Invasoren verheerende Wirkungen. Im Zuge der menschlichen Besiedlung ausgewilderte Raubsäuger wie Hunde, Katzen, Mangusten und Marder setzen der indigenen Vogel- und Reptilienfauna von Inseln erdweit stark zu. Auch karnivore Reptilien, Amphibien, Mollusken und Insekten tragen zur Artenvernichtung bei. Auf der Insel Guam hat sich beispielsweise die Braune Nachtbaumnatter (*Boiga irregularis*), eine kurz nach dem Zweiten Weltkrieg aus Südostasien unabsichtlich importierte Schlangenart, unkontrolliert vermehrt. Sie ist hauptverantwortlich für die Ausrottung von zehn endemischen Vogelarten, sämtlichen Brutkolonien von Meeresvögeln, zwei Flughundarten sowie fünf Reptilienarten. In Australien und auf zahlreichen pazifischen Inseln baute die Aga-Kröte (*Bufus marinus*) Massenpopulationen auf, nachdem man sie zunächst zur Bekämpfung von Insektenplagen eingeführt hatte. Diese Kröte verzehrt ein großes Spektrum terrestrischer Tierarten und kann mit ihren giftigen Körpersekreten sogar größere Tiere töten, die ihr nachstellen. Auf zahlreichen Inseln des Indischen und Pazifischen Ozeans macht die aus dem Südosten der USA stammende Rosige Wolfsschnecke (*Euglandina rosea*) Jagd auf endemische Landschnecken, nachdem man sie in der zweiten Hälfte des 20. Jahrhunderts zur Bekämpfung einer aus Afrika stammenden Schneckenart eingeführt hatte. Aus Amerika und Afrika eingeschleppte Feuer- und Spinnerameisen wurden zum Problem auf zahlreichen Inseln des Indischen und des Pazifischen Ozeans. Auf den Hawaii-Inseln, den Seychellen, auf Galápagos, Neukaledonien und Christmas Island verdrängen die aggressiven Ameisen nicht nur andere Insektenarten, sondern attackieren auch Landkrabben, Reptilien, Vögel und Kleinsäuger.

Ratten auf Inseln

Als überaus opportunistische und anpassungsfähige Konsumenten entfalten eingeschleppte Ratten besonders schädliche Wirkungen in Inselökosystemen. Die Nager verzehren Eier, Küken und auch erwachsene Tiere bodenbrütender Vogelarten. Sie stöbern die Gelege von Eidechsen und Schlangen auf, fressen Schnecken, Krebstiere und Insekten. Sie konkurrieren mit indigenen Wirbeltierarten um Nahrung und Bruthabitate. Sie schädigen die Vegetation durch den Verzehr von Pflanzensprossen, Wurzeln und Früchten, außerdem übertragen sie Krankheiten. Schon die von den Ozeaniern verbreitete Pazifische Ratte (*Rattus exulans*) hatte verheerende Wirkungen auf die Fauna und Flora der pazifischen Inseln. Ein beträchtlicher Teil der in prähistorischer Zeit ausgestorbenen Vogelarten dürfte dem Wirken dieser Rattenart zuzuschreiben sein, auch wenn sich die unterschiedlichen Einflüsse von Mensch, Ratte und anderen invasiven Arten auf die Ökosysteme in der Rückschau nicht immer leicht differenzieren lassen. Auf der Hawaii-Insel Oahu fanden Athens et al. (2002) Indizien dafür, dass dort Pazifische Ratten einen Tieflandwald mit seiner indigenen Vogelfauna schon zerstört hatten, bevor der Mensch die Landschaft nutzte. Andererseits widerlegten die Autoren des vorliegenden Buches die kürzlich von Hunt (2006) publizierte These, dass Pazifische Ratten den Palmenwald auf der Osterinsel vernichtet hätten. Dort war vielmehr der Mensch Hauptakteur.

Seit dem 15. Jahrhundert wurden mit der transkontinentalen Seefahrt Haus- und Wanderratten (*Rattus rattus* und *Rattus norvegicus*) unbeabsichtigt weltweit verbreitet. Sogar die Pazifische Ratte wurde von den konkurrenzstarken Verwandten vielerorts wieder verdrängt. Heute sind mehr als 90 % aller Inseln der Erde, von den feuchten Tropen bis in die subarktischen Regionen, von mindestens einer der drei Rattenarten bewohnt. Neben bodenbrütenden Landvögeln hatten und haben vor allem Meeresvögel unter dieser Invasion zu leiden. Selbst auf etlichen nicht von Menschen bewohnten Inseln der Subantarktis und Subarktis gingen die Bestände von Seevogelarten nach der Einwanderung von Ratten (und Katzen) erheblich zurück. Eine umfassende Studie von Jones et al. (2008) kommt zu dem Ergebnis, dass Ratten weltweit auf Inseln die größte Bedrohung für Meeresvögel darstellen. Immerhin ein Viertel des globalen Seevogelbestandes ist von den Nagern bedroht. Gesunde Bestände von Alken, Papageitauchern, Sturmtauchern, Sturmschwalben, Seeschwalben und Tölpeln existieren fast nur noch auf kleinen, besonders abgelegenen Inselchen, die ratten-, raubtier- und menschenfrei blieben (Abb. 50). In wenigen Einzelfällen und mit hohem Finanzaufwand gelingt es Naturschutzbehörden, kleinere Inseln wieder von ihrer Rattenplage zu befreien, wie auf der subantarktischen Campbell-Insel, die im Jahr 2003 nach massivem Gifteinsatz als rattenfrei erklärt wurde. Auf etlichen Inseln schlugen dagegen Versuche fehl, Ratten durch andere eingeführte Tierarten zu kontrollieren. Vielfach verschärfte sich hierdurch die Situation wie etwa auf Ascension, wo sich im Jahr 1815 eingeführte Katzen massenhaft vermehrten und effizienter noch als die Ratten nahezu den gesamten Meeresvogelbestand binnen kurzer Zeit auslöschten. Auf den Hawaii-Inseln trugen im 19. Jahrhundert eingeführte Mangusten im Verein mit den Ratten zur Ausrottung endemischer Vogelarten bei. Auf der südpazifischen Lord-Howe-Insel machten im Jahr 1918 importierte Schleiereulen zwar Jagd auf einheimische Vögel, ohne allerdings die Ratten zu dezimieren.

▼ 49
Auf den nordatlantischen Inseln schwanden die Populationen etlicher Meeresvogelarten, etwa die des Papageitauchers (*Fratercula arctica*), unter dem Räuberdruck von Katzen und Ratten

◄ 50
Größere Bestände von Meeresvögeln kommen heute fast nur noch auf schwer zugänglichen, menschen-, katzen- und rattenfreien Inselchen vor. Im Bild eine Basstölpelkolonie (*Morus bassanus*) auf einem Vogelfelsen der Shetland-Inseln

Importierte Tiere verändern Insellandschaften

Invasive Arten verändern nicht nur die natürliche Biodiversität, sondern sie können ganze Landschaften verändern. Vor allem größere Herbivoren (Pflanzenverzehrer) sind solche Landschaftsveränderer, unter diesen vor allem Ziegen. Die Fraßtätigkeit verwilderter Ziegen zerstörte und zerstört auf vielen Inseln der Erde flächenhaft die bodenständige Vegetation – mit tiefgreifenden Folgen: Heimische Tier- und Pflanzenarten sterben aus, Bodenerosion setzt ein und große Flächen werden ihrer fruchtbaren Böden beraubt. Nach dem Schwinden der natürlichen Vegetation und der Abtragung von Böden setzt sich eine von fremden Arten durchsetzte Sekundärvegetation durch. Mit einer Degradierung von Vegetation und Böden verändern sich Wasserhaushalt und Mesoklima der Inseln mit negativen Folgen für die Relikte standorttypischer Vegetation. Beispiele für einen dramatischen Landschaftswandel durch Ziegen geben die Inseln Sankt Helena, Ascension und die Kanaren im Atlantik, Robinson Crusoe, die Galápagos-Inseln und die mexikanische Insel Guadalupe im Pazifik, viele Inseln des Mittelmeeres und die Insel Sokotra im Indischen Ozean. Auf der Insel Floreana im Galápagos-Archipel haben verwilderte Rinder, Esel und Pferde nicht nur die natürliche Vegetation stark aufgelichtet, sondern binnen eines Jahrhunderts ein System tiefer Schluchten (Abb. 51) in ein Felsmassiv des Hochlandes eingeschnitten, weil die Tiere stets dieselben Pfade auf dem Weg zur einzigen Wasserstelle nutzten. Die Hufe lockerten die Vulkanite, und bei feuchter Witterung trugen die Tiere das Substrat aus den dadurch langsam entstehenden Schluchten heraus. Auch Kaninchen können erhebliche Schäden an Vegetation und Böden von Inseln anrichten, wie zum Beispiel auf der Insel Robinson Crusoe (siehe Kap. Más-a-tierra). Dort setzt ein Heer von Kaninchen die einst von Ziegen begonnene Zerstörung von Pflanzendecke und Böden fort (vgl. Abb. 151). Auf der Insel Laysan im Hawaii-Archipel sind eingeführte Kaninchen vermutlich verantwortlich für das Aussterben der endemischen Laysan-Ralle (*Porzana palmeri*) und des endemischen Laysan-Rohrsängers (*Acrocephalus familiaris familiaris*), weil sie die Vegetation und damit die Bruthabitate der Vögel zerstörten.

Pflanzliche Invasoren auf Inseln

Lang ist die Liste der invasiven Pflanzenarten, die heute Ökosysteme von Inseln weltweit beeinträchtigen. Tab. 6 dokumentiert nur eine Auswahl der bedeutsamsten Vertreter. Die Invasoren werden als besonders durchsetzungsfähige Konkurrenzstrategen in den neu eroberten Lebensgemeinschaften rasch dominant. Sie sind euryök, das heißt ökologisch anspruchslos, vielseitig und anpassungsfähig. Sie verfügen über ein großes Wachstums-, Reproduktions- und Ausbreitungspotenzial und sie sind

▲ 51
Durch Trittwirkung eingeführter Rinder, Esel und Pferde geschaffene Schluchten auf der Galápagos-Insel Floreana

präadaptiert als erfolgreiche Neubesiedler (sogenannte Pionierarten). Einheimische Arten erliegen vielfach dem Druck dieser Eindringlinge. Sie werden seitlich überwachsen und von oben erdrückt. Ihre Wurzeln werden von den unterirdischen Ausläufern ihrer Konkurrenten verdrängt. Im Schattenwurf hochwüchsiger und großblättriger Invasoren wird die Samenkeimung und Jungpflanzenrekrutierung bodenständiger Arten oft verhindert. Viele der invasiven Arten wurden einst als dekorative Gartenpflanzen auf Inseln gebracht, wie zum Beispiel der Hartlaubstrauch *Miconia calvescens*, der heute auf Tahiti, auf den Hawaii-Inseln und zahlreichen anderen pazifischen Inseln die letzten Bestände heimischer Regenwaldarten bedroht. Ähnlich verdrängungsstark ist die dekorative Girlandenblume (*Hedychium gardnerianum*, Abb. 52), ein aus dem Himalaya importiertes Ingwergewächs, auf zahlreichen Inseln Polynesiens, Mikronesiens, der Karibik, auf Réunion, Madeira und den Azoren.

Auch ausgewilderte Nutzpflanzen, wie die Guavenarten *Psidium cattleianum* und *Psidium guajava*, sind konkurrenzkräftiger als die meisten bodenständigen Arten, besonders deutlich zum Beispiel auf Hawaii, Neuseeland, Galápagos, Mauritius und Norfolk Island. Der aus Anpflanzungen ausgewilderte Chinarindenbaum (*Cinchona pubescens*) schädigt die Relikte natürlicher Vegetation auf etlichen pazifischen Inseln. Auf der Insel Santa Cruz im Galápagos-Archipel bedroht dieser Invasor beispielsweise die reliktischen Vorkommen des endemischen Hartlaubstrauches *Miconia robinsoniana* und die Existenz des Baumfarnes *Cyathea weatherbyana*. Verschiedene Brombeerarten (*Rubus* spp., vgl. Abb. 47), oft gezielt eingeführt als Nahrungs- oder Heckenpflanzen, dominieren die Vegetation vieler Inseln von den Tropen bis zu den gemäßigten Breiten. Sie wuchern zum Beispiel auf Robinson Crusoe, auf einigen Galápagos-Inseln, auf Hawaii, auf Mauritius und auf Réunion. Auflichtungen und Schneisen in den Inselwäldern machen es den fremden Pionieren leicht, mit großer Geschwindigkeit in die natürliche Vegetation vorzudringen. Die flächenhafte Degradierung von Vegetation und Böden ließ auf zahlreichen Inseln eine von invasiven Arten dominierte Sekundär- oder Tertiärvegetation entstehen, wie zum Beispiel auf Ascension, wo eine einheitliche Strauchvegetation des importierten Mimosengewächses *Prosopis juliflora* den Fortbestand der letzten endemischen Pflanzenarten gefährdet.

Synergieeffekte und Kettenreaktionen der Arteninvasion

Nicht nur vorausgegangene Veränderungen der Landschaft durch Landnutzung, sondern auch biotische Synergieeffekte helfen den ohnehin schon anpassungsfähigen Invasoren, sich schnell auf Inseln auszubreiten. Häufig wirken mehrere Invasoren zum Nachteil endemischer Arten zusammen. Auf Mauritius zum Beispiel wird die Verbreitung der invasiven Guaven durch die eingeführte Honigbiene als Bestäuber und den Rotohrbülbül (*Pycnonotus jocosus*), eine eingeführte Vogelart, gefördert. Auf Galápagos werden die invasiven Guaven über Früchteverzehr und Ausscheidung ihrer Samen durch verwilderte Schweine und andere Huftiere verbreitet. Auf Robinson Crusoe sorgt die Falkland-Drossel (*Turdus falklandii*) für die Ausbreitung der invasiven Brombeere *Rubus ulimifolius.*

Der Ausfall heimischer Arten durch Invasoren hat hingegen negative Ketteneffekte zur Folge. Auf Tonga etwa ist nach dem Aussterben großer fruchtverzehrender Taubenarten das Überleben etlicher Baumarten gefährdet, weil die Verbreitung ihrer großen Diasporen nicht von anderen Vogelarten übernommen werden kann. Die Ausrottung blütenbestäubender Insekten und Vögel auf den Hawaii-Inseln ist vermutlich verantwortlich für das Aussterben von allein 30 endemischen Arten der Glockenblumenfamilie. Auf zahlreichen Inseln schmälern eingeführte Honigbienen das Nektarangebot für heimische Insekten- und Vogelarten. Dabei sind die Honigbienen als Bestäuber der bodenständigen Pflanzenarten oft weniger effizient, was deren Bestandsschwächung zur Folge haben kann.

Allerdings gibt es auch Phänomene der Förderung einheimischer Arten durch Invasoren. So konnte auf den Balearen die endemische Pflanze *Cneorum tricoccon* mit Hilfe eingeführter Marder, die ihre Früchte verzehren, in höhere Bergregionen vordringen, die ihr vorher verschlossen waren. Nicht nur eingeführte, sondern auch heimische Vogelarten profitieren auf vielen Inseln vom reichen Fruchtangebot invasiver Pflanzen. Doch auch für

solche vermeintlich positiven Effekte durch eingeführte Arten gilt: Es werden stets nur einzelne Arten gefördert, zu Lasten der natürlichen Konkurrenz- und Konsumbeziehungen und damit zum Schaden anderer bodenständiger Arten.

Ein Beispiel hierfür zeigt sich auf Christmas Island, wo die invasiven Spinnerameisen (*Anoplolepis gracilipes*) sich Kulturen blattsaugender Insektenarten halten. Deren stark anwachsende Populationen haben zur Folge, dass das Kronendach des Regenwaldes unter dem Angriff der Pflanzenverzehrer leidet. Ketteneffekte von Tierinvasionen können sich sogar bis in den marinen Lebensraum fortsetzen. Auf den Aléuten bewirkten Wanderratteninvasionen nicht nur die Zerstörung von Austernfischer- und Möwenpopulationen, sondern induzierten in der Folge des Ausfalls dieser Konsumenten eine Massenvermehrung von Muscheln, Meeresschnecken und Seesternen und dadurch die Schädigung der dichten Braunalgenbestände (Kurle et al. 2008).

▲ 52
Ein schöner Invasor: Die aus dem Himalaya stammende Girlandenblume („Kahili-Ingwer", *Hedychium gardnerianum*) verdrängt bodenständige Arten auf vielen Inseln des Pazifik und Atlantik, zum Beispiel auf den Azoren

Meereswanderer auf der Suche nach Lebensraum

Etwa im Jahr 1000 v. Chr.: Ein doppelrümpfiges, wasserschnittiges Boot durchpflügt mit hoher Geschwindigkeit die Wellen des Pazifischen Ozeans. Das Boot ist eine fragile, nur von Schnüren zusammengehaltene Holzkonstruktion mit prachtvoller Bugverzierung, aufgetakelt mit Seilen aus verdrillten Kokosfasern und einem auf die Spitze gestellten Segel aus geflochtenen Blättern. Der Segler ist beladen mit Menschen, Schweinen, Hunden und Hühnern, sein Rumpf gefüllt mit Nüssen, Früchten, Knollen, Pflanzensetzlingen, mit getrocknetem Fisch und nahrhaften Fruchtpasten, eingehüllt in Bananenblätter. Süßwasser schaukelt in tönernen Gefäßen. Ratten huschen zwischen getrockneten Kokosnussschalen. Es ist Nacht. Der Navigator des Bootes beobachtet konzentriert den Sternenhimmel, der klar über den dunklen Wassermassen blinkt. Im Schein des Mondes analysiert er die Kräuselungen auf den Wellenkämmen und kostet hin und wieder von dem salzigen Meerwasser. Auch auf der stabilen Plattform zwischen den beiden Bootsrümpfen haben Menschen Platz gefunden. Nur einige schlafen, eingehüllt in Matten aus Rindenbast. Andere bewachen die auf Steinen geordnete Glut eines kleinen Feuers, richten Angelwerkzeug und summen Lieder. Seit vielen Tagen schon ist das Boot unterwegs, ohne dass die Besatzung Land sichtete. Und doch vertrauen die Männer, Frauen und Kinder darauf, dass bald schon hinter dem Horizont Inseln auftauchen, die ihnen zur neuen Heimat werden. Ihre Zuversicht wurzelt in den Erzählungen ihrer Eltern und Großeltern, die ebenfalls Land hinter dem östlichen Horizont gesucht und gefunden hatten. Am Tag zuvor sah der Bootsführer einen toten Meeresvogel im Wasser treiben, ein ziemlich sicheres Zeichen für nahes Land. Gegen Mittag des folgenden Tages taucht ein Knäuel weißgrauer Kumuluswolken am Horizont auf, deren Unterseiten kaum sichtbar das türkise Blau einer Lagune spiegeln. Leicht korrigiert der Navigator den Kurs. Einige Stunden später werden die bewaldeten Berge einer Insel sichtbar. Bald, nachdem eine Passage im Riff gefunden wurde, wird das Boot auf einen Sandstrand gezogen. Eine der weitesten Seereisen, die Menschen bis dahin unternommen haben, geht zu Ende.

Die Eroberung der pazifischen Inselwelt

So oder ähnlich könnte sich die Entdeckung von Samoa oder Tonga durch die Austronesier abgespielt haben, deren Kultur die größte maritime Völkerwanderung initiierte, die es je gab und die schließlich über zwei Ozeane ausstrahlte. Die austronesische Sprachfamilie reicht heute mit etwa 1200 Sprachen von Madagaskar bis zur Osterinsel, die von rund 300 Millionen Menschen gesprochen werden. Vermutlich von der Insel Taiwan oder einem nahen Küstengebiet des südostchinesischen Festlandes aus waren Austronesier etwa 5000 bis 6000 Jahre vor heute auf hochseetüchtigen Auslegerbooten aufgebrochen. In südöstlicher Richtung ausgreifend, besiedelten sie nach und nach die Archipele des australasiatischen Raumes. Auf Neuguinea und den umliegenden Inselgruppen trafen sie auf Völker, die dort schon seit 30 000 bis 50 000 Jahren ansässig waren (Goodenough 1998). Die heute als Papua und Melanesier bezeichneten Siedler hatten die während der letzten Kaltzeit trocken gefallenen Landbrücken des Sahul- und Sunda-Schelfes zwischen Asien und Australien zu Fuß und viele der damals schmalen Meeresengen in der australasiatischen Inselwelt noch mit einfachster Bootstechnik, zum Beispiel mit Einbäumen, Flößen oder Rindenbooten, überqueren können. Östlich der Salomonen stießen die weiter reisenden Austronesier in eine menschenleere, nie gesehene Inselwelt vor. Immer größer wurden die Entfernungen zwischen den Archipelen auf dem Weg nach Süden und Osten. Gleichwohl erfolgte deren Besitzergreifung mit hoher Geschwindigkeit. Radiocarbondatierungen entlang des Migrationsweges der Austronesier zeigen, dass das etwa 5000 Kilometer lang gestreckte Territorium noch unentdeckter Inseln vom heutigen Bismarck-Archipel bis nach Neukaledonien, Samoa und Tonga binnen nur etwa 500 Jahren besiedelt wurde (Kirch 1998, 2000) (Abb. 53). Diese intensive Raum-Zeit-Dynamik macht deutlich, dass diese Inselentdeckungen in sehr schneller Folge, wahrscheinlich im Abstand von jeweils nur wenigen Generationen erfolgt sein müssen. Mit der Bezeichnung *express train* prägte Diamond (1988) ein in der Fachwelt vielfach verwendetes Synonym für die hohe Geschwindigkeit der austronesischen Migration. Der Begriff wird heute kontrovers diskutiert. Gegen eine pure „Schnellboot-Manier" der Kulturausbreitung sprechen beispielsweise einige genetische und linguistische Befunde, die auf Vermischungen der Austronesier mit Papua oder Melanesiern und damit auf eine dauerhaftere Etablierung der Meeresnomaden zumindest auf einzelnen Inseln schließen lassen. Die Verbreitung spezifischer Werkzeug-, Keramik- und Obsidiantypen (glasartige Lava) zeugt außerdem davon, dass es während der hohen Wandergeschwindigkeit nach Süden und Osten auch genügend Zeit für interinsularen Handel gegeben hat. Als kulturelles Leitobjekt hinterließen die Austronesier an ihren Siedlungsorten entlang der Inselküsten eine ornamentreiche Keramik, nach einem Fundort auf Neukaledonien als *Lapita* bezeichnet und Namensgeber für die gesamte Kulturepoche von ca. 1500 bis 500 v. Chr. in dieser Region. Auf Tonga und Samoa endete die Keramikherstellung und für einige Jahrhunderte, möglicherweise sogar über ein ganzes Jahrtausend, auch

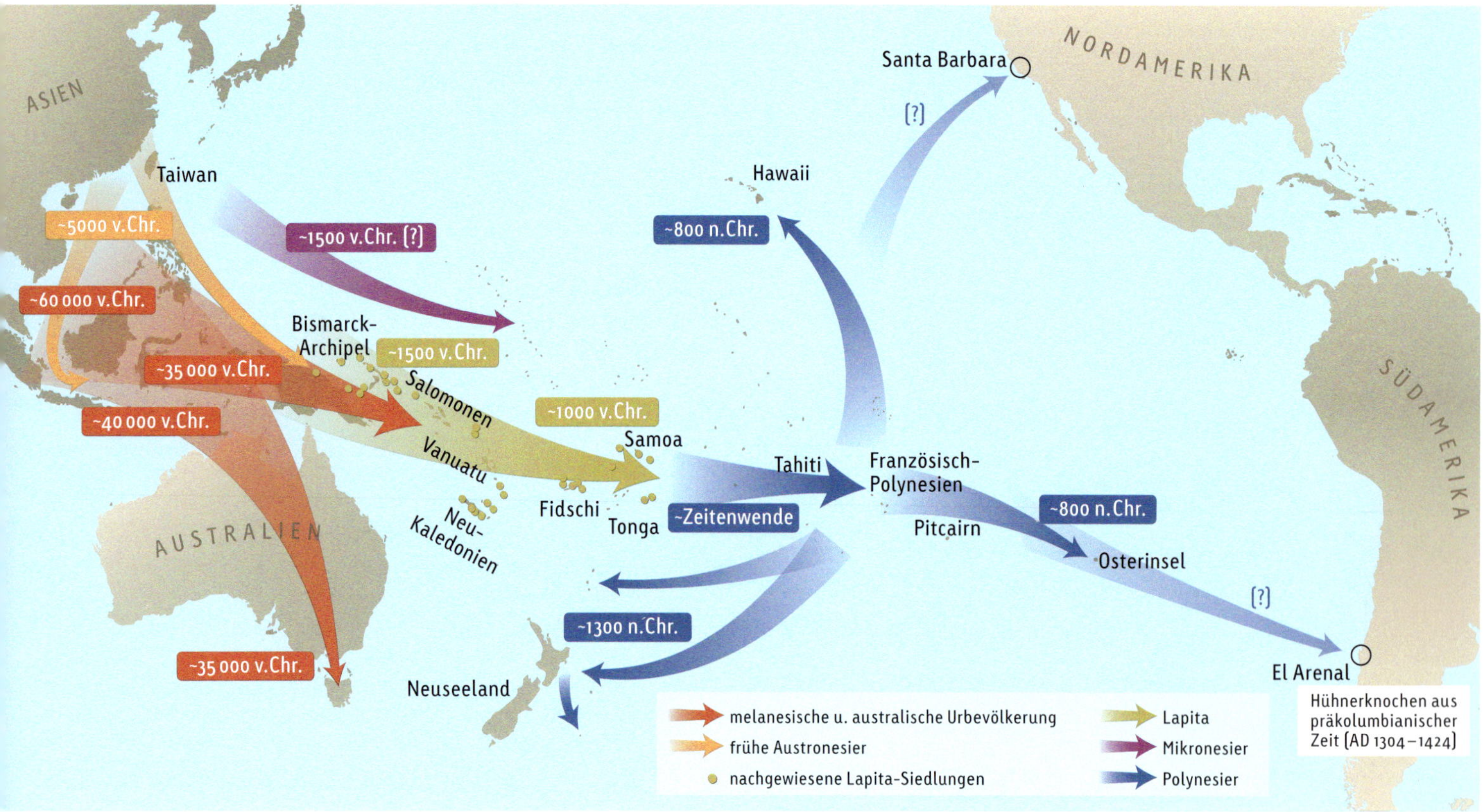

▲ 53
Die Eroberung des pazifischen Raumes in prähistorischer Zeit

die weitere Eroberung der pazifischen Inselwelt. Um die Zeitenwende begann dann schließlich die Exploration auch der abgelegensten Inseln des pazifischen Raumes: Die aus der Lapita-Kultur hervorgegangenen Polynesier segelten innerhalb von etwa eintausend Jahren bis nach Neuseeland, zu den Chatham-Inseln, nach Hawaii und zur Osterinsel (Abb. 53). Sie besiedelten auch einen Teil des heutigen Mikronesien und stießen sehr wahrscheinlich sogar bis nach Süd- und Nordamerika vor (siehe unten). Viele Details der polynesischen (und auch mikronesischen) Besiedlungsgeschichte sind bis heute ungeklärt. Vor allem die Zeitabläufe und Wanderwege bieten Stoff für anhaltende wissenschaftliche Forschungen und Diskussionen. Literaturangaben zur Besiedlungschronologie, insbesondere zu der Polynesiens, variieren erheblich. Auch die Suche nach Motivationen für die Eroberung der pazifischen Inselwelt erbringt mehr Fragen als Antworten. Vermutlich waren in der Summe mehrere Gründe für die Meereswanderungen ausschlaggebend: sozialer und ökologischer Druck durch hohe Bevölkerungsdichten, Konflikte, Mangelsituationen durch Klimaveränderungen und Landnutzungsfolgen, die Verheerung von Inseln durch Naturkatastrophen (Vulkanausbrüche, Erd- und Seebeben, Tsunami, Stürme), Wissens- und Eroberungsdrang sowie Prestigestreben können die Suche nach neuem Land hinter dem Horizont ausgelöst haben. Die detailreiche Kenntnis des maritimen Naturraumes, das tief reichende Verständnis klimatischer und ozeanographischer Abläufe, hoch entwickelte Bootstypen, astronomische Kenntnisse und herausragende nautische Fähigkeiten machten diese beispiellose menschliche Leistung der Erschließung des ozeanischen Raumes möglich.

Die Boote der Ozeanier – Hochleistungstechnik der Steinzeit

Aufgrund seiner enormen Disparität zwischen Wasser und Land ist das westliche Bild des Pazifik seit Magellan überwiegend von der Vorstellung einer „Wasserwüste" geprägt. Die schier endlose Meeresfläche scheint lebensfeindlich und nur schwer überwindbar zu sein. Doch schon Jahrhunderte und Jahrtausende vor Magellan haben Austronesier, Mikronesier und Polynesier nahezu alle bewohnbaren Inseln Ozeaniens besiedelt. Auf zielgerichteter Suche fanden sie einige Tausend bewohnbarer Inseln in einem Meeresgebiet, welches mit rund 60 Millionen Quadratkilometern etwa doppelt so groß ist wie der afrikanische Kontinent, wobei der Landflächenanteil abseits der großen Insel Neuguinea weit unter einem Prozent liegt.

Wie war es möglich, dass für die ozeanischen Kulturen „das Meer nicht Hindernis, sondern Brücke, das Wasser nicht Barriere, sondern Straße" war, wie Mückler (2003, S. 127) schreibt? Die Antwort liegt nicht nur in dem besonders emotionalen Verhältnis der Ozeanier zum Meer, das eher durch Hinwendung als durch Furcht vor der Weite des Wassers geprägt war, sondern auch in ihrer ausgesprochen erfolgreichen technischen Adaptation. Die Austronesier hatten hochseetüchtige Auslegerboote entwickelt, die mehrere Vorteile miteinander vereinten: hohe Seitenstabilität auf bewegter See, hohe mechanische Belastbarkeit durch flexiblen Materialverbund, geringer Reibungswiderstand durch schlanke Formen und geringen Tiefgang, große Schnelligkeit und extreme Wendigkeit. Das Prinzip erwies sich als so erfolgreich, dass es sich unter nur leichter Formenwandlung über den halben Erdball,

▼ 54

Modell eines mikronesischen Auslegerbootes von den Yap-Inseln. Der bewegliche Mast sorgt für eine hohe Anpassungsfähigkeit und Wendigkeit des Bootes bei unterschiedlichen Windverhältnissen Foto: Doris Kramer

von den indo-malaiischen Inselwelten bis nach Sri Lanka und zur ostafrikanischen Küste und über die australasiatischen Archipele bis nach Ost-, Nord- und Südpolynesien ausbreitete (Abb. 55). Vor allem Mikronesier brachten diese Auslegerboote zur Vollkommenheit (Abb. 54). Sie entwickelten sie zu den sogenannten „fliegenden Proas“, die mit Spitzengeschwindigkeiten von mehr als 20 Knoten bis in das 20. Jahrhundert zu den schnellsten Schiffen der Erde gehörten. Das vielfältige Design der Segelformen, vor allem das Krebsscheren-Segel, weckt noch heute die Bewunderung von Schiffskonstrukteuren, die auch mithilfe rechnergestützter Simulationen kaum schnellere und effizientere Segel entwickeln können. Südlich von Mikronesien, vermutlich irgendwo auf dem Weg der Lapita-Wanderungen, wurde schließlich das Doppelrumpfboot entwickelt. Dieser Urtyp unserer modernen Katamarane war zwar etwas langsamer, doch noch stabiler auf hoher See als die vergleichsweise zierlichen Auslegerboote und konnte aufgrund seiner größeren Länge, seiner zwei vollwertigen Rümpfe und seiner größeren Plattform wesentlich mehr Menschen und Ladung transportieren. Die Besiedlung der abgelegenen Inseln Polynesiens während wochenlanger Seereisen wurde vermutlich erst mit Hilfe dieser auch *tongiaki* ge-

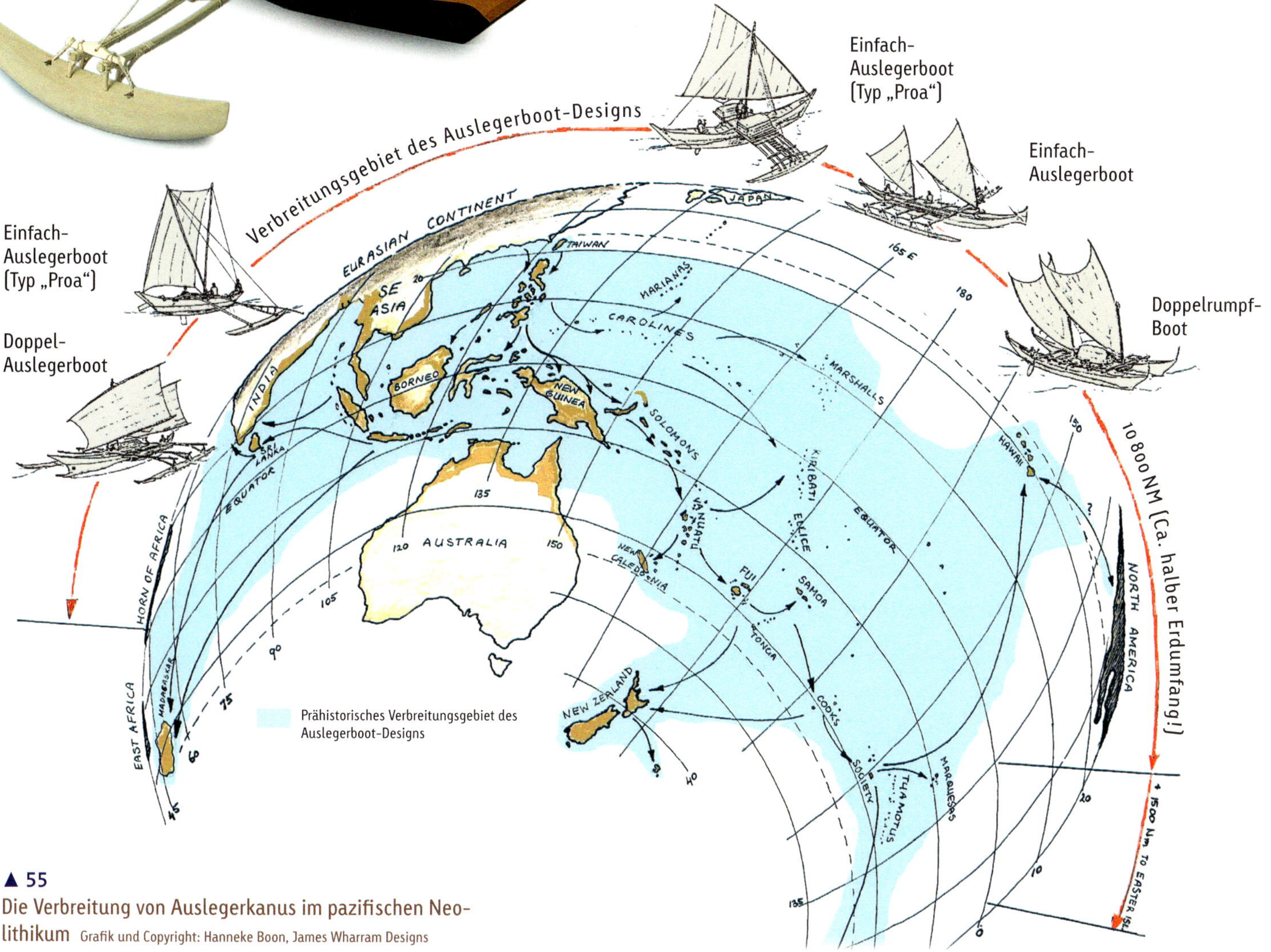

▲ 55

Die Verbreitung von Auslegerkanus im pazifischen Neolithikum Grafik und Copyright: Hanneke Boon, James Wharram Designs nannten Boote (nach einem auf Tonga entwickelten Katamarantyp) möglich. Bis zu 80 Menschen sollen auf mehr als 30 Meter langen polynesischen Schiffen transportiert worden sein.

Eines hatten alle Bootstypen Ozeaniens gemeinsam: Sie waren ausschließlich aus pflanzlichen Materialien konstruiert. Der einbaumförmige Kiel und die aufsitzenden Rumpfplanken wurden meist aus dem Holz des Brotfruchtbaumes, mit Werkzeugen aus Stein oder kräftigen Molluskenschalen geformt. Die Planken hat man mit salzimprägnierten Kokosschnüren zusammengenäht, dabei die Fugen abgedichtet mit Kokosfasern und Baumharzen. Imprägniert wurde das Holz mit gerbstoffhaltigem Baumsaft oder Imprägnierungen aus kalkhaltigen Algen. Die meist aus Mangrovenholz geformten Ausleger und Plattformen wurden durch Kokosschnüre zusammengehalten. Kokosseile verspannten auch die Spieren und Masten. Ohne die Schraubenpalmen (*Pandanus* spp.) wäre Ozeanien vermutlich nicht erobert worden. Denn aus den reißfesten Blättern dieser Bäume wurden die Segel der Schiffe geflochten (Abb. 54). Alle verwendeten Materialien hielten wochenlangen Seereisen stand. Existierten die erforderlichen Pflanzen noch nicht auf den Inseln, wurden sie kultiviert, um für die nächste Seereise bereitzustehen.

▼ 56
Spielerisch lernen auch heute noch Jungen auf vielen Inseln den Umgang mit traditionellen Segelbooten, wie hier an der Südwestküste Madagaskars

▶ 57
Auslegerboot am Strand von Padangbai (Bali, Indonesien)

MERTA AYU

Die Navigationskunst der Ozeanier

Ohne den Gebrauch irgendeines technischen Navigationsinstrumentes waren allein mit Strategien der „Naturnavigation" noch vor dem Ende des ersten Jahrtausends unserer Zeit nahezu alle bewohnbaren Inseln Ozeaniens gefunden und besiedelt worden. Bootsbauer und Navigatoren der Ozeanier waren ebenso angesehen wie Häuptlinge und Priester. Ihr Wissen wurde mündlich nur an direkte Nachkommen oder auserwählte Schüler weitergegeben. Weniger als die Navigation nach dem Sonnenstand führten „Sternenpfade" die Ozeanier über das Meer. Erfahrene Navigatoren kannten Hunderte von Sternenkonfigurationen. Sie identifizierten Inseln anhand ihrer Zenitsterne und waren mitten auf dem Meer in der Lage, nacheinander über den Horizont aufsteigende Sterne in einen Kurs zu übersetzen, weil sie die relative Position der Sternbilder zu Herkunfts- und Zielort kannten. Nicht absolute Koordinaten der aktuellen Position, sondern Sternen-, Wind- und Strömungsmuster des bereits zurückgelegten Weges und die Kenndaten des angestrebten Zieles prägten die Raumvorstellung der Navigatoren. Nur selten wurden inselgeographische Kenntnisse in materieller Form festgehalten, wie zum Beispiel in den filigranen, aus Blattrippen und Schneckengehäusen zusammengesetzten Stabkarten der Marshallinseln (Abb. 58), die den Insulanern vermutlich als Schulungsmaterial und Gedächtnisstütze, nicht aber als Seekarten in unserem Sinne dienten.

Auf der Suche nach unbekanntem Land

Hohe Anforderungen stellten weite Seefahrten auf der Suche nach Inseln, deren astronomische Steckbriefe noch unbekannt waren. Um die Wahrscheinlichkeit der Landfindung zu erhöhen, segelten oft mehrere Boote in Ketten, gerade noch auf Sichtweite voneinander entfernt. Anhand zahlreicher Naturphänomene konnten erfahrene Navigatoren Land hinter dem Horizont „herauslesen". Von Inseln verursachte Interferenz-, Beugungs- und Reflexionsmuster der Wellen, charakteristische Wolkenbildungen über Atollen, Passatwolken über hohen Inseln, Farbreflexionen von Sandstränden und Lagunen auf der Wolkendecke, Veränderungen der Luftströmung, im Wasser treibende Pflanzen, verirrte Insekten, gen Land strebende Meeresvögel, Schwebstoffe im Meer oder durch Flüsse verdünntes Salzwasser verrieten den Navigatoren nahende Inseln, bevor diese selbst sichtbar wurden.

Trotz aller Bootsbau- und Orientierungskunst bargen die weitreichenden Fahrten erhebliche Risiken, die die Seefahrer zu mindern suchten. Aufmerksam analysierten die Bootsführer vor Reisebeginn die Wetterbedingungen. Die Beobachtung von Wolken, Sichtweite, Luftfeuchte und Wind sowie des Verhaltens von Spinnen, Vögeln und Meerestieren diente der Wetterprognose und damit der Absicherung günstiger Segel- und Navigationsbedingungen. Obwohl die Segelkonstruktionen der mikronesischen und polynesischen Boote prinzipiell hervorragend geeignet waren, „hart am Wind" zu kreuzen, fanden weite Erkundungsfahrten vorzugsweise in windärmeren Jahreszeiten statt, weil das Segeln gegen die kräftigen östlichen Passatwinde eine besondere Belastung für Mensch und Material darstellte. Die abgelegensten Inseln Ozeaniens wurden möglicherweise in Zeiträumen besonders günstiger Windverhältnisse entdeckt, zum Beispiel, wenn während intensiver El-Niño-Ereignisse die Windrichtung über längere Zeit von Ost nach West drehte. Irwin (1992) interpretiert indes gerade das Segeln gegen die Hauptwindrichtung als eine Sicherheitsstrategie, denn es garantierte rechtzeitiges Heimkehren, wenn der Proviant zur Neige ging und kein Land gefunden worden war. Wie viele Menschen seinerzeit auf dem Meer blieben, kann nicht mit seriösen Zahlen belegt werden. Vermutet wird, dass Hunderttausende Menschen der Exploration der pazifischen Inseln zum Opfer fielen, weil Boote im Sturm zerbrachen oder abgetrieben wurden, weil Proviant und Trinkwasser auf dem Meer ausgingen oder weil physische Erschöpfung siegte, bevor Land gefunden war.

Viele Aspekte und Details des einstigen navigatorischen Wissens sind verloren gegangen. Als die ersten Europäer im 16. Jahrhundert in den pazifischen Raum eindrangen, war die Blütezeit der polynesischen und mikronesischen Fernfahrten jedenfalls vorüber, denn fast alle bewohnbaren Inseln waren bereits besiedelt. Seefahrer wie William Dampier und James Cook standen den seinerzeit immer noch hervorragenden nautischen Fähigkeiten der Ozeanier staunend gegenüber. Die Europäer konnten nicht nachvollziehen, warum ein Polynesier mitten in der Nacht ohne Landmarke und Kompass zielgerichtet auf eine unsichtbare Insel hinter dem Horizont deuten konnte und warum kleine mikronesische Auslegerboote unter vollen Segeln fahrende Schiffe der Europäer spielend umrundeten. Schon bald wurde die Inselwelt Ozeaniens von den Wertevorstellungen der Europäer dominiert. Ihre koloniale Machtausübung und ihre völlig andersartige Auffassung

▼ 58
Stabkarte der Marshallinseln, Mikronesien

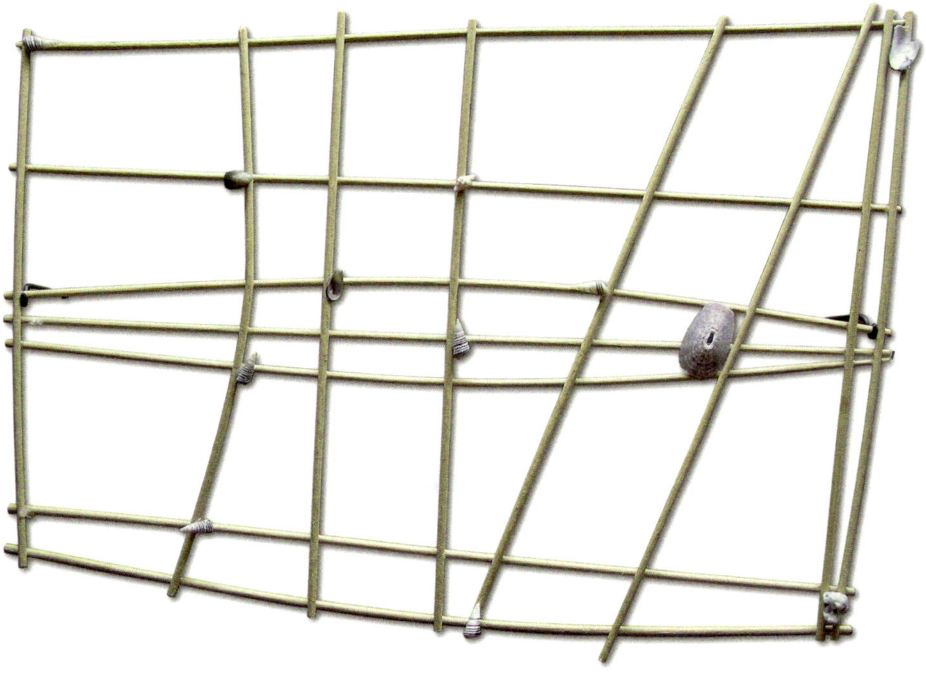

von Schiffsbau, Seefahrt, Navigation und geographischer Dokumentation trugen erheblich zum Verfall der ozeanischen Navigationskünste bei.

Entdeckten die Polynesier Amerika?

Die Osterinsel (Rapa Nui) war sehr wahrscheinlich nicht der östlichste Punkt, den polynesische Seefahrer erreichten. Seit einigen Jahren mehren sich archäologische, linguistische und genetische Indizien, die auf eine polynesische Entdeckung Amerikas hindeuten. Nach Befunden des Archäologen Terry Jones (Jones & Klar 2005; Jones 2007) tauchte an der Küste Südkaliforniens um 600 bis 800 n. Chr. eine Bootsbautechnik auf, die sonst in ganz Nordamerika unbekannt, jedoch im ozeanischen Raum weit verbreitet war: das Vernähen von Bootsplanken mit Schnüren. Bezeichnungen für diese Boote bei den dort ansässigen Cumash- und Gabrielino-Indianern zeigen hohe sprachliche Ähnlichkeiten zu polynesischen Begriffen des Bootsbaus (Klar & Jones 2005). Angelhaken wurden in diesem Gebiet gefunden, deren Design frappierende Ähnlichkeiten mit polynesischen Angelwerkzeugen aufweist. Etwa 8000 Kilometer weiter südlich, an der Küste Mittelchiles im Kulturraum der Mapuche, wurden von Ramírez (1990/91, 2007) ebenfalls solche Parallelen gefunden. Auch dort zeigen aus Planken zusammengesetzte Bootsformen, Angelwerkzeuge und Fischereitechniken starke Analogien zur polynesischen Kultur. Das Design bestimmter Handkeulen der Mapuche weist beachtliche Ähnlichkeiten zu neuseeländischen Keulenformen auf. Ebenso gleichen Bezeichnungen der Mapuche für Steinbeile und Äxte den polynesischen. Nachdem einige Zeit diskutiert wurde, ob es sich bei all diesen Ähnlichkeiten nicht um zufällige Analogien handeln könnte, liegen nun aufgrund genetischer Analysen und Radiocarbondatierungen der Knochen von Haushühnern erste direkte Beweise dafür vor, dass Polynesier den amerikanischen Kontinent besucht haben. Eine Studie zeigt, dass die rezenten Araukana-Hühner der Mapuche-Region, die sich durch das Fehlen von Schwanzfedern und durch blaue Eierschalen auszeichnen, nicht nur in äußerlich ähnlichen Formen auf mehreren polynesischen Inseln vorkommen, sondern mit deren Erbgut hohe Ähnlichkeiten aufweisen (Storey et al. 2007). Ein subfossiler Hühnerknochen aus einer Ausgrabungsstätte bei El Arenal an der chilenischen Küste wurde auf den Zeitraum 1304 bis 1424 n. Chr. datiert und damit eindeutig in die präkolumbianische Zeit. Darüber hinaus zeigen vergleichende DNA-Analysen identische Gensequenzen dieses Knochens mit mindestens ebenso alten Hühnerknochen von Tonga und Samoa, mehr als 8000 Kilometer von der chilenischen Ausgrabungsstätte entfernt. Eine charakteristische Genmutation des „El-Arenal-Huhnes" wurde zudem in subfossilen Hühnerknochen auf Hawaii und der Osterinsel entdeckt (ibid.). Die schon länger diskutierte These, dass Hühner nicht erst mit den Spaniern und Portugiesen, sondern schon in präkolumbianischer Zeit von polynesischen Seefahrern nach Amerika eingeführt worden sind, kann aufgrund dieser neuen Forschungsergebnisse als bestätigt gelten. Nach den neuen Erkenntnissen scheint nun auch die Frage beantwortet, wie die Süßkartoffel (*Ipomea batatas*) schon vor den Europäern aus ihrer amerikanischen Heimat in den ozeanischen Raum gelangen und sich dort verbreiten konnte: Polynesier haben die Knollen sehr wahrscheinlich mitgenommen, als sie von der amerikanischen Küste aus wieder heimwärts segelten.

▲ 59 Solche auf ozeanischen Inseln gezüchteten Haushühner wurden vermutlich schon in präkolumbianischer Zeit von Polynesiern nach Südamerika gebracht

Meereswanderer im Nordatlantik: Die Wikinger

In der Nordhemisphäre können wohl die Wikinger am ehesten einem Vergleich mit den nautischen Leistungen der pazifischen Völker standhalten. Ausgehend von den Küsten Schwedens, Norwegens und Dänemarks stießen die Nordmänner in ihrer kulturellen Blütezeit von 800 bis 1000 n. Chr. zunächst weit nach Süd-, Nord- und Osteuropa vor. Auf Handels-, Besiedlungs- und Raubzügen erreichten sie das Mittelmeer, das Schwarze Meer und das Kaspische Meer. Innerhalb eines Zeitraumes von nur zwei Jahrhunderten entdeckten und besiedelten seefahrende Gruppen auch die meisten Inseln des nordöstlichen Atlantik (Abb. 61). Nahezu zeitgleich, um das Jahr 800 n. Chr., gründeten die Wikinger neue Siedlungen auf den norwegischen Inseln nördlich des Polarkreises, auf der Britischen und Irischen Insel, auf den Shetlandinseln, den Orkney-Inseln, den Hebriden und den Färöern. Etwa im Jahr 850 n. Chr. entdeckten die Wikinger Island und im Jahr 985 n. Chr. gründete Erik der Rote die ersten Siedlungen im Süden Grönlands. Um das Jahr 1000 n. Chr. befuhr dann dessen Sohn Leif Eriksson die Küste Labradors und entdeckte Neufundland. Wenig später entstand dort im sogenannten *Vinland* eine Siedlung, die jedoch nur kurze Zeit existierte. 500 Jahre vor Kolumbus hatten die Wikinger somit Amerika gefunden, vielleicht fast zeitgleich mit der Entdeckung des südlichen Kontinentalteils durch Polynesier.

Wie für die Ozeanier waren auch für die Wikinger hochseetüchtige Schiffe mit hoher Transportkapazität der Schlüssel zum Erfolg. Ihre aus Eichen-, Buchen- und Kiefernholz gebauten Langschiffe (Abb. 60) wurden gesegelt oder gerudert, die Knorrschiffe (gedrungene, offene Lastschiffe) ausschließlich gesegelt. Aus fein gewebter Wolle waren die Segel, aus Rosshaar und Lindenbast das Tauwerk. Holznägel, Metallnieten und Rindenbast dienten dem Zusammenhalt der in flexibler Klinkerbauweise verzahnten Holzplanken, die gegen den Angriff des Meerwassers mit Holzteer imprägniert wurden. Die Boote zeichneten sich durch geringen Tiefgang aus, waren jedoch weitaus behäbiger als die Doppelrumpfboote der Polynesier. Ein Kreuzen gegen den Wind war mit der nordischen Boots- und Segelkonstruktion nur begrenzt möglich. Kräftezehrendes Rudern musste ungünstige Windbedingungen ausgleichen. Ähnlich wie die pazifischen Seefahrer trugen die Wikinger auf der Suche nach Neuland die zum Siedeln notwendige Grundausstattung mit: Hausrat, Textilien, Waffen, Werkzeuge für Ackerbau und Fischerei, Nahrungsvorräte, Getreidesaat, Schafe, Rinder und Pferde. Immerhin 80 bis 120 Passagiere und zusätzlich mehr als zehn Tonnen Ladegut konnten auf den größten Schiffen transportiert werden.

Die Navigationsstrategien und -techniken der Wikinger unterschieden sich grundlegend von denen der Ozeanier. Die nordischen Navigatoren orientierten sich vorwiegend an Küstenformen. Die detaillierte und von Generation zu Generation überlieferte Kenntnis bereits früher befahrener Meeresgebiete spielte eine große Rolle (empirische Navigation). Von der lang gestreckten Küste Norwegens ist aus der Zeit der späteren Bergenfahrer (ab dem Mittelalter) bekannt, dass ein Erzähler (*leidsoguman*) charakteristische Landmarken wie Berge, Inselformen und Steingräber in Meerespfad-Geschichten einband, deren Widergabe auf den langen Reisen Unterhaltung und navigatorische Hilfe zugleich war. Diese Orientierungstechnik stammt vermutlich aus der Zeit der frühen Wikinger, die erst mit dem Verlassen der küstennahen westatlantischen Inselwelten in Richtung Färöer, Island und Grönland längere Fahrtstrecken ohne Orientierung an Landmarken zurücklegen mussten. Draußen auf dem Meer orientierten sich die nordischen Seeleute vorwiegend an Meeresströmungen, an der Richtung des Windes und am Sonnenstand. Bei bedecktem Himmel benutzten sie die doppelbrechenden Eigenschaften von Kalzitkristallen, um den Sonnenstand anhand des polarisierten Streulichtes zu bestimmen. Eine auf Grönland gefundene, mit zahlreichen Einkerbungen markierte Holzscheibe diente vermutlich als Sonnenkompass. Die wichtigste Navigationstechnik der pazifischen Ozeanier blieb den nordischen Seefahrern verborgen: die Orientierung an Sternbildern. Im Nordatlantik hielt die astronomische Navigation erst mit der Christianisierung Einzug.

▼ 60
Ein für Experimentalfahrten genutzter Nachbau eines Wikinger-Langschiffes auf hoher See.
▶ Vermutlicher Sonnenkompass der Wikinger, ein Fund aus Grönland

Foto: Werner Karrasch; Copyright: Wikingerschiff-Museum, Roskilde, Dänemark

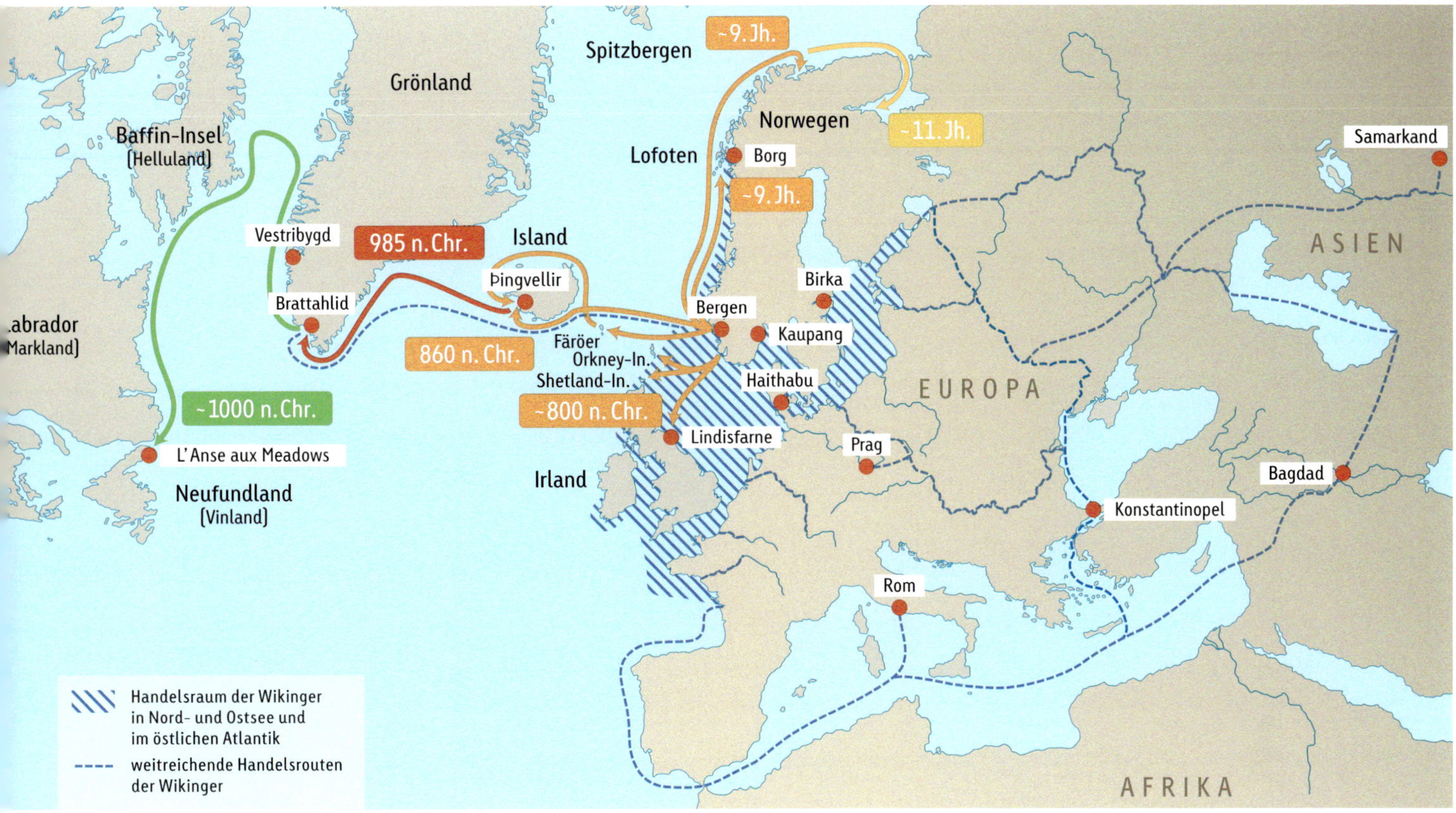

▲ 61 Die Eroberung des nordatlantischen Raumes durch die Wikinger

Europäer entdecken und kolonisieren Inseln

Die Quellenlage

Während die voreuropäische Entdeckung und Erstbesiedlung vieler Inseln über archäologische Forschungen erst allmählich erschlossen wird, sind die Besuche von Europäern – abgesehen von manchen Kaperfahrten der Piraten – oftmals in schriftlichen Aufzeichnungen gut überliefert. Dabei sind einseitige oder fehlerhafte Wahrnehmungen aus der Sicht europäischer Kulturen, gelegentliche Übertreibungen, gezielte Fehlinformationen und versehentlich falsche Lageangaben zu einigen Inseln in die Bewertung der Expeditions- und Reiseberichte sowie der Aufzeichnungen von Handelskompanien und Kolonialbehörden einzubeziehen. Dennoch ergibt sich insgesamt ein klares Bild der Erstbesuche, Eroberung und Kolonisierung vieler Inseln durch Europäer.

Christianisierung und Handel als Antriebskräfte

Ziele dieser Reisen waren von Beginn an die christliche Missionierung, der Aufbau von Handelsbeziehungen, der Erwerb von Gütern, die Ressourcennutzung und das Streben nach Ansehen und Macht. Im Fokus der Reisen standen also weniger Entdeckungen von Inseln, als vielmehr die Suche nach Ressourcen auf neuen Wegen. Im Pazifik südlich des Äquators vollzog sich im 17. und 18. Jahrhundert die vergebliche Suche nach dem vermeintlichen Gegenstück der nordhemisphärischen Landmassen, dem sagenhaften Südkontinent Terra Australis incognita. Kleine Inseln wie Rapa Nui (die Osterinsel) in den Weiten des südöstlichen Pazifik waren für die Europäer zunächst eher enttäuschende Nebenprodukte dieser Suche.

Portugiesen auf dem östlichen Weg nach Indien

Prinz Heinrich der Seefahrer, der vierte Sohn des bedeutenden portugiesischen Königs Johann I., ließ als Gouverneur der Algarve ab 1418 den Seeweg nach Indien suchen, um den christlichen Glauben zu verbreiten und Güter wie Gewürze günstig zu erwerben. Zwar wurde das Ziel Indien erst 36 Jahre nach dem Tod Heinrichs im Jahr 1498 von Vasco da Gama auf dem Seewege erreicht, jedoch hatte Heinrich bedeutende Seefahrten im östlichen Atlantik und entlang der Küste Westafrikas initiiert und so die Basis für die Weltmacht Portugal geschaffen.

Die Kapitäne Heinrichs fanden im Jahre 1419 Madeira, 1427 die Azoren (siehe Kap. Azoren) und 1456 die Kapverden; sie notierten ihre Beobachtungen in geheimen Logbüchern. Vermutlich entdeckten schon Phönizier Madeira und die Azoren. Doch blieben beide Archipele unbesiedelt, obgleich wohl bereits im 14. Jahrhundert Spanier auf dem Weg zu und von den Kanarischen Inseln Madeira besucht hatten. Auf Veranlassung Heinrichs wurde Madeira 1420 besiedelt. Portugiesen verschleppten wenige Jahrzehnte später Sklaven von der westafrikanischen Küste nach Madeira, rodeten mit deren Hilfe Wälder, nutzten das wertvolle Holz unter anderem für den Bau von Schiffen, begannen mit der Weidewirtschaft, bauten Getreide und bald darauf auch Zuckerrohr an. Rasch zeigten sich die ersten Umweltschäden. Neben den schwer kontrollierbaren Feuern der Brandrodung beeinträchtigte die Bodenerosion die Landnutzung.

▲ 62
Die Expeditionen des Christoph Kolumbus in die Karibik und auf den amerikanischen Kontinent (Karte um 1900)

Heinrich der Seefahrer stand dem portugiesischen Orden der Christusritter als weltlicher Administrator vor. Seine Verdienste um die Verbreitung des Christentums wurden von Papst Nikolaus V. am 8. Januar 1455 in der päpstlichen Bulle „Romanus Pontifex" gewürdigt. Heinrich, dem portugiesischen König Alfons V. und dessen Nachfolgern wurde in der Bulle das Recht zugesprochen, Ungläubige und Feinde des Christentums zu überfallen, zu versklaven und zu enteignen. Die Bulle „Romanus Pontifex" sprach ausschließlich dem portugiesischen Orden der Christusritter die bisherigen und die zukünftigen Eroberungen Portugals hinter Kap Bojador an der Küste der Westsahara zu – ein riesiger Raum, der Afrika mit den vorgelagerten Inseln umfasste und der als Gegenleistung zu missionieren war. Wenig später erweiterte Papst Kalixt III. die Einflusssphäre des portugiesischen Christusordens bis nach Indien und über den Atlantik.

Spanier auf dem westlichen Weg nach (West-)Indien

Im Jahr 1484 unterbreitete ein Genueser dem portugiesischen König Johann II. ein Gesuch zur Finanzierung einer wahrlich ungewöhnlichen Expedition: Christoph Kolumbus plante, Indien über den Weg nach Westen, also über den Atlantik, zu erreichen. Die königliche Schifffahrtskommission lehnte das Gesuch ab. Zwei Jahre später unterbreitete Kolumbus seine Pläne Königin Isabella I. von Kastilien. Auch hier wurde er abgewiesen. Schließlich hatte seine Hartnäckigkeit doch Erfolg. Am 3. August des Jahres 1492 verließen drei Schiffe unter der Führung von Kolumbus Spanien. Am 12. Oktober erreichte die Expedition zunächst eine bewohnte Insel der Bahamas und bald darauf Kuba und Hispaniola – in dem Irrglauben, ostasiatische Inseln erreicht zu haben. Eine zweite Expedition führte Kolumbus 1493 erneut in die Karibik (Abb. 16.1). Am 14. November landete Kolumbus an der Salt River Bay auf der Jungferninsel St. Croix. Ein Zusammenstoß mit den auf St. Croix lebenden Kariben führte zur Verwundung eines Spaniers, der einige Tage darauf verstarb. An dem Kampf beteiligte karibische Kämpfer wurden gefangen genommen und als Sklaven nach Spanien gebracht. Weder die ersten beiden noch zwei weitere Expeditionen, die Kolumbus auch auf den amerikanischen Kontinent führten, brachten den erhofften wirtschaftlichen Erfolg. Erst nach dem Tod von Christoph Kolumbus am 20. Mai 1505 nahmen das kastilische Königshaus und die Bewohner Europas allmählich die Bedeutung dieser Eroberungen wahr. Die größten, vor dem Eintreffen der Spanier bereits bewohnten Inseln der Karibik waren in spanischen Besitz gelangt, weite Teile des amerikanischen Kontinentes sollten bald folgen.

Sklavenhandel: Arbeitskräfte für Inseln

Da die karibischen Inseln kaum Rohstoffe boten, rückte im 16. und 17. Jahrhundert langsam ihre landwirtschaftliche Nutzung in den Vordergrund. Nach Einschätzung der europäischen Plantagenbesitzer waren Einheimische und Europäer für die schwere Feldarbeit bei hohen Temperaturen und oft hoher Luftfeuchte ungeeignet. Der gravierende Arbeitskräftebedarf schien den Kolonialherren nur durch afrikanische Sklaven gedeckt werden zu können, der grausame transatlantische Sklavenhandel begann. Bis in das 19. Jahrhundert wurden (vermutlich) weit mehr als zehn Millionen Afrikaner gefangen genommen, verkauft, unter grauenhaften Umständen in größter Enge auf Sklavenschiffen in die Karibik, nach Brasilien, Britisch-Nordamerika bzw. später in die USA, nach Madagaskar und auf die Maskarenen verbracht, um sie dort unter unmenschlichen Bedingungen als Sklaven unter anderem auf Zuckerrohrfeldern und in der Zuckerrohrverarbeitung arbeiten zu lassen.

Europäische Handelskompanien nutzen Inseln

Im 16. und vor allem im 17. Jahrhundert begannen Schiffe der britischen, französischen, holländischen und dänischen Handelskompanien die Meere zu befahren. Zunächst nutzten die Kompanien die kleineren, nicht von Spanien okkupierten karibischen Inseln, Madagaskar und die östlich gelegenen Maskarenen, Java und weitere Inseln in Südostasien als Handelsstützpunkte bzw. zur Gewinnung von Rohstoffen (zunächst insbesondere von wertvollen Hölzern) und zum Anbau landwirtschaftlicher Produkte. Im 18. und 19. Jahrhundert kamen die pazifischen Inseln dazu, auf denen zum Beispiel die Kopra-Gewinnung in Kokosplantagen eine bedeutende Rolle spielte (Abb. 63). Der Versuch einer brandenburgischen Handelskompanie, im 17. Jahrhundert in Charlotte Amalie auf der damals dänischen Karibikinsel St. Thomas einen Stützpunkt zu errichten, scheiterte nach wenigen Jahren (siehe Kap. Amerikanische Jungferninseln).

Im 18. Jahrhundert rückte die Erforschung der Erde und des Sonnensystems in den Fokus mehrerer Erkundungsreisen. Einer der bedeutendsten (Forschungs-) Reisenden war der britische Seefahrer James Cook. Seine erste Südsee-Expedition fand auf Empfehlung der Royal Society statt. Im Rahmen eines internationalen Forschungsprojektes, das die Bestimmung der Distanz zwischen Sonne und Erde zum Ziel hatte, brachte Cooks „Endeavour" Wissenschaftler nach Tahiti, die dort am 3. Juni 1769 den Venustransit beobachteten. Cook ließ zahlreiche pazifische Inseln erstmals vermessen. Jedoch suchte er vergeblich im geheimen Auftrag der britischen Admiralität nach dem postulierten Südkontinent. Auf seiner zweiten Südseereise wurde James Cook von dem Preußen Johann Reinhold Forster und dessen Sohn Georg begleitet. Letzterer verfasste einen bis heute faszinierenden, ausgezeichnet illustrierten wissenschaftlichen Reisebericht.

Selbst vorzüglich ausgebildete Persönlichkeiten besaßen bis weit in das 20. Jahrhundert hinein zumeist nicht das Vermögen, die Kulturen der besuchten Völker ausreichend zu verstehen, die fremden Menschen als gleichwertig anzusehen, zu akzeptieren und entsprechend zu behandeln. James Cook kostete dieses Unverständnis auf seiner dritten Südsee-Expedition das Leben. Er wurde am 14. Februar 1779 auf Hawaii getötet.

▲ 63 Ein Werbebild vom Anfang des 20. Jahrhunderts zeigt die damalige deutsche Kolonie und die Kopra-Gewinnung auf der Karolineninsel Yap (Mikronesien)

Die Kolonisierung von Inseln durch europäische Mächte

Die genannten europäischen Nationalstaaten lösten im 17., 18. oder 19. Jahrhundert ihre Handelskompanien ab und wandelten deren Besitzungen in Kolonien. Erst im späten 19. Jahrhundert trat auch das Deutsche Reich als Kolonialmacht auf. Da die meisten Inseln der Erde bereits seit längerem unter den europäischen Mächten aufgeteilt waren, blieb nur der Kauf wirtschaftlich eher unbedeutender Inseln im westlichen und südlichen Pazifischen Ozean: der Nordosten Neuguineas, Inseln im Bismarck-Archipel, die Karolinen und das westliche Samoa (Abb. 64). Zu Beginn des Ersten Weltkrieges übernahmen insbesondere Australien und Japan die deutschen Inselkolonien. Nach dem Spanisch-Amerikanischen Krieg, der 1898 endete, besetzten die Vereinigten Staaten die Philippinen. Die USA erwarben 1917 für 25 Millionen Dollar aus strategischen Gründen von Dänemark die Jungferninseln St. Thomas, St. John und St. Croix (Dänisch-Westindien). Nach dem Zweiten Weltkrieg übernahmen die USA und auch Australien und Neuseeland die Kontrolle zahlreicher weiterer Inseln und Archipele im Pazifischen Ozean, zum Teil im Auftrag der Vereinten Nationen, als Treuhandgebiete.

◄ 64
Das Bild West-Samoas aus der kolonialen Perspektive des Deutschen Reiches am Beginn des 20. Jahrhunderts auf einer Postkarte

Die politische Entwicklung von Inselkolonien nach dem Zweiten Weltkrieg

Einige Inseln und Archipele sind integraler Bestandteil europäischer Nationen, der USA, Australiens und Neuseelands geworden. Die Maskareneninsel Réunion ist seit 1946 ein Übersee-Departement Frankreichs. Französisch-Polynesien ist ein der EU angegliedertes Übersee-Territorium Frankreichs, Guadeloupe und Martinique sind französische Übersee-Departements. Hawaii ist seit 1959 der 50. Staat der USA; Guam, Amerikanisch-Samoa, die Amerikanischen Jungferninseln und Puerto Rico werden von den USA verwaltet. Die Niederländischen Antillen mit den bewohnten Inseln Curaçao, Sint Maarten, Bonaire, Sint Eustatius und Saba sind ein Bundesland im Königreich der Niederlande. Die Antilleninsel Aruba stellt sogar ein eigenständiges Bundesland im Königreich der Niederlande dar. Die Britischen Jungferninseln in der Karibik, die Falklandinseln und St. Helena (mit Ascension und Tristan da Cunha) im südlichen Atlantik sind britische Überseegebiete.

Bald nach dem Ende der japanischen Besatzung während des Zweiten Weltkrieges versuchten einige größere Inselkolonien rasch die Unabhängigkeit zu erlangen. Den amerikanischen Philippinen gelang dies bereits 1946, Niederländisch-Indien als Indonesien drei Jahre danach. Aus Sicht der Kolonialmächte strategisch nicht besonders bedeutsame Inseln wurden seit den 1960er Jahren nach und nach in die Unabhängigkeit entlassen. Der bis dahin britische Teil der Maskarenen, die Inseln Mauritius (siehe entsprechendes Kap.), Rodrigues und einige weitere kleine Inseln wurden als Staat Mauritius im Jahr 1968 unabhängig (allerdings ohne die von den Briten an die USA verpachtete und von der US Navy militärisch genutzte Insel Diego García). Der mikronesische Staat Palau erhielt seine Unabhängigkeit erst nach der Unterzeichnung eines Assoziierungsvertrages mit den USA im Jahr 1994. Manche nunmehr unabhängige Inselstaaten verarmten ohne die Unterstützung der Kolonialmächte rasch; andere erhalten bis heute erhebliche finanzielle Zuwendungen von den ehemaligen Kolonialmächten. Oftmals orientierten sich die Grenzziehungen nicht an den traditionellen ethnischen, sprachlichen oder anderen kulturellen Differenzierungen. Erhebliche, nicht selten bis heute anhaltende Spannungen waren in diesen jungen Staaten die Folge. Im Hochland von Papua-Neuguinea kommt es immer wieder zu gewalttätigen Auseinandersetzungen zwischen rivalisierenden Clans. In einigen Fällen intervenierten Regionalmächte, um die Gewaltausbrüche zu beenden. So griff im Juli 2003 eine multinationale Interventionstruppe aus Polizei und Militär unter der Führung Australiens auf den Salomonen ein. Fast alle Pazifikstaaten beteiligten sich an der Mission.

Nur wenige Inselgruppen sind strittig zwischen mehreren Nationen, darunter die Falklandinseln (Islas Malvinas) vor der patagonischen Küste zwischen dem Vereinigten Königreich und Argentinien.

Versklavung und Freikauf von europäischen Inselbewohnern im 17. und 18. Jahrhundert

Der überwiegende Teil der männlichen Bevölkerung einiger kleinerer west- und nordeuropäischer Inseln fuhr in der frühen Neuzeit zur See. Diese Seeleute unterlagen auf ihren Fahrten durch den Atlantik der Gefahr, von Piraten gekapert und auf Sklavenmärkten verkauft zu werden. Schiffe der nordafrikanischen islamischen Staaten (damals als „Barbareskenstaaten" bezeichnet) kaperten vor allem im 17. und 18. Jahrhundert zahllose Schiffe, die unter den Flaggen verschiedener Nationen des christlichen Abendlandes nicht nur im Mittelmeer, sondern auch im nördlichen Atlantik fuhren. Nordafrikanische Korsaren überfielen im Jahr 1627 gar Island und entführten zahlreiche Bewohner, um diese auf den Sklavenmärkten Nordafrikas zu verkaufen. Von 1613 bis 1621 verlor Hamburg 56 Schiffe mit ihren Besatzungen, die versklavt wurden. Erst die Fahrt in Konvois mit begleitenden Kriegsschiffen im späten 17. Jahrhundert reduzierte die Zahl der Kaperungen deutlich. Eine Verringerung des Geleitschutzes führte in den Jahren von 1719 bis 1747 jedoch zum Verlust von 50 Hamburger Schiffen. Die Besatzungen wurden in Nordafrika versklavt. Mehr als 100 hamburgische Sklaven – darunter Bewohner nordfriesischer Inseln – lebten 1749 in Algier (Rheinheimer 2007, S. 22).

Schiffsüberfälle und Sklavenhandel waren keineswegs nur eine muslimische Domäne. Auch in christlichen europäischen Staaten wurden Menschen versklavt. So existierte in der frühen Neuzeit auf Malta ein Sklavenmarkt. Forciert wurde die Versklavung durch die Bemühungen von Angehörigen der Seeleute, diese freizukaufen. Nur selten vermochten sie die geforderten hohen Summen aufzubringen. Viele waren auf Spenden angewiesen. Zweimal jährlich wurden zu Beginn des 18. Jahrhunderts in Dänemark Pflichtsammlungen vorgenommen. „Sklavenkassen" verwalteten die Kollekten. Eine Zwangsversicherung wurde 1716 in Dänemark eingeführt. Einige europäische Staaten schlossen, teilweise nach militärischen Interventionen, Mitte des 18. Jahrhunderts Friedensverträge mit Algier, Tunis, Tripolis und Marrakesch (Rheinheimer 2007, S. 22, 28).

Ein versklavter Amrumer wird zum Sklavenhändler

Die Guinea-Westindien-Compagnie baute einen lukrativen Dreieckshandel zwischen Dänemark und den dänischen Kolonien in Westafrika und in Westindien auf. So kommandierte der Amrumer Kapitän Harck Nickelsen (1706–1770), der 1724 zusammen mit Hark Olufsen von Türken überfallen und in Algier versklavt und drei Jahre später von Portugiesen freigekauft worden war, Mitte des 18. Jahrhunderts Schiffe, die von Dänemark und Holland über Guinea nach Westindien fuhren. Aus dem ehemaligen Sklaven war ein Sklavenhändler geworden, denn die „Fracht" von Guinea nach Westindien bestand hauptsächlich aus Menschen, die in Westafrika gefangen genommen worden waren, um auf den dänischen Zuckerrohrplantagen in Westindien als Sklaven zu arbeiten. Harck Nickelsen wurde zum reichsten Mann auf Amrum (Quedens et al. 1991, S. 101; Rheinheimer 2007, S. 93).

▲ 65
Der Grabstein von Kapitän Harck Nickelsen auf dem Friedhof von St. Clemens in Nebel auf Amrum. Auszug aus der Inschrift auf der Vorderseite: Harck Nickelsen „fing an im 12ten Jahre seines Alters sein Brodt bei der Schiffahrt zu suchen. Ao 1724 erlitt er die Widerwärtigkeit von den türkischen Seeräubern gefangen und an den Bey zu Algier verkauft zu werden, welchem er 3 Jahre diente, nach welcher Zeit er ihn aus Güte durch die Portogiesen seine Freyheit erkaufen ließ, suchte nachgehends in Holland und Copenhagen sein Glück. Am letzten Ort gelang es ihm, als Capitain ein Schiff auf Westindien und der Küste von Guinea zu führen …" (Quedens 1997, S. 93, 95) Foto: Hans-Rudolf Bork

Menschen verändern Inseln – Inseln verändern Menschen

Seit den ersten Besuchen veränderten Menschen Inselökosysteme. Sie importierten bewusst Kulturpflanzen und Haustiere, unbewusst die Samen vieler Wildkräuter und Insekten. Sie entnahmen wertvolle Hölzer, rodeten die Wälder weitgehend und begannen mit Ackerbau und Tierhaltung auf den kahl geschlagenen Flächen (Abb. 66 und 67). Konkurrenzstarke Invasoren wie die Mittelmeerbrombeere (*Rubus ulimfolius*) breiteten sich rasch an Weg- und Feldrändern aus. Auf der Robinson-Crusoe-Insel überwuchern sie heute gar die niedrigen, endemitenreichen Wälder.

Auf Inseln in den gemäßigten Breiten, in den wechsel- oder immerfeuchten Subtropen und Tropen löst der Abfluss häufiger starker Niederschläge auf gerodeten, nicht länger durch Vegetation geschützten Hängen Bodenpartikel ab, transportiert diese auf die Unterhänge und oftmals direkt in das Meer. Diese feinen Bodenpartikel trüben über Tage das Meerwasser und lagern sich am Meeresgrund ab. Schwemmfächer wachsen in das Meer und verhüllen Korallenriffe in der Umgebung tropischer Inseln. Auf den Hängen führt die wiederholte Bodenerosion häufig zur vollständigen Abtragung der fruchtbaren Böden und zur Exposition darunter liegender fester und kaum wasserdurchlässiger Gesteine. Häufigerer Abfluss ist die Folge, die von europäischen und europäischstämmigen Siedlern und von Entwicklungshilfeeinrichtungen eingeleiteten Bodenschutzmaßnahmen blieben zumeist erfolglos. So sind heute viele Unterhangstandorte der drei Inseln des Juan-Fernández-Archipels in den winterfeuchten Subtropen des Südostpazifik westlich von Zentralchile kahl und bodenlos (vgl. Abb. 151). Menschen haben durch Unachtsamkeit und Unkenntnis auf diesen und anderen niederschlagsreichen Inseln Desertifikation ermöglicht: das Entstehen und Ausbreiten von anthropogen-edaphischen (durch den Boden und nicht das Klima bestimmten) Wüsten.

Auf der Osterinsel (Rapa Nui) lösten polynesische Siedler mit der Rodung von palmenreichen Wäldern vom 13. bis zum 16. Jahrhundert ebenfalls flächenhafte Bodenerosion aus. Die Bodenfruchtbarkeit nahm ab. Gartenbaulich nutzbarer Boden wurde (zunächst) im äußersten Osten von Rapa Nui knapp. Die kleine Population der Rapanui war in ihrer Existenz gefährdet, nur eine außergewöhnliche Innovation vermochte sie zu retten: die Steinmulchung. Auf die verbliebenen, humosen Gartenböden wurden zum Schutz vor Austrocknung, Wind- und Wassererosion mehr als eine Milliarde Steine gelegt (Abb. 68). Die Böden blieben bis zum Beginn intensiver Schafbeweidung im späten 19. und in der ersten Hälfte des 20. Jahrhunderts erhalten. Leider gibt es zu dem vorbildlichen Verhalten kaum Entsprechungen auf anderen Inseln. Gerade europäischstämmige Siedler sind bis heute nicht in der Lage, die Böden ihrer Inseln und damit ihre Existenzgrundlage nachhaltig zu schützen.

Umfangreiche Rodungen führten auf Inseln nicht nur zu Abflussbildung, Bodenerosion und einer gravierenden Veränderung der Küstengewässer. Sie minderten die Verdunstung stark, förderten die Infiltration, erhöhten die Wassergehalte in den Böden, ließen in den Auen die Grundwasserspiegel ansteigen und an vielen Standorten neue Quellen sprudeln. Trockentäler führten erstmals seit Jahrtausenden Wasser. Auf manchen Inseln mit einem ozeanischen, feucht-kühlen Klima begannen nach der Rodung Niedermoore aufzuwachsen.

Viele Inseln im Mittelmeer und im westlichen Pazifischen Ozean sind seit Jahrtausenden besiedelt und daher seitdem von gravierenden Vegetations- und Bodenveränderungen betroffen. Dichte Wälder wuchsen auf den intensiv braunen und roten Böden der Mittelmeerinseln vor ihrer Erstbesiedlung. Heute zeigen die meisten einen völlig andersartigen Charakter. Sie sind kahl, felsig und steinreich. Hellgraue Farben dominieren an Standorten mit Kalksteinen oder Mergeln (Abb. 69).

Erst in den vergangenen sechs bis drei Jahrhunderten besuchten Europäer erstmals zuvor unbewohnte Inseln im Atlantischen Ozean (zum Beispiel die Falklandinseln oder St. Helena), im Indischen Ozean (die Maskarenen) oder im Pazifischen Ozean (zum Beispiel die Robinson-Crusoe-Insel im Archipel Juan Fernández). Intensiv genutzt und daher existenziell bedroht sind viele dieser sensiblen Inselökosysteme erst seit dem 18. oder 19. Jahrhundert.

Seit dem Beginn der Besiedlung von Inseln wurden mineralische Rohstoffe wie Lehm als Baumaterialien entnommen. Der Rohstoffabbau veränderte einige Inseln sehr stark. Im späten 19. Jahrhundert wurden Goldvorkommen auf Papua-Neuguinea entdeckt, der Abbau dauert bis heute an. Der Export von Kupfer erbringt heute mehr als 50 % der Deviseneinnahmen von Papua-Neuguinea. Die Schadstoffbelastungen in der Umgebung insbesondere der Kupfer-, Gold-, Silber-, Kobalt- und Nickelabbaustätten sind außerordentlich hoch. Auf der größten palauischen Insel Babeldaob im westlichen Mikronesien bauten Japaner bis zum Ende des Zweiten Weltkriegs Bauxit für die Aluminiumverarbeitung ab und veränderten dabei die Landschaft erheblich.

Auf zahlreichen Inseln im Pazifischen Ozean wurden im frühen 20. Jahrhundert reiche Phosphatvorkommen entdeckt und ausgebeutet. Ungewöhnlich reine Phosphatlagerstätten, die über einen sehr langen Zeitraum aus der Ablagerung von Meeresvogelexkrementen (Guano) entstanden waren, wurden um 1900 zufällig auf dem Atoll Nauru im östlichen Mikronesien entdeckt. Die Insel umfasst eine Landfläche von nur 21 km² und ist damit der kleinste Inselstaat der Erde. Die auf Nauru abgebauten Phosphate waren als Dünger für die Landwirtschaft in Großbritannien, Australien und Neuseeland sowie bis zum Beginn des Ersten Weltkriegs auch in Deutschland von großer Bedeutung. Von 1888 bis 1914 war das Atoll Teil des deutschen Protektorates Marshallinseln. Zur Ausbeutung gründeten 1906 deutsche und britische Firmen die „Pacific Phosphate Company". Nach der Unabhängigkeit Naurus (gegen den Widerstand der australischen Regierung) im Jahr 1968 erwarb die Regierung von Nauru

▼ 66
Große Teile der einst waldbedeckten neuseeländischen Hauptinseln wurden zu monotonen Schafweiden

▲ 67
Dramatische Bodenzerstörung und anthropogen-edaphische Desertifikation auf der Robinson-Crusoe-Insel (Archipel Juan Fernández, Chile)
Foto: Hans-Rudolf Bork

◄ 68
Mit Steinen gemulchte und dadurch geschützte fruchtbare Gartenböden auf der Osterinsel (Rapa Nui)
Foto: Hans-Rudolf Bork

▲ 69
Auf Korsika und den meisten anderen Mittelmeerinseln entstand nach der Rodung von Wäldern und dem Abtrag der holozänen Böden eine von Felsen dominierte Landschaft mit schütterer Macchie oder Garigue (immergrüne, sekundär entwickelte Strauchformationen)

zwei Jahre später die Gewinnungs- und Verladeanlagen von der British Phosphate Commission. Danach profitierte erstmals die Bevölkerung Naurus stark von den Einnahmen. Bis heute wurden mehr als 40 Millionen Tonnen Phosphate auf Nauru abgebaut. Diese Ressourcen sind seit den 1990er Jahren weitgehend erschöpft; ein drastischer ökonomischer Niedergang in der bis dahin einseitig auf den Phosphatabbau ausgerichteten Wirtschaft Naurus, soziale Probleme und politische Instabilität resultierten. Etwa drei Viertel der Inseloberfläche wurden durch den Bergbau verheert, eine mondartige Oberfläche aus abgebrochenen Korallenkalksteinen verblieb. Aufgrund der dramatischen Umweltschäden verklagte die Regierung Naurus 1989 die australische Regierung vor dem Internationalen Gerichtshof auf Schadenersatz. Nauru wurden 1993 in einem außergerichtlichen Vergleich etwa 60 Millionen Euro zugesprochen.

Die Nutzbarkeit und die Tragfähigkeit vieler der von Menschen veränderten Inselökosysteme haben stark abgenommen. Andauernde menschliche Eingriffe werden viele Ökosysteme kleinerer Inseln in absehbarer Zeit zerstören. Das begonnene Artensterben ist auf vielen Inseln nicht mehr aufzuhalten. Selbst ohne jegliche menschliche Eingriffe würde eine weitreichende Regeneration nur teilweise geschädigter Ökosysteme kleinerer Inseln viele Jahrtausende benötigen.

Nur wenige Meeresinseln blieben bis heute von starken menschlichen Eingriffen verschont. Sie liegen fast ausnahmslos in klimatischen Ungunstregionen wie dem Norden Kanadas, vor Antarktika oder in den Roaring Forties im Südatlantik und Südindik.

Menschen schaffen Inseln

Manche der kleinsten Inseln wurden nicht von natürlichen Prozessen, sondern von Menschen geschaffen. Obgleich sie ganz überwiegend aus Naturmaterialien bestehen, werden sie als „künstliche" Inseln bezeichnet.
Viele Epochen besitzen berühmte künstliche Inseln:

- Die Admiralitätsinsel in Karthago war vor mehr als 2160 Jahren eine der verborgensten künstlichen Inseln der Erde
- Schon die frühesten, im ersten nachchristlichen Jahrtausend im schleswig-holsteinischen Wattenmeer aufgeworfenen Wohnhügel, die Warften (die jedoch nur „Teilzeitinseln" sind, siehe Kap. Halligen), schienen über dem Meer zu schweben
- Auf einem Riff vor der Küste der mikronesischen Insel Pohnpei legten Inselbewohner vor etwa 1000 bis 600 Jahren die geheimnisvolle Lagunenstadt Nan Madol mit etwa 90 künstlichen Inseln an (Abb. 70)
- Auch vor der dicht bevölkerten Salomonen-Insel Malaita schufen Menschen neuen Wohnraum: Vor einigen Jahrhunderten errichteten sie mehr als 60 bewohnba-

re Inseln durch Aufschüttungen von Korallenbrocken, Sand und anderem Gestein in der Lagune
- In Japan durften Europäer von der Mitte des 17. bis zur Mitte des 19. Jahrhunderts nur auf der künstlichen Insel Dejima leben

Die heute bekanntesten künstlichen Inseln entstanden vor der Küste Dubais im Persischen Golf. Riesige Massen an Gestein wurden hier auf den Meeresboden geschüttet, um einzigartige, gut abschirmbare, hochattraktive Wohn- und Erlebnisinseln zu schaffen. An zwei Standorten sind Inseln in Palmenform angeordnet, an einem dritten bilden sie die Kontinente der Erde vereinfachend nach und besitzen die Namen von Nationen. Festland-Staaten, wie Deutschland und Frankreich, werden in Dubai nun von isolierten Inseln repräsentiert – die nötige Sicherheit, Individualität und Exklusivität eingeschlossen.

Über mehr als zwei Jahrhunderte, von 1641 bis 1854, hatte die kleine, von einheimischen Kaufleuten aufgeschüttete Insel Dejima in der Bucht von Nagasaki eine ganz besondere Bedeutung für die wenigen europäischen Besucher: Sie war der einzige Ort im seinerzeit verschlossenen Japan, an dem sie sich über längere Zeit aufhalten durften – unter Beachtung vielfältiger, zumeist unangenehmer Auflagen. Als einzige europäische Institution hatte die niederländische Vereinigte Ostindische Kompanie eine Genehmigung zur Nutzung des streng kontrollierten Inselstützpunktes erhalten. Sie war offenbar unverdächtig, über den Handel hinausgehende Interessen in Japan zu verfolgen.

Aus Naturschutzgründen wurde 1989 im hamburgischen Wattenmeer die 30 ha große Insel Nigehörn aus 1,2 Millionen m^3 Sand angeschüttet, um damit den kontinuierlichen Landverlust der benachbarten Vogelinsel Scharhörn auszugleichen. Die Fläche von Nigehörn ist seitdem auf fast das Doppelte gewachsen, da Pionierpflanzen den angewehten und angeschwemmten Sand nun stabilisieren.

Der Abfluss starker Niederschläge führte Schwebstoffe von den ackerbaulich genutzten Hängen in einen frühen Hafen von Karthago, der im See von Tunis lag. Der Hafen verlandete schließlich. Im beginnenden zweiten vorchristlichen Jahrhundert (eventuell schon etwas früher) errichteten die Phönizier nordöstlich des verlandeten Hafens an der Mittelmeerküste eine neue Anlage mit einem länglichen rechteckigen Handelshafen und einem dahinter liegenden runden Kriegshafen, der als Kothon bezeichnet wurde (Abb. 71). Appian hat eine genaue Beschreibung der gesamten Hafenanlage des griechischen Historikers Polybios für die Zeit ihrer Zerstörung im Dritten Punischen Krieg (149 – 146 v. Chr.) überliefert (Appian o. J., Mommsen 1856). Demnach lag eine der ungewöhnlichsten jemals von Menschen geschaffenen Inseln im Zentrum des Kothon: die Admiralitätsinsel. Das wohlverborgene Herz des phönizischen Kriegshafens umfasste den Pavillon des Admirals der phönizischen Flotte und eine diesen umgebende Militärwerft mit 30 Trockendocks, die nach außen in einen Ringgraben mündeten. Der Graben war von den Liegeplätzen der Galeeren und einer Mauer umgeben.

Auf der Admiralitätsinsel entdeckten Archäologen die Reste der Rampe eines Trockendocks, über dessen Querbalken die 30 bis 50 Meter langen, schlanken und leichten

▼ 70
Die künstlichen Inseln von Nan Madol vor der Insel Pohnpei (Mikronesien)

▲71
Eines der größten Geheimnisse der Antike: Der runde, hinter hohen Mauern vollkommen verborgene phönizische Kriegshafen von Karthago mit der Admiralitätsinsel im Zentrum vermochte wahrscheinlich mehr als 200 Galeeren aufzunehmen; er war nur über den Handelshafen (links) zugänglich (Zeichnung im Nationalmuseum von Karthago, Tunesien)
Foto: Hans-Rudolf Bork

Galeeren zu Wasser gelassen worden sind. Der Bericht des Appian ist nach archäologischen Befunden grundsätzlich glaubwürdig. Ein breiter, mit einer Wassertiefe von nur zwei Metern jedoch nur sehr flacher Ringgraben umgab die Admiralitätsinsel (Abb. 71). Zusammen mit den 30 Trockendocks auf der Admiralitätsinsel vermochte der Kriegshafen nach archäologischen Befunden und Hochrechnungen mindestens 165 bis 170 Galeeren aufzunehmen. Da möglicherweise manche Liegeplätze mehr als eine Galeere beherbergen konnten, ist die von Appian genannte Kapazität von 220 Galeeren durchaus vorstellbar (Dridi 2006, S. 76). Der hinter Mauern verborgene, vom Meer aus nicht einsehbare Kriegshafen schien die mächtige phönizische Kriegsflotte regelrecht zu verschlucken, nachdem sie den Handelshafen passiert hatte. Ihren Erfolg verdankte die phönizische Flotte den nautisch vorzüglich ausgebildeten Kapitänen und den geübten Rudermannschaften, die die beweglichen Galeeren geschickt manövrierten. Vor dem Auslaufen der Kriegsflotte bevölkerten viele tausend, möglicherweise weit mehr als 10 000 Ruderer mit ihren Kapitänen den kleinen Rundhafen. Trotz dieser beachtlichen militärischen Macht vernichteten die Römer im Dritten Punischen Krieg die Bauten der Häfen Karthagos einschließlich der Admiralitätsinsel vollständig.

Inselparadiese: Traum und Wirklichkeit

Sind Inseln Paradiese? Heute erscheinen sie in der Tat vielen Menschen als hochattraktiver und paradiesischer Lebensort. Global profitieren ganze Wirtschaftszweige von dem Traum, Inseln zu besuchen, Grundstücke auf Inseln oder gar ganze Inseln zu erwerben. In der Vergangenheit waren viele Inseln für den Menschen jedoch gefährliche, ja lebensbedrohliche Orte. Inselbewohner litten unter Isolation und waren von ständiger Unterversorgung mit dem Nötigsten bedroht. Gleichwohl ließen sich zu allen Zeiten Entdecker, Abenteurer, Neugierige oder Ruhesuchende, den Gefahren und Bedenken zum Trotz, von Inselentdeckungen und Inseleroberungen nicht abschrecken.

Menschen nahmen und nehmen Inseln, ihre Eigenart und ihren möglichen Nutzen sehr unterschiedlich wahr.

Inseln wurden genutzt und benutzt. Regierungen ließen verurteilte Kriminelle oder Oppositionelle an solch abgeschiedenen Orten verwahren. Um nicht von Seuchen infiziert zu werden, flohen Menschen auf Inseln, wie die Venezianer, die sich im Mittelalter auf Laguneninseln vor der Pest in Sicherheit brachten (Bergdolt 2008, S. 30). Hochinfektiöse Kranke wurden auf Inseln isoliert: Leprakranke zum Beispiel auf Robben Island, das später eine Sträflingsinsel wurde, und auf Molokai im Hawaii-Archipel. Inseln dienten seit dem Mittelalter als Quarantänestationen. Etwa zwölf Millionen Menschen durften von 1882 bis 1954 nur über Ellis Island vor New York und erst nach strengen Kontrollen in die Vereinigten Staaten von Amerika einreisen. Eine kurze Befragung und eine kurze medizinische Untersuchung entschieden über Einreise oder Abweisung – für jeden Fünfzigsten wurde Ellis Island zur „Träneninsel".

Piraten beherrschten zeitweise ganze Inseln. Sie versorgten sich mit Trinkwasser, Früchten und Fleisch, unter anderem von Tieren, die sie zuvor dort ausgesetzt hatten. Gefürchtete Stützpunkte besaßen Piraten in der Nordsee auf Helgoland, in der Ostsee auf Gotland, im Indischen Ozean auf Madagaskar, im Chinesischen Meer auf Amoy, im Archipel Colón (heute Galápagos, Ekuador) auf San Cristóbal sowie auf Más-a-tierra (heute Robinson-Crusoe-Insel) im Archipel Juan Fernández (Chile). Auf Tortola im Archipel der heutigen Britischen Jungferninseln planten die Bukanier um 1700 ihre Beutezüge in die benachbarten westindischen Kolonien europäischer Mächte.

Die häufig geringe Fruchtbarkeit der Böden von Inseln zwang früher viele Bewohner, ihr Auskommen auf den Meeren zu sichern. Im 18. Jahrhundert fuhr mehr als die Hälfte der männlichen Bevölkerung einiger nordfriesischer Inseln zur See. Über ein halbes Jahr blieben Mädchen und Frauen, Jungen unter etwa elf oder zwölf Jahren und alte Männer alleine zu Hause auf ihren kargen Eilanden, während die seetüchtigen Männer hinaus auf den Nordatlantik fuhren, um Robben und Wale zu jagen, oftmals unter Lebensgefahr. Ihr Traum bestand darin, mit reichen Fängen zurückzukehren und genügend für einen bescheidenen Wohl- und Ruhestand zu verdienen.

Immer wieder wurde die Einsamkeit abgelegener Inseln aus spirituellen Gründen gesucht. Die Möglichkeit zur Meditation in Abgeschiedenheit ließen Klöster auf der Reichenau im Bodensee, auf Nonnenwerth im Rhein, auf Holy Island in dem irischen See Lough Derg, auf Iona vor Mull an der schottischen Küste, auf der rauen Insel Skellig Michael vor der irischen Küste (vgl. Abb. 20), auf Lindisfarne vor der Küste Northumbriens (England) und auf den Solovezki-Inseln im Weißen Meer entstehen.

Insel-Immigranten kamen also sowohl aus günstigen als auch schwierigen wirtschaftlichen und sozialen Lebensverhältnissen. Sie suchten vorübergehend kreative Ruhe, waren gar der gesamten Zivilisation überdrüssig, hatten Verbrechen begangen oder sich durch politische Aussagen gefährdet. Pitcairn, das 2250 Kilometer westlich der Osterinsel in den Weiten des Pazifischen Ozeans liegt, wurde am 15. Januar 1790 für einige Meuterer der „HMS Bounty" mit ihren tahitianischen Frauen zum dauerhaften Zufluchtsort. Die meisten heutigen Bewohner sind Nachkommen von Fletscher Christian, dem Anführer der Meuterer, und der tahitianischen Häuptlingstochter Moetua. Auf Hiva Oa im Archipel der Marquesas (Polynesien)

◄ 72
Eine illustrierte Seite aus dem Tagebuch von Thor Heyerdahl, entstanden 1937 während seiner „paradiesischen" Zeit auf Fatu Hiva, Marquesas (ausgestellt im Kon-Tiki-Museum, Oslo)

fand Paul Gauguin sein Arkadien, desgleichen der nur wenige Meter von ihm entfernt ruhende belgische Chansonnier Jacques Brel. Thor Heyerdahl suchte 1937/38 zusammen mit seiner ersten Frau das Paradies im selben Archipel auf der Insel Fatu Hiva.

Im Jahr 1929 hoffte der Berliner Zahnarzt Dr. Friedrich Ritter auf ein Paradies im Galápagos-Archipel. Zusammen mit seiner Geliebten Dore Strauch wanderte er auf die damals unbewohnte Insel Floreana aus. Angeregt zur Robinsonade wurde Ritter durch die Lektüre eines schwärmerischen Expeditionsberichtes von William Beebe über die urtümlich wirkende Tier- und Pflanzenwelt von Galápagos. Das Buch war 1926 erstmals in deutscher Sprache unter dem Titel „Galápagos, das Ende der Welt" erschienen. Doch Ritter und Strauch blieben nicht lange alleine. 1932 verließ die bürgerliche Familie Wittmer das Rheinland und siedelte sich auf Floreana an. Interessenskonflikte waren vorprogrammiert. Die Situation eskalierte, als eine „Baroness" Eloisa von Wagner de Bosquet aus Wien mit ihren Geliebten auf Floreana ankam – eine skurrile Person, die zuvor der Weltpresse mitgeteilt hatte, sie würde als Kaiserin von Floreana agieren und dort ein Hotel für Millionäre betreiben. Aus der Posse wurde grausame Realität. Im Verlauf weniger Jahre verloren einige der Beteiligten ihr Leben oder verschwanden unter ungeklärten Umständen. Der „Vegetarier" Ritter starb an einer Fleischvergiftung. Das Buch von Margret Wittmer über die Ereignisse auf Floreana ab 1932 gehört heute zu den eindrucksvollsten realen Robinsonaden der jüngeren Geschichte.

Inseln werden von ihren Bewohnern und ihren Besuchern zumeist sehr unterschiedlich bewertet. Für die Einen sind sie selbstverständlicher Lebensort, gewohnte Umgebung und oft genug mit Erschwernissen und Entbehrungen verbunden. Für Besucher und Reisende sind Inseln hingegen Ausdruck von Sehnsüchten, unerfüllten Wünschen, möglichen Entdeckungen, Abenteuern, Fluchtgedanken vom Alltag, von Entspannung in sanftem Meeresklima, von lieblichen Träumen und Gedanken an unentdeckte Schätze. Inselbesucher werden angezogen von der realen Geschichte, von Mythen, Sagen ebenso wie von den sichtbaren Hinterlassenschaften untergegangener Kulturen. Kreuzfahrtschiffe würden niemals die Robinson-Crusoe-Insel im Archipel Juan Fernández anlaufen, hätte nicht von Oktober 1704 bis zum Februar 1709 der schottische Seemann Alexander Selkirk in vollkommener Abgeschiedenheit hier leben müssen, weil ein Kapitän den renitenten Seemann dort einfach ausgesetzt hatte. Selkirks Geschichte war für Daniel Defoe der Anlass, den berühmtesten aller Inselromane zu verfassen: „Robinson Crusoe". Zusätzliche Aufmerksamkeit erfährt die Robinson-Crusoe-Insel seit einigen Jahren durch Bernard Keiser, der in der Bucht Puerto Inglés mit modernsten Prospektionsmethoden einen kaum vorstellbar wertvollen spanischen Gold-, Silber- und Juwelenschatz sucht, der dort 1762 von Briten gefunden und wieder vergraben worden sein soll. Eine der einsamsten bewohnten Inseln der Erde, Rapa Nui (die Osterinsel), wäre ohne die mehr als ein halbes Jahrtausend alten riesigen Steinskulpturen einer untergegangenen Steinzeitkultur für die meisten Touristen völlig unattraktiv. Selbst Inseln, auf denen Gefangene oftmals unter unmenschlichen Lebensbedingungen dahinvegetieren mussten, sind heute bedeutsame touristische Ziele. Elba und St. Helena beherbergten Napoleon unter weitaus günstigeren Verhältnissen als Château d'If vor Marseille den Grafen von Monte Christo, als Alcatraz in der Bucht

► 74
Die Bucht von Charlotte Amalie auf St. Thomas (Amerikanische Jungferninseln, USA); an der Pier der West Indies Company im natürlichen Tiefseehafen liegen drei Kreuzfahrtschiffe
Foto: Hans-Rudolf Bork

▼ 73
Finale der Kodak-Hula-Show in Honolulu (Oahu, Hawaii-Inseln)

von San Franzisko den Mafiaboss Al Capone oder die zwölf Kilometer vor Kapstadt gelegene Robben-Insel den Friedensnobelpreisträger Nelson Mandela.

In den Subtropen und Tropen ziehen Inseln mit ihren weißen, von Palmen gesäumten Stränden Badetouristen aus aller Welt an. Günstig erreichbare Inseln mit Massentourismus sind darunter, aber auch Traumziele, die sich Normalverdiener nie oder nur wenige Male im Leben leisten können. Tauchtouristen finden ihre Erfüllung im Meer durch eine atemberaubende und zugleich durch eben diese Besucher hochgradig gefährdete Lebenswelt. Manche Korallenriffe stehen allein durch den Tourismus vor ihrer Vernichtung. Nicht selten gingen und gehen zusammen mit der Entwicklung des Massentourismus die letzten Überreste einstiger Inselkulturen verloren – ein Prozess, der meist bereits mit der europäischen Kolonisierung begann. Oft genug wurden die kulturellen Besonderheiten zur kommerzialisierten und verkitschten Massenware abgewertet, wie das wenig authentische „belebte“ polynesische Freilichtmuseum oder die Kodak-Hula-Folkloreshow im hawaiianischen Honolulu (Abb. 73).

Wohlhabende und prominente Menschen zogen und ziehen sich gerne in die Exklusivität bestimmter Inseln zurück. Die nordfriesische Insel Sylt, die allerdings seit dem Bau des Hindenburg-Damms nur noch eine Halbinsel ist, Capri vor der mittelitalienischen Mittelmeerküste oder Martha's Vineyard vor Long Island im Osten der USA sind bekannte Beispiele. Wohlhabende erwerben sogar ganze Inseln in allen Meeren. Der bekannteste und erfolgreichste Inselmakler ist der Deutsch-Kanadier Farhad Vladi. „Vladi Private Islands GmbH“ verkauft und vermietet Inseln in nahezu allen Regionen der Erde.

Die bei weitem größte Bedeutung von Inseln wurde seit Beginn ihrer Besiedlung allerdings nicht in ihren geographischen, kulturellen, emotionalen und ästhetischen Werten gesehen. Ihre ökokomische Perspektive war und ist für die Gesellschaft ausschlaggebend. In industriellen oder postindustriellen Inselstaaten wie Japan, Taiwan und Singapur sind es die Verarbeitung von Produkten und immer mehr der Dienstleistungssektor, anderenorts vor allem der Rohstoffreichtum und die Lage an bedeutenden Schifffahrtsrouten, die Inselwirtschaften prägen.

Manche Staaten haben sich Inseln aus geopolitischen Gründen einverleibt. Im Nachhinein erwiesen sich einige dieser Inbesitznahmen als ökonomische „Glücksfälle“. Um den Eingang des Panamakanals vor deutschen Unterseebooten zu schützen, kauften die USA 1917 Dänisch-Westindien mit den Inseln St. Croix, St. Thomas und St. John. Heute befindet sich auf St. Croix eine der größten Erdölraffinerien der Erde, weil die Insel strategisch günstig zwischen Venezuela und den Häfen im Golf von Mexiko und an der Ostküste Nordamerikas liegt. Charlotte Amalie auf der Amerikanischen Jungferninsel St. Thomas besitzt den bedeutendsten Kreuzfahrthafen in der Karibik (Abb. 74). In den Wintermonaten entlassen die riesigen Schiffe tagtäglich mehr als 10 000, nicht selten sogar über 20 000 Kreuzfahrttouristen für einige Stunden in die Juwelier- und Souvenirläden an den Piers des reizvoll gelegenen Naturtiefseehafens oder in die historische Altstadt von Charlotte Amalie.

Seit mehreren Jahrhunderten dominieren auf subtropischen und tropischen Inseln

- die kostengünstige Entnahme wertvoller Hölzer
- der preiswerte Anbau landwirtschaftlicher Produkte; früher durch Millionen von Sklaven aus Afrika, dann durch importierte Lohnarbeiter, wie indische Kulis
- die Ausbeutung von Bodenschätzen durch schlecht bezahlte Arbeiter

Nicht mehr aufholbare, dauerhafte Verluste an Lebensqualität, kultureller Identität, sozialem Frieden, kultureller, geologischer und biologischer Vielfalt, an Reinheit von Wasser, Luft und Boden stellen die traurigen Konsequenzen dar. Sind die Rohstoffe erst einmal ausgebeutet, die Böden erodiert, so bleiben Inselruinen mit wenigen, schnell verarmenden Bewohnern als Mahnmale. Auch die Hinterlassenschaften ober- und unterirdischer Kernwaffenversuche auf zuvor entsiedelten Pazifikinseln werden zukünftige Generationen an unseren individuellen und staatlichen Egoismus erinnern.

Ohne Frage faszinieren uns Inseln bis heute. Sie waren, sind und bleiben jedoch eher geträumte Paradiese. Unter den derzeitigen globalen gesellschaftlichen Bedingungen lassen sich viele der beschriebenen sozioökonomischen Erosionsprozesse auf den Inseln der Erde aber nicht aufhalten. Unvoreingenommenes Erkennen und Akzeptieren der Bedeutung von jeglicher Insel-Vielfalt, die einvernehmliche und vollkommene Integration aller Belange und Interessen auf Inseln sowie ein umfassender globaler Konsens einschließlich der Solidarität von Nicht-Inselstaaten (beispielsweise zum Klimaschutz) könnten jedoch ein Überleben vieler Inselgesellschaften ermöglichen.

Die Zukunft von Inseln – ein Resümee

Inseln als ökologische Frühwarnsysteme

Oft schneller und deutlicher als kontinentale Landschaften reagieren gerade kleinere Inseln auf ökologische Eingriffe und Umweltveränderungen. Isolation und begrenzte Flächen, extreme Lebensraumbedingungen mit ihren speziellen Anpassungen von Flora und Fauna ebenso wie ihre exponierte Lage machen viele Inseln empfindlich und fragil gegenüber jeglichen Veränderungen, auch solchen, die global und nicht nur im Inselökosystem selbst wirken. Doch nicht alle Gefährdungen kommen von außen. Ein Beispiel: Die großflächige Waldvernichtung und anhaltende Brände entwässerter Regenwaldmoore auf den Inseln Sumatra und Borneo tragen ganz erheblich zum globalen, klimaschädigenden CO_2-Ausstoß bei. Angebaut werden auf den gerodeten Flächen unter anderem Ölpalmen, die „Bio"-Rohstoffe liefern sollen. Die Folgen des vom Menschen verursachten Klimawandels werden überdeutlich am Beispiel pazifischer Archipele wie Kiribati und Tuvalu, deren Atollbewohner den Anstieg des Meeresspiegels bereits spüren und möglicherweise in einigen Jahrzehnten ihre Inseln verlassen müssen, weil Kulturflächen und Süßwasserreserven durch eindringendes Salzwasser verdorben und Häuser von Flutwellen zerstört werden. Doch nicht nur die Atolle des Pazifischen und Indischen Ozeans sind betroffen. Auch die Bewohner der Halligen und Inseln des deutschen, niederländischen und dänischen Wattenmeeres sorgen sich um ihre Zukunft. Der vermehrte Küstenabtrag, steigende Hochwasserpegel und häufigere und extremere Landunter auf den Halligen werden als Warnzeichen des globalen Klimawandels wahrgenommen. Für die arktische Region sind Grönland und Spitzbergen viel zitierte Indikatoren des Klimawandels. Das schnellere Abschmelzen des grönländischen Inlandeises, die ästhetisch schöne und doch bedenkliche Intensivierung der Gletscheraktivität an den Küsten (Abb. 75), zunehmend erfolgreiche Versuche des Gemüseanbaus auf Grönland sowie das tiefere Auftauen der Permafrostböden auf Spitzbergen machen in Besorgnis erregender Weise auf eine neue Qualität der Folgen des Klimawandels aufmerksam.

◀ 75
Der Klimawandel führt auf Grönland zu einem deutlich schnelleren Abschmelzen der Gletscher und damit zur beschleunigten Produktion von Eisbergen

Inseln sind besonders stark von Naturkatastrophen betroffen, die auch durch vorsorgendes Umwelthandeln nicht zu verhindern sind. Unter den verheerenden Wirkungen des Tsunami vom Dezember 2004 hatten die Einwohner der Andamanen, der Nikobaren und südthailändischer Archipele jedoch nicht nur wegen der exponierten Lage ihrer Inseln besonders zu leiden, sondern auch deshalb, weil ein Großteil der ihre Küsten schützenden Mangrovenwälder im letzten Jahrhundert vernichtet worden war. Die Inseln zeigten bei diesem Extremereignis, welch hohe Bedeutung sowohl der Erhalt als auch die Regeneration natürlicher Küstenstrukturen für die Bewahrung von Leben, Lebensraum und Wirtschaftskraft in Küstenräumen haben. Das Jahr 2008 wurde international zum Jahr des Schutzes der Korallenriffe ausgerufen, nicht nur wegen ihrer hohen Artenvielfalt, sondern auch, weil sie zu den wichtigsten Kohlenstoffspeichern der Erde gehören. Auch hier sind es die tropischen Inseln des Indischen und Pazifischen Ozeans, die zuerst und zuvorderst unter den immer deutlicher sichtbaren Schädigungen der Korallenriffe zu leiden haben. Die Degradierung von Riffgemeinschaften durch Überfischung, Küstenverbau, zunehmende Schadstoff- und Sedimenteinträge sowie den globalen Anstieg der Meerestemperatur liegt nur zum Teil in der Verantwortung der Inselstaaten. Die großen Industrienationen abseits der Inselwelten zeichnen für einen erheblichen Teil dieser Veränderungen verantwortlich. Die Wirkungen indes spüren wiederum die Inselbewohner besonders deutlich: Rückgang der lokalen Fischbestände, geringere Attraktivität der Tauchreviere oder Ausfall intakter Riffe als natürliche Küstenschutzstrukturen.

Auch der Schutz der Biodiversität ist ein globales Anliegen der Umweltpolitik, bei dem Inseln als sensible Indikatoren und Schrittmacher helfen können. Sie zeigen besonders dramatisch, wie schnell indigene Arten durch

auf kleine Flächen reduziert, auf schwer nutzbare Inselregionen beschränkt und dort häufig unter besonderen Schutz gestellt. Dennoch sind auch diese Relikte bedroht: durch Fragmentierung und Unterschreitung ökologischer Minimalarealgrößen wie im Fall der letzten Regenwälder auf Madagaskar; durch die unaufhaltsam voranschreitende Invasion fremder Tier- und Pflanzenarten wie auf den Galápagos-Inseln oder auch durch Bodenerosion, die über die Dauer der einst auslösenden Faktoren hinaus die Restflächen natürlicher Vegetation aufzehrt, wie im Fall der Insel Robinson Crusoe (Abb. 76).

Auch bei heutiger Kenntnis der Ursachen wird so manches „Naturparadies" auf Inseln trotz Schutzbemühungen unaufhaltsam verschwinden, weil einst eingeleitete Veränderungen nicht mehr umkehrbar sind. Auch wenn Inselsituationen nicht ohne weiteres auf größere kontinentale Räume übertragbar sind, lässt sich aus deren Umweltgeschichte lernen. Die Folgen von Waldrodung für die Böden, die Wirkung invasiver Arten auf die Ökosysteme, das Schwinden von Arten durch Land- und Landnutzung verschwinden und welche verändernden Wirkungen eingeschleppte Tier- und Pflanzenarten in Ökosystemen entfalten können. Die schwindenden Populationen von Pinguinen und Alkenvögeln auf den subpolaren Inseln sind Belege für die Überfischung großer Meeresgebiete. Scheint das Arten- und Populationsreservoir in kontinentalen Räumen oft belastbar und restitutionsfähig, machen uns insulare Lebensgemeinschaften die Problematik von Artenverlusten und einer begrenzten Regenerationsfähigkeit von Ökosystemen in kurzen Zeitspannen klar.

▲ 76
Irreversibel: Bodenerosion und Verlust der Nebelwaldvegetation auf der Insel Robinson Crusoe (Chile)

Erkenntnisse aus der Umweltgeschichte von Inseln

Seitdem Menschen auf Inseln siedeln, haben sie deren Landschaften verändert, manche davon mit dramatischen ökologischen Folgen, wie einige der nachfolgenden Inselgeschichten zeigen werden. Waldrodungen führten zur Erosion fruchtbarer Böden und bis an den Rand des Zusammenbruches von Inselkulturen wie zum Beispiel auf der Insel Læsø und der Osterinsel. Eingeführte Haustiere fraßen binnen weniger Jahrhunderte Insellandschaften kahl, wie im Juan-Fernández- und im Galápagos-Archipel. Die Jagd auf endemische Vogel- und Säugerarten beraubte bereits in prähistorischer Zeit die meisten pazifischen Inseln eines Großteils ihrer bodenständigen Fauna. Später trug die europäische Kolonisierung zur Verarmung von Flora und Fauna vormals unbesiedelter Inseln in allen Ozeanen bei, wie auf Madagaskar und Mauritius, auf den Galápagos-Inseln, auf den Juan-Fernández-Inseln sowie auf den meisten Inseln des Atlantik. Die bewohnten Inseln der tropischen bis gemäßigten Breiten sind heute überwiegend Kulturlandschaften, die durchaus auch von ästhetischem Reiz sein können, wie die kunstvollen Reisterrassen-Landschaften auf der Insel Bali, die Steinheckengärten auf den Aran-Inseln, die Macchie-Vegetation auf den Mittelmeerinseln oder die von Hortensien umsäumten Weideflächen auf den Azoren. Sofern es noch Reste der einstigen Primär-Ökosysteme mit ihrer einzigartigen Fauna und Flora auf den kultivierten Inseln gibt, sind sie heute meist

► 77
Massentourismus veränderte einige Inseln dramatisch, wie auf Oahu (Hawaii-Inseln)

Forstwirtschaft, die Anfälligkeit und Verarmung zu klein dimensionierter Schutzareale, die Abrasion an den Küsten nach der Zerstörung schützender Vegetation treten auf Inseln besonders deutlich in Erscheinung, doch die Prinzipien der meisten Ursache-Wirkungs-Komplexe gelten auch für Festlandökosysteme. Für manche kontinentale Region wie auch manche von tiefgreifenden Veränderungen bislang verschonte Insel bliebe noch Zeit, aus den Jahrtausende und Jahrhunderte alten Erfahrungen mit Insellandschaften zu lernen und nachhaltige Nutzungs- und Schutzkonzepte zu entwickeln. Ob die Gesellschaft diese Chance nutzt, ist eine andere Frage.

Bevölkerungswachstum und Migration

Die Bevölkerungsentwicklung auf Inseln wird zukünftig noch mehr als heute zwei gegensätzlichen Tendenzen unterliegen. Viele Inseln werden einen zunehmenden Bevölkerungsschwund erleben, weil junge Menschen auf das Festland abwandern – „Inselflucht" entsprechend der „Landflucht" auf dem Festland. Die Gründe liegen hauptsächlich im Wegfall traditioneller Erwerbsquellen, die heute kaum noch zur Ernährung einer Familie beitragen können, wie Landwirtschaft auf ertragsarmen Böden, wenig einträgliches Handwerk oder eine nicht mehr wettbewerbsfähige Küstenfischerei. Infrastruktur, Verkehrsanbindung, Arbeitsplatzsituation und Konsumbedingungen werden insbesondere von der jüngeren Generation vielfach als unzureichend empfunden. Auf den Inseln kühler und regenreicher Klimate ist Tourismus zudem nur begrenzt entwickelbar. Unter Abwanderung leiden in der europäischen Region viele schottische, irische und norwegische Inseln, zahlreiche Mittelmeerinseln, die Azoren, etliche kleine Inseln des schwedisch-finnischen Schärengürtels oder auch die einst wirtschaftlich bedeutsame schwedische Insel Gotland. Eine ambivalente Situation resultiert. Während Erholung suchende Festlandbewohner die Ruhe und Einsamkeit dünn besiedelter Inseln schätzen und deren Bevölkerung saisonal signifikant ansteigen lassen, streben Inselbewohner genau das Gegenteil an: mehr „Leben" auf dem Festland. Wirtschaftlich gut

▲ 78
Blick in eine ungewisse Zukunft: Kinder in einem Fischerdorf auf Madagaskar

situierte Nationen können am ehesten versuchen, dem Insel-Exodus entgegenzuwirken: durch Steuererleichterungen oder wirtschaftliche und infrastrukturelle Förderprogramme, durch subventionierte Industrieansiedlung, Tourismusentwicklung und eine verbesserte Verkehrsanbindung. In letztem Punkt ist Norwegen als Beispiel zu nennen, denn wohl kaum ein anderes Land der Erde investiert vergleichbar viel Geld in die Anbindung auch dünn besiedelter Inseln durch Brücken- und Tunnelbau. Der Verlust des ursprünglichen Inselcharakters durch solche Infrastrukturmaßnahmen wiederum wird vor allem von Außenstehenden als negativ empfunden.

Auch viele der kleinen Inseln des pazifischen Raumes werden zukünftig von Migration betroffen sein. Der wörtlich zu nehmende Untergang von Atollen im Zuge des Meeresspiegelanstiegs könnte noch in diesem Jahrhundert die Abwanderung ganzer Inselbevölkerungen erzwingen, in diesem Fall allerdings meist gegen den Willen der Menschen, weil die kulturelle Identität in dieser Region besonders stark mit den Heimatinseln verknüpft ist. Indes zwingen der Mangel an Arbeitsplätzen und Einkommensmöglichkeiten bei gleichzeitig hohen Bevölkerungsdichten auch heute schon viele Menschen pazifischer Inseln, den Lebensunterhalt in der Ferne zu suchen. Diese erzwungene moderne Mobilität schließt ungewollt an die Tradition der langsamen Migration an, die einst Grundlage für die Besiedlung der pazifischen Inselwelten war. Einige kleine Inselstaaten, wie die Cook-Inseln, Niue oder Tokelau, haben heute bereits mehr Angehörige außerhalb ihres Territoriums als Einwohner auf eigenem Boden. Die größte samoanische Bevölkerungsgruppe lebt nicht auf Samoa, sondern auf Neuseeland. In vielen kleinen pazifischen Inselstaaten machen die privaten Geldüberweisungen von den im Ausland arbeitenden Angehörigen inzwischen einen großen – von offiziellen Wirtschaftsstatistiken meist nicht erfassten – Teil des nationalen Einkommens aus. Neben den eben genannten Inseln gilt dies zum Beispiel für Samoa, Tonga, Fidschi und Tuvalu. In manchen Fällen findet eine massive Migration innerhalb von Inselstaaten in Richtung weniger urbanisierter Ballungszentren statt, wie zum Beispiel auf dem Atoll Majuro der Marshallinseln. Die sozialen und ökologischen Konflikte, die durch die weder an die Inselgröße noch an die Traditionen angepassten Konzentrationseffekte entstehen, sind erheblich.

Im Kontrast zum Abwanderungsgeschehen vor allem auf den kleinen Inseln der Erde wird künftig die Entwicklung der bevölkerungsreichen großen Inseln stehen. Auf den dicht besiedelten Inseln Japans, Indonesiens und der Philippinen beispielsweise werden die Bevölkerungszahlen steigen. Diese Inseln stehen vor besonderen Herausforderungen, wollen sie ihre wachsende Bevölkerungsdichte, Entstehung und Ausdehnung von Megastädten mit den Anforderungen der Ressourcenschonung in Einklang bringen. Falsche staatliche Lenkung kann erhebliche Schäden verursachen. Nach der Unabhängigkeit Indonesiens 1949 förderten die Regierungen Sukarno und Suharto die Umsiedlung von Einwohnern der extrem dicht besiedelten Insel Java auf die vergleichsweise dünn besiedelten Nachbarinseln Sumatra, Kalimantan (dem indonesischen Teil Borneos), Sulawesi (Celebes), Irian Jaya (dem westlichen Neuguinea) und die Molukken. Viele Millionen Menschen verließen Java, bewirkten ethnische Konflikte auf den Einwanderungsinseln und verursachten durch Waldrodungen mit nachfolgender landwirtschaftlicher Nutzung ganz erhebliche dauerhafte Umweltprobleme.

Kaum zu beantworten scheint heute die Frage, wie es wirtschaftlich schwach gestellten Inselnationen gelingen kann, die Situation eines massiven Bevölkerungswachstums zu meistern. Madagaskar sei als Beispiel genannt, wo heute schon fast die gesamte Waldbedeckung verschwunden ist, das Hochland nahezu vollständig vom Reis- und Maisanbau bestimmt wird und dennoch ein Großteil der erforderlichen Reismenge importiert werden muss, um die Ernährung der Bevölkerung sicherzustellen.

Konflikte zwischen dem Schutz von Kultur- und Naturgütern sowie wirtschaftlicher Entwicklung

Ob es gelingt, zukünftig einen großen Teil der besonderen kulturellen und natürlichen Schätze und Eigenarten auf Inseln zu bewahren, wird wesentlich davon abhängen, den Schutz von Kultur- und Naturgütern mit der wirtschaftlichen Entwicklung in Einklang zu bringen. Inseln wie Rapa Nui oder Bali zeigen, dass inseltypische Kulturgüter und Traditionen zu tragenden Säulen des Tourismus werden und dem Lebenserwerb großer Bevölkerungsteile dienen können. Auch traditionelles Handwerk, alte Gebräuche, regionale Produkte und inseltypische Architektur können als Markenzeichen entwickelt werden, mit denen sich Besucher anziehen lassen.

Noch manche Kulturschätze sind ungehoben, nicht nur unter archäologischem, sondern auch unter touristischem Blickwinkel: Exemplarisch seien die rätselhaften Terrassenlandschaften und Steinmonumente des mikronesischen Palau-Archipels genannt (Abb. 79). Doch der Grat zwischen Schutz und Vermarktung von Kultur- und Naturerbe ist schmal. Zahlreich sind die Beispiele für die Zerstörung traditioneller Kulturen durch touristische Kommerzialisierung, die heute auch die entlegensten Inselregionen der Erde erreicht, zum Beispiel die bislang nur wenig gestörten Regionen Papua-Neuguineas. Kritisch muss aus der Summe bisheriger Erfahrungen angemerkt werden, dass auch sanft hinzutretende wirtschaftliche Einflüsse auf Inseln einschließlich des Tourismus eher zur Zerstörung inseltypischer Kulturen führen als zu deren Bewahrung. Analoges gilt für die Naturgüter. Auf den Galápagos-Inseln, wo ein großer Teil der Bevölkerung von der Attraktivität der einzigartigen Tier- und Pflanzenwelt lebt, beginnt der Tourismus seine eigene Grundlage zu zerstören, weil die Zahl der Besucher zu hoch ist. Die Korallenriffe der pazifischen Inseln sind neben negativen Umwelteinflüssen unter anderem durch übermäßigen Tauchtourismus gefährdet. Polare Inseln wie Spitzbergen oder die antarktischen Inseln verkraften schon den heutigen geringen Hochpreistourismus kaum. Die kulturelle und ökologische Eigenart nicht weniger Inseln ist im 20. Jahrhundert der Tourismusentwicklung nahezu vollständig geopfert worden. Teile der Balearen, der Kanaren, viele karibische Inseln, die pazifischen Inseln Oahu (Hawaii), Tahiti und Guam oder die thailändischen Inseln Phuket und Samui seien genannt. Aus ökologischer Sicht ist die Konzentration des Massentourismus auf wenige Inseln eher zu begrüßen als eine breite Streuung der Erholungsuchenden auf zahlreiche Inseln. Doch bislang blieben vielerorts die resultierenden Probleme des insularen Massentourismus, wie Abwasser- und Abfallentsorgung oder Wasserknappheit, ungelöst.

▲ 79
Erosion von Kulturgut, bevor es umfassend dokumentiert wurde: eines der rätselhaften Steingesichter von Babeldaob (Palau, westliches Mikronesien)

Ein nachhaltiger Natur- und Kulturerlebnistourismus, der mehr auf Qualität als auf Quantität setzt, könnte im 21. Jahrhundert zum Leitbild der Tourismusentwicklung auf den weniger dicht besiedelten Inseln werden, die zumindest noch Teile ihrer einstigen natürlichen und kulturellen Vielfalt besitzen. Unter dem Aspekt des Naturschutzes hat letztlich auch die Abwanderung von Inselbewohnern eine positive Seite: ökologische Ruhe- und Regenerationsräume in einstmals besiedelten Inselregionen können entstehen. Durch Nutzungsaufgabe und Sukzession werden zwar auch Tier- und Pflanzenarten der Insel-Kulturlandschaften verschwinden, doch andere, selten gewordene Arten früherer Naturlandschaften werden wieder vermehrte Chancen der Entwicklung haben, sofern sie noch aus verbliebenen Populationen einwandern können.

▶ 80
Von der Brandung geschliffenes Sandstein-Geröll auf der Orkney-Insel Hoy (Schottland)

▶ 81
Inseln im Atlantischen Ozean und seinen Neben- und Randmeeren einschließlich des Nordpolarmeeres

Gelb markierte Inseln werden im Folgenden ausführlich beschrieben.

Westray Orkney-Inseln

Grönland

Flakstadøy Lofoten

Irland

El Hierro Kanarische Inseln

Sanna / Træna Norwegen

Unst Shetland-Inseln

Färöer-Inseln

Hoy Orkney-Inseln

Korsika

Saunders Island Falklandinseln

South Harris Äußere Hebriden

Maßstab am Äquator
0 1000 2000 3000 Kilometer

Victoria-Insel
Baffin-Insel
Grönland
Spitzbergen
Lofoten
Island
Nördlicher Polarkreis
Åland-Inseln
Shetland-Inseln
Färöer
Læsø
Gotland
Irland
Halligen
Aran-Inseln
Groß-
britannien
EUROPA
NORDAMERIKA
Anticosti
Neufundland
Prinz-Edward-Insel
Kap-Breton-Insel
Korsika
Sardinien
Balearen
Sizilien
Azoren
Bermuda
Madeira
Kanarische
Inseln
Kuba
Bahamas
Nördlicher Wendekreis
Hispaniola
Amerikanische JungfernInseln
AFRIKA
Puerto Rico
Kleine Antillen
Kapverdische
Inseln
Trinidad
ATLANTISCHER
Bioko
Sankt-Paul-Insel
São Tomé & Príncipe
Marajó
Annobón
Fernando de
Noronha
OZEAN
Ascension
SÜDAMERIKA
St. Helena
Martin Vas
Südlicher Wendekreis
Inseln im Río de la Plata
Tristan da Cunha
Gough-Insel
Falkland-Inseln
Südgeorgien
Bouvet-Insel
Südl. Sandwich-Inseln
Große
Feuerland-Insel
SÜDLICHER
OZEAN
Südlicher Polarkreis

Grönland – die größte Insel der Erde

Gebt mir Winter, gebt mir Hunde –
alles andere könnt ihr behalten.

(Knud Rasmussen, grönländischer Polarforscher)

Weiße Wüste und Klimaarchiv

Bei einem Flug über Grönland, auch „Kalaallit Nunaat" (das „Land der Menschen"), die größte Insel der Erde (vgl. Abb. 81), drängt sich zunächst das Bild einer unendlich erscheinenden Eisfläche auf, deren monotones Weiß am Horizont übergangslos mit der Blässe des Himmels verschmilzt. Vier Fünftel Grönlands, rund 1,7 Millionen km^2, sind von einer Eiskappe bedeckt, die bis zu 3500 Meter dick ist und 9 % des erdweiten Süßwasservorrates enthält. Jedoch war die Insel nicht immer vergletschert. Noch im Tertiär waren die Gebirge vollständig eisfrei und trugen eine subtropische Vegetation. Erst mit einer plattentektonischen Verdriftung Grönlands nach Norden und der Abkühlung im Pleistozän formten sich vor etwa zwei bis drei Millionen Jahren die ersten Gletscher auf den Höhenzü-

◄ 82
Von Gletschern geschaffenes Trogtal an der Südwestküste Grönlands

▲ 83
Wollgras vor Eisbergkulisse bei Rodebay, West-Grönland

gen der Küstengebirge. Mit fortschreitender Abkühlung vereisten auch die Gebirge im Inneren der Insel, während die Küstengletscher weiter wuchsen. Auf dem Höhepunkt der letzten Eiszeit war Grönland völlig eisbedeckt. Erst mit dem Ende der Kaltzeit ließ wärmeres Klima einen Teil des Eises abschmelzen und befreite einen schmalen Küstenstreifen von der weißen Last. Geschliffene Gebirgsformen, breite Trogtäler mit Moränen und vorgelagerten Sandern, Fjorde und Schäreninseln blieben als Zeugen der ehemaligen Eisbedeckung und Eisdynamik zurück.

Für die Paläo-Klimaforschung ist das Grönlandeis ein wertvolles Archiv. Eisbohrkerne aus den mächtigsten Stellen des Inlandeises spiegeln in einzelne Jahre aufgelöst die Klima- und Umweltgeschichte der letzten mehr als 250 000 Jahre wider. In den Schichten lassen sich mit Hilfe des im Eis gebundenen Sauerstoffisotops ^{18}O als Klimamarker nicht nur wärmere und kältere Phasen, sondern sogar die Sommer- und Winterschneefälle einzelner Jahre unterscheiden. Die chemische Analyse der im Eis konservierten Luftbläschen ermöglicht die zeitgenaue Rekonstruktion von atmosphärischen Veränderungen und Stoffeinträgen.

Eisberge vor grüner Küste

Nur im sommerlich eisfreien Küstenstreifen kann sich nennenswertes Leben entfalten. Hier, zu Füßen des Eisrandes, liegen alle menschlichen Siedlungen, sowohl die früheren als auch die heutigen. Nur hier treten die bis zu 3,8 Milliarden alten Granite und Gneise des grönländischen Gebirgsmassivs zu Tage, oft von Flechten aller

▲ 84 bis ▶ 86 Arktische Flora: Grönländischer Silberwurz (*Dryas integrifolia*) (oben), Arktischer Mohn (*Papaver radicatum*) (unten) und Thymian (*Thymus praecox*) (rechts)

Farbschattierungen überzogen. An den südlichen Küsten Grönlands mildert eine vielfältige Zwergbaum-, Strauch- und Krautvegetation die Kargheit der Landschaft (Abb. 84 bis 86). Doch auch in der sommerlichen Küstenlandschaft ist Eis allgegenwärtig, denn das Inlandeis entsendet zahlreiche Gletscher, die mit hoher Geschwindigkeit küstenwärts fließen und dort in Täler oder Fjorde hinein entwässern. Das Abbrechen (Kalben) von Eisbergen am Ende meerwasserunterspülter Gletscherzungen gehört zu den großen Naturschauspielen der Insel.

Zehntausende Eisberge in einer immensen Größen-, Formen- und Farbenvielfalt werden jedes Jahr von grönländischen Gletschern produziert, die zu den aktivsten der Erde zählen. Die blau-weiß schimmernden Eisberge, die zum Blau des arktischen Meeres, zu den wechselnden Lichtstimmungen des Himmels, zum Grau der Gesteine und zum Grün der küstennahen Vegetation kontrastieren, machen die grönländische Küstenlandschaft unverwechselbar. Auch akustisch wird das Eis zum Erlebnis, indem von den Eisbergen abbrechende Blöcke explosionsartige Donner erzeugen, die Tag und Nacht über den eisreichen Fjorden hallen. Prickelnd entweicht den Poren abschmelzender Eisstückchen die über Jahrhunderte und Jahrtausende eingeschlossene Luft. Der Sauerstoff reichert das Meerwasser an und setzt dort zusammen mit den von den Gletschern eingetragenen Mineralstoffen reiche Nahrungsketten in Gang, ohne die Menschen auf Grönland wohl niemals hätten Fuß fassen können.

Technik für die Arktis: Jäger- und Fängerkulturen der Inuit

Wohl etwa 2500 v. Chr. erreichten die ersten Menschen Grönland. Ihre Vorfahren waren jagende Nomaden, die aus Sibirien über die Behringstraße nach Nordamerika eingewandert waren und die arktischen Gebiete Kanadas bis zur Ellesmere-Insel durchquert hatten. Eine warme Klimaperiode ermöglichte es den Einwanderern, die schmalen Sunde zwischen Nordkanada und Nordgrönland zu überqueren und sich ausgerechnet im besonders kalten und unwirtlichen Norden Grönlands niederzulassen. Es begann eine wechselvolle Geschichte des Aufblühens und Verschwindens unterschiedlicher, ursprünglich aus Nordamerika eingewanderter Jäger- und Fängerkulturen, die man nach archäologischen Fundstätten benannte: Independence, Saqqaq, Dorset und Thule.

Besondere Erfindungsleistungen und die schrittweise Optimierung von Techniken zum Überleben in der Arktis ermöglichten die Existenz der Inuitvölker unter den extremen Umweltbedingungen Grönlands (*inuit* bedeutet „Menschen“ und ist, anders als die vielfach verwendete Bezeichnung „Eskimo“, heute bei den Arktisvölkern allgemein akzeptiert). Der Überlebenserfolg der Inuit beruhte auf drei Säulen: hohe Mobilität zu Land und zu Wasser, sparsamer und effizienter Einsatz von Material und Energie sowie vielseitige Jagd- und Fangtechniken unter Nutzung der Meeresressourcen. Leichtgewichtige Zelte aus Tierhäuten ermöglichten es den nomadischen Jägern und Fängern, an der Küste den Fischen und Robben, im Binnenland den Herden von Moschusochsen und Rentieren zu folgen. Im Winter genügten den Inuit einfache Hütten aus Steinen, Grassoden, Torf und Treibholz. Licht und Wärme wurden mit Brennstoffen aus Robbenfett und Waltran erzeugt. Die Inuit waren somit nicht auf die Verbrennung des seltenen Holzes angewiesen. Mehr und mehr verfeinerten sie ihre Techniken, die auf eine sichere und effiziente Nutzung der marinen Ressourcen gerichtet waren. Das an die individuelle Körperform angepasste Kajak (*qajaq*), eine Leichtkonstruktion aus Tierhaut, Treibholz und Knochen, diente bereits vor etwa 4000 Jahren den Saqqaq-Inuit bei der Robbenjagd auf dem offenen Meer. Die Thule-Siedler, Vorfahren der heutigen Inuit, perfektionierten die Harpunentechnik, optimierten das Kajak zu einem extrem schnellen und wendigen Was-

serfahrzeug und erfanden außerdem das *umiaq* (Abb. 87), ein großes und zugleich leichtes Transportboot aus Robbenhaut, welches bei Umzügen den Besitz einer ganzen Siedlung aufnehmen konnte und die Jagd auf große Wale ermöglichte. Mit der Entwicklung des Hundeschlittens (Abb. 89), bis heute ein wichtiger Bestandteil der grönländischen Kultur, steigerten die Thule-Inuit schließlich auch die Mobilität unter Schnee- und Eisbedingungen erheblich, ein unschätzbarer Vorteil bei der winterlichen Jagd und Fischerei.

Blüte und Niedergang der Wikingerkultur

985 n. Chr. gründeten isländische Wikinger unter der Führung Eriks des Roten zwei Siedlungen (Brattahlid und Vestribygd, vgl. Abb. 61) an der damals unbewohnten Südwestküste Grönlands. Weitere Isländer folgten dem Ruf des „Grünen Landes" und schon wenige Jahre später lebten in den beiden Siedlungen insgesamt 5000 Menschen auf etwa 280 Höfen. Die Rahmenbedingungen für die Etablierung einer bäuerlichen Viehwirtschaft erschienen hervorragend, nicht nur, weil zu dieser Zeit eine warme Klimaphase herrschte, sondern auch, weil Erik optimale Standorte ausgewählt hatte: vor kalten Meeresströmungen, See- und Gletscherwinden geschützte, fruchtbare Gebiete im Inneren langer Fjorde. Die dort an das Wasser grenzenden, flachen, sonnenexponierten Hänge trugen eine reiche Vegetation und erschienen somit ideal als Weide für Ziegen, Schafe und Rinder. Erfolgreich wurden Milcherzeugnisse, Wolle und Häute produziert. Der Fleischbedarf wurde zu großen Teilen durch die Jagd auf Rentiere und Robben gedeckt. Handelsschiffe aus Norwegen brachten regelmäßig hochwertige Bauhölzer, Eisen und Teer, darüber hinaus wertvolle Güter für den Bau zahlreicher Kirchen: Bronzeglocken, farbige Glasfenster, Holzvertäfelungen, wertvolle Stoffe und Gegenstände aus Edelmetallen. Bezahlt wurden diese Waren mit Walrosselfenbein, Eisbärfellen und Narwalzähnen, für deren Beschaffung Bootsmannschaften monatelang im hohen Norden Grönlands unterwegs waren. Der Handel mit Norwegen festigte die tradi-

▼ 87
Modell eines *umiaq*, eines früher meist von Frauen geruderten Transport-Bootes aus Grönland
Foto: Doris Kramer

▲ 88
Eisberge im Uummannaq-Fjord, Nordwest-Grönland

tionelle Bindung der grönländischen Normannen an die europäische Kultur. Bis hin zu den Details der Kleidungsmode blieb ihre Lebensweise vom europäischen Vorbild geprägt.

Infolge ungünstiger, kühler Witterung während der ersten Jahrzehnte des 14. Jahrhunderts verschwanden die grönländischen Normannen bis etwa 1450 n. Chr., das Leben in beiden Siedlungen erlosch. Vermutlich wirkten mehrere Faktoren beim Zusammenbruch der Gesellschaft zusammen. Verkürzte Vegetationszeiten infolge niedrigerer Temperaturen verschlechterten die Bedingungen für die Viehhaltung. Im Umfeld der Siedlungen hatten Rodung, Viehweide und Abbau von Grassoden für den Hausbau die Vegetation stark geschädigt. Bodenerosion ließ Weiden und Heuwiesen degradieren. Die Tierbestände mussten aus Futtermangel drastisch reduziert werden. Auch Holz war nach Jahrhunderten des Raubbaus knapp geworden und fehlte nun als Bau- und Brennmaterial. Eisen, Holz und andere wichtige Güter aus Europa blieben aus. Das dortige Wüten der Pest, die durch Eiswinter erschwerte Schifffahrt und eine sinkende Nachfrage nach Elfenbein führten dazu, dass kaum noch Schiffe nach Grönland kamen. Eine verstärkte Nutzung der marinen Ressourcen war den Normannen kaum möglich. Sie waren traditionell sesshafte Bauern und keine sehr mobilen Jäger und Fänger. Sie besaßen nicht die eleganten Kajaks und leichten Harpunen der Inuit. Ebenso wenig erschlossen sich ihnen die Jagdtechnik auf Wale oder der Eisfang von Ringelrobben und Fischen. Als im 14. Jahrhundert Thule-Leute die Wikingersiedlungen erreichten, waren sie den Normannen mit ihrer Jagd- und Lebensweise weit überlegen. Ob letztlich auch noch kriegerische Konflikte zwischen beiden Völkern zum Ende der Wikingersiedlungen beitrugen, ist nicht eindeutig überliefert. Möglicherweise genügte für ihren Untergang allein die mangelnde Anpassung an die arktische Umwelt, die sich für sie nach anfangs überdurchschnittlich günstigen Bedingungen im späteren Verlauf als lebensfeindlich erwies.

▼ 89
Modell eines grönländischen Hundeschlittens
Foto: Doris Kramer

Spitzbergen – gletscherbedeckte Inseln im Eismeer

Wenn Sie Glück haben und den Liefdefjord bei klarem Wetter sehen – den Anblick werden Sie Ihr Leben lang nicht vergessen.

(Tore Gjelsvik)

Entdeckung, Besiedlung und Ressourcennutzung

Spitzbergen, auch „Svalbard" („das Land der kalten Küsten") lässt niemanden kalt. Ein erster Kontakt mit dieser Inselgruppe etwa von der Größe Irlands ist schwer zu schildern. Nur 1300 Kilometer vom Nordpol entfernt (vgl. Abb. 81) erwartet man harsche, lebensfeindliche Bedingungen. Zumindest der sommerliche Aspekt und der kleinräumige Wechsel unterschiedlich strukturierter Lebensräume ergänzen dieses Bild um wesentliche Facetten. Entdeckt wurde Svalbard wohl eher zufällig um 1194 n. Chr. durch isländische Seefahrer; die Angaben der Chroniken hierzu sind nicht ganz eindeutig. Offensichtlich rasch wieder vergessen, erfolgte 1594 eine Wiederentdeckung durch den Holländer Willem Barents. Die Seeleute zollten dieser *zona frigida* zwar Bewunderung, hielten das Land indessen für unbesiedelbar. Erstmals verbrachten im Jahr 1630 einige Engländer hier den Polarwinter. In der Folgezeit setzte von Westeuropa, Norwegen und Russland aus eine rücksichtslose Jagd auf Wale, Walrosse und Robben ein. Ihre Bestände haben sich seither nicht wieder erholt.

Eine neue Epoche der arktischen Ressourcennutzung begann um 1900 nach ersten Kohlefunden mit der Anlage von Kohleminen. Kohleflöze aus dem Karbon wurden bei dem Ort Pyramiden bis zur Siedlungsaufgabe 1998 von den Russen abgebaut; solche aus dem Alttertiär bei Longyearbyen von den Norwegern und bei Barentsburg wiederum von den Russen. Inzwischen rentiert sich der Abbau auch dieser verbliebenen Lagerstätten kaum noch, seine Fortsetzung ist wohl hauptsächlich in geostrategischen Motiven zu suchen. Ein Stollensystem bei Longyearbyen ist inzwischen von der norwegischen Regierung mit erheblichem Kostenaufwand zum „Global Seed Vault" ausgebaut und 2008 eröffnet worden, einer „katastrophensicheren" Saatgutbank des Welttreuhandfonds für Kulturpflanzenvielfalt (GCDT) als Sicherungsreserve für existierende Saatgut-Genbanken.

Longyearbyen mit etwa 1900 Einwohnern ist das Zentrum der von Norwegen verwalteten Inseln mit dem Charme einer arktischen Hafen- und Industriesiedlung. Neben modernen Bauten in skandinavischem Stil finden sich unter anderem auch verrottende Lagerhallen, rostende Abfälle und Schienenstränge im Umfeld der Kohleabbaustätten sowie das in Europa einzige „eisbärensichere" Kindergarten-Freigelände.

Als weltweit nördlichste Siedlung mit imposanter Gletscherkulisse gilt das unter anderem von Kreuzfahrtschiffen angesteuerte Ny-Ålesund in West-Spitzbergen auf 78° 55' N. Etwa 200 Menschen leben hier, nutzen unter anderem das nördlichste Postamt der Erde sowie eine Reihe internationaler Polar- und Meeresforschungsstationen.

▼ 90
Ausdruck geostrategischer Interessen: Münzprägungen für die russische Minengesellschaft Arktikugol in Barentsburg aus dem Jahr 1993. Die kombinierte Aufprägung „Russische Föderation" und „Spitzbergen" führte zu norwegischen Protesten und zum Rückruf der Zahlungsmittel

Geologie und Klima

Die teilweise sehr fossilienreichen Ablagerungen verschiedener erdgeschichtlicher Epochen auf Spitzbergen reichen bis in das Präkambrium zurück und sind damit bis zu 4,6 Milliarden Jahre alt. Durch die Bewegung der Erdkruste driftete die Inselgruppe im Laufe der Erdgeschichte zunehmend nach Norden, wodurch sich ihr Klima verändert hat. Die Fossilienfunde belegen ein tropisches Klima auf Svalbard vor 350 Millionen Jahren, vor 130 Millionen Jahren dagegen nur mehr ein gemäßigtes Klima. In weiteren 50 Millionen Jahren dürfte der Archipel unter Fortsetzung der aktuellen Plattenbewegungen etwa die Position des heutigen Nordpols erreichen und damit ein ausschließlich hocharktisches Klima aufweisen.

Die Wirkung des Golfstroms und häufige Tiefdrucklagen führen derzeit im weltweiten Vergleich zu anderen Orten gleicher geographischer Breite auf Spitzbergen zu recht milden Temperaturen. Der Kälterekord am Flughafen von Longyearbyen aus dem Jahr 1986 liegt bei –46,3° C, die gemessene Höchsttemperatur am gleichen Ort (1979) bei 21,3° C. Die jährlichen Niederschläge sind in Longyearbyen mit weniger als 200 Millimeter niedrig.

Zwei Drittel der Inselfläche zwischen 74° und 81° nördlicher Breite sind von Gletschern bedeckt (Abb. 91 und 92). Der Boden bleibt in der Tiefe dauerhaft gefroren und taute bis in jüngste Zeit während der Vegetationsperiode selten bis zu maximal einem Meter tief auf. Seit einigen Jahren vergrößert sich die sommerliche Auftautiefe in den Permafrostgebieten auch in der Hocharktis Nordwestspitzbergens merklich. Eine solche Permafrostdegradation hat Folgen: Bei den derzeit geringen Niederschlägen trocknen die Porensysteme der oberen Bodenschichten aus, die Wasserversorgung der Vegetationsdecke aus dem auftauenden Boden wird teilweise unterbrochen und die Vegetation, früher lokal aus niedrigen Zwergstrauchheiden aufgebaut, wird zunehmend schütterer (Eberle & Thannheiser 1995).

Vegetation und Fauna

Das Pflanzen- und Tierleben Spitzbergens ist für die hohe geographische Breite noch überraschend artenreich: 173 verschiedene Blütenpflanzen sind aus der Region bekannt (gegenüber 497 auf der 36-mal größeren Insel Grönland), 373 Moosarten, 175 höhere sowie 389 niedere Pilze, 597 Flechten sowie 766 terrestrische und limnische (im Süßwasser vorkommende) Algen und Cyanobakterien (Elvebakk & Prestrud 1996).

Die Beschäftigung mit arktischen Lebensräumen ist „Kleinkunst" unter Zuhilfenahme von Lupen und Mikroskopen. Nicht Konkurrenzkraft unter den Arten ist gefragt, sondern ihre Widerstandsfähigkeit gegenüber widrigen Standortverhältnissen. Die kurze Vegetationsperiode zwingt die Pflanzen dazu, ihre gespeicherten Kohlenstoffreserven sparsam einzusetzen, zumal auch jährliche Schwankungen im Witterungsverlauf beträchtliche Unterschiede der Stoffwechselprozesse auslösen. Eine effektive Speicherung der organischen Substanz in unterirdischen Organen wird zur Überlebensversicherung. Die meisten Pflanzenarten sind klein und benötigen eine lange Entwicklung vom Samen oder Keimling zur reproduktionsfähigen Pflanze. Vegetative Vermehrung völlig ohne oder mit sporadischer Anlage von Blüten ist weit verbreitet (Dierßen 1996). Zwergwüchsige Moose und vor allem Flechten sind an vielen Mikrostandorten den Gefäßpflanzen überlegen. Die Artendichte der Pflanzen kann in der Arktis kleinräumig erheblich größer sein als in temperaten und tropischen Zonen: Über 60 Arten je Quadratmeter sind keine Ausnahme.

Kleinräumige Unterschiede in den physikalischen und chemischen Bodeneigenschaften, die unterschiedliche Länge der Schneebedeckung und damit der Vegetations-

▲ 91
Liefdefjord, Nordwest-Spitzbergen
Foto: Klaus Dierßen

periode und die unterschiedlich verfügbaren Wasservorräte bestimmen das Vegetationsmosaik: Schneeboden-Vegetation mit sehr kurzen schneefreien Perioden wird an Standorten moderat langer Schneebedeckung von Zwergstrauchheiden abgelöst. Diese wiederum werden an exponierten Stellen, an denen selbst im arktischen Winter der Schnee ausgeblasen werden kann, von „Windheiden" ersetzt. Ein spezifischer Lebensraum mit teilweise üppiger Vegetation sind die Blockfelder unter Vogelfelsen. Die Düngewirkung der Vogelkolonien macht hier ein besonders üppiges Wachstum weniger, angepasster, hohe Nährstoffgehalte anzeigende Arten unter den Moosen und Blütenpflanzen möglich.

Die terrestrische Fauna erfährt in Spitzbergen gegenüber südlicheren Zonen eine merkliche Verarmung, indem Schnecken, Asseln, Regenwürmer, Zweiflügler, Ameisen und Kleinsäuger nordwärts sukzessive ausfallen. Saisonal treten etwa 100 Vogelarten auf, darunter 30 als Brutvögel. Mit hohen Individuendichten sind Seevögel, wie die kleinen Alken-Arten Krabbentaucher und Gryllteiste, vertreten, aber auch andere Seevögel wie Eis-, Dreizehen- und Elfenbein-Möwen, Küsten-Seeschwalben und Dickschnabellummen. Eisbären, Walrosse und andere arktische Robbenarten sowie Polarfüchse und die vergleichsweise kleinen Spitzbergen-Rentiere sind die bemerkenswertesten Säugetiere der Region.

Phänomene wie biologische Anpassungen an das arktische Klima lassen sich auf Spitzbergen besonders gut beobachten. Polsterbildende Blütenpflanzen wie das Stengellose Leinkraut (*Silene acaulis*, Abb. 93) entwickeln im polaren Frühsommer ihre Blüten zuerst an den wärmsten, südexponierten Seiten ihrer kleinen Polster. Einem Parabolspiegel vergleichbar drehen sich dagegen die Blüten des Svalbardmohns (*Papaver dahlianum*), dem Gang des

▲ 92
Gletscherlandschaft am Monacobreen, Nordwest-Spitzbergen
Foto: Klaus Dierßen

▶ 93
Silbergras-Fluren mit Polstern des Stengellosen Leimkrautes (*Silene acaulis*) in Nordwest-Spitzbergen
Foto: Klaus Dierßen

Sonnenstandes in den vier Monaten der Mitternachtssonne vom 19. April bis zum 23. August folgend, einmal in den 24 Stunden des arktischen Langtages um die eigene Achse.

Natur- und Landschaftsschutz

Die Ökosysteme Spitzbergens sind gleichermaßen extrem wie empfindlich. Die Jahrhunderte des Wal- und Robbenfanges haben den marinen Lebensraum irreparabel verändert. Abgeschwächt gilt dies auch für die Landökosysteme. Gerade unter den extremen Bedingungen der Arktis können bereits geringe Veränderungen beträchtliche Störungen auslösen. Die Spuren mechanischer Eingriffe, wie zum Beispiel Kufenabdrücke der Schneemobile, bei dünner Schneedecke im Spätwinter eingesetzt, bleiben über Jahrzehnte, wenn nicht Jahrhunderte sichtbar. Insofern gilt für die „unberührte" Arktis insgesamt, dass auch der Tourist diese Landschaft bereits stört und ihre Schönheit beeinträchtigt, indem er sie betritt, eben weil das Regenerationspotenzial so gering ist.

Die Naturlandschaften Spitzbergens haben selbst ohne spektakuläre Organismen ihren spezifischen Reiz. Der Schriftsteller Alfred Andersch und seine Frau ergänzten als aufmerksame Reisende auf Spitzbergen mit ihrer Schilderung über „Hohe Breitengrade" die nur scheinbar profanen oder nüchternen Äußerungen des Paläontologen oder Ozeanographen. Angesichts der „Schönheit" der Arktis und ihrer Objekte verfasste Andersch eine „ästhetische Flaschenpost" über die Schönheit der Natur allgemein. Auch der Naturwissenschaftler vermag sich freilich beim Blick von den Hochlagen der Germaniahalvøya der „gotischen Atmosphäre des Liefdefjordes" nicht zu entziehen, selbst wenn oder vielleicht gerade weil es ihm die Sprache verschlägt.

Lofoten – Archipel im Reich des Kabeljau

Würde der Stockfisch uns fehlen, was hätten wir dann?
Was könnten nach Bergen wir bringen von hier? Da führen die Schiffe gar leer.
Was besitzen wir anderes, die wir hier wohnen, als die Nahrung, die wir mit Angeln nur holen, und das Fische spendende Meer?

(aus dem Gedicht „Nordlandtrompet" von Petter Daß, 17. Jahrhundert; zitiert in: C. Schøyen, Der Lofot [1924])

Ein Gebirge im Nordmeer

„Auf den Lofoten stehen die Berge bis zum Knie im Meer. Es ist, als würde man durch Jotunheimen segeln", schrieb der norwegische Schriftsteller Pål Espolin Johnson über den Archipel. Tatsächlich kann kaum ein anderes Inselreich der Erde so dramatische Gebirgslandschaften auf kleinem Raum vorweisen wie die Lofoten, die 100 bis 200 Kilometer nördlich des Polarkreises vor der norwegischen Küste liegen (vgl. Abb. 81). Die Lofoten gehören zu den ältesten Inseln der Erde, deren bis zu 3,5 Milliarden Jahre alte Granite und Gneise nebst jüngeren Sediment- und Metamorphgesteinen die dynamische Inselgenese widerspiegeln. Die von Dichtern und Malern vielfach gepriesene Landschaft der Lofoten ist vor allem der eiszeitlichen Formung zu verdanken, die tiefe Trogtäler und Fjorde, schnee- und wassergefüllte Kare (kesselförmige Vertiefungen) hinterließ. Kein Reisender bleibt unbeeindruckt von der Lofotwand, die steil und trutzig bis zu 1000 Meter aus dem Nordmeer aufragt, dramatisch gesteigert von zwischen den Berggipfeln hängenden Nebelbänken, den wechselnden Farbspielen des nordischen Himmels und Sonnenstrahlen, die auch aus dunkler Wolkendecke Meeresarme in Gold und Silber tauchen. Vor allem die vielerorts nicht vom Gletschereis geschliffenen Bergformen, schroffe Felspyramiden, spitze Berggipfel und scharfgratige Steinzinnen machen das Lofotgebirge unverwechselbar (Abb. 94). Das Massiv gliedert sich, einen leichten Bogen formend, in sechs größere und zahlreiche kleine Inseln von insgesamt etwa 1200 km² Fläche. Im Nordosten setzt sich das Gebirge als Archipel der Vesterålen fort. Im festlandfernen Südwesten der Inselkette liegt verstreut um die Insel Røstlandet ein Kleinarchipel aus steilen Vogelfelsen und Hunderten flacher Schären. Zwischen die Lofotgruppe und das norwegische Festland schiebt sich keilförmig der Vestfjord, ein Meeresgebiet, dessen besondere hydrographische Eigenschaften den Lofoten eine weit zurückreichende Kulturgeschichte, der norwegischen Stadt Bergen ihre Blüte und Lübecker Kaufleuten Wohlstand bescherten.

Die Fischerbauern – von der Steinzeit zur Neuzeit

Neben dem Fischreichtum der Lofotgewässer ermöglichten zwei weitere natürliche Faktoren eine frühe Kulturnahme dieser arktischen Inseln: Zum einen das besonders milde Winterklima, das die Lofoten dem warmen Golfstrom verdanken. So ist die mittlere Januartemperatur auf den Lofoten bis zu 24 Grad höher als in anderen

▶ 94
Der Vestfjord und die Ostseite der Lofotwand

kontinental-arktischen Regionen gleicher Breite. Zum anderen besitzen die Lofoten fruchtbare Böden, vor allem auf den schmalen Küstenplattformen (Strandflate), die als sedimentbedeckte Akkumulationssockel einst unter dem Meeresspiegel lagen und nach dem Abschmelzen der eiszeitlichen Gletscherlast über das Meeresniveau gehoben wurden. Archäologische Funde belegen, dass schon vor mindestens 5500 Jahren hier Menschen nicht nur von Fischerei und Jagd, sondern auch von Viehhaltung leben konnten.

Am ältesten bekannten Steinzeitwohnplatz der Lofoten, einer Halbhöhle auf der Insel Flakstadøy, fand man neben Fisch- und Wildresten die Knochen von Kühen, Schafen und Ziegen. Pollenanalysen zeigen, dass Weidetiere bereits vor 3000 Jahren die damals vorhandenen Birkenwälder deutlich auflichteten. Auch Funde aus späterer Zeit belegen, dass die Produktionskraft der Inseln genügte, um zwar kleine, jedoch dauerhafte und zudem einflussreiche Bevölkerungszentren auf der Basis von Fischerei, Jagd, Viehzucht, extensivem Ackerbau und weitreichendem Seehandel zu unterhalten. So fand man bei Borg auf der Insel Vestvågøy Reste des größten bekannten Langhauses der skandinavischen Wikinger nebst Relikten von französischem Glas, englischer Keramik und goldenem Schmuck. Besonders überraschend für die Archäologen war, dass die aus dem 9. Jahrhundert stammende Hausanlage schon seit der Völkerwanderungszeit, also 400 Jahre vor den Wikingern, als Wohnsitz genutzt und im Laufe der Zeit wiederholt umgebaut und vergrößert worden war. Eine Rekonstruktion des zuletzt 83 Meter langen Hauses, heute wieder eingerichtet mit Wohn- und Gebrauchsgegenständen der damaligen Zeit, veranschaulicht Besuchern das Leben der einstigen Wikingerfürsten und ihrer Gefolgschaft. In der Wohnstube des Hauses wird die hoch stehende Webkunst der Wikinger gezeigt, die auf einer erfolgreichen Schafzucht beruhte und ohne die wiederum die weitreichenden Seereisen der nordischen Wikingerfürsten nicht denkbar gewesen wären; denn auch die Segel ihrer Langschiffe waren aus Wolle gewebt. Wenige hundert Jahre nach den Wikingern entwickelte sich die Fischerei für eine sehr lange Zeit zur dominierenden Ressourcennutzung. Doch bis weit in das 20. Jahrhundert hinein konnte die Erwerbsfischerei den Lebensunterhalt nur in der Kombination mit Landwirtschaft sichern. So besaßen die meisten Fischerfamilien wenigstens ein paar Schafe und eine Kuh, deren Haltung auch ohne eigenen Grundbesitz möglich war. Gras und Heu wurden von den schwer zugänglichen Wiesenflecken an den Steilhängen des Lofotgebirges gewonnen. Im Winter ergänzten Algen, getrocknetes Birkenlaub und organische Abfälle das Futter. Die kleinen Scheunen und Ställe der Fischerbauernhöfe prägen immer noch das Bild vieler Siedlungen, obgleich dieser Kombinationserwerb heute kaum noch von Bedeutung ist. Der Umbau zur Dienstleistungs- und Industriegesellschaft hat auch vor den Lofoten nicht Halt gemacht.

Die tausendjährige Herrschaft des Kabeljaus

Auf einer einzigen wildlebenden Tierart beruht die Inselkultur der Lofoten seit etwa 1000 Jahren: dem Kabeljau (*Gadus morhua*). Jeden Winter wandern riesige Schwärme der arkto-norwegischen Kabeljaupopulation

▲ 95
Das Lofotmassiv im Licht der Mitternachtssonne

von der Barentssee in die Lofotgewässer, um dort zu laichen. Im Vestfjord, wo sich kalte Süßwassereinträge aus den norwegischen Gebirgen mit dem warmen Wasser des Golfstroms vermischen, herrschen optimale Temperatur-, Salinitäts- und Nährstoffverhältnisse für die Entwicklung der Eier und Larven des Kabeljaus. In den Wintermonaten von Januar bis April sind Millionen der laichreifen Fische vor den Lofoten zu Gast, ein immenser Reichtum, der früher nicht nur von den Inselbewohnern abgeschöpft wurde. Auch zehntausende Menschen aus anderen nördlichen Regionen zog es in der dunklen und stürmischen Winterzeit zum Kabeljaufang auf die Lofoten. Eng zusammengepfercht wohnten die Saisonfischer in kleinen, auf die Felsen oder in das Wasser gestellten Pfahlhütten (Abb. 96). König Øystein hatte solche *rorbuer* („Wohnstätten für Ruderer") bereits zu Beginn des 12. Jahrhunderts erbauen lassen, um Gastfischer auf den Lofoten beherbergen zu können. Wer heute als Tourist in den traditionell rot angemalten, inzwischen komfortabel eingerichteten Hütten wohnt, kann die einstige Kälte und Feuchte, die atmosphärische Mischung aus Fisch, Schweiß, Qualm und nasser Wolle nur schwer nachempfinden. Die Gefahren des winterlichen Vestfjords und das Bangen um die Ankunft des Kabeljaus machten die Fischer zu einer Gemeinschaft auf Zeit. Aber es wurde auch erbittert gestritten, über den Zugang zu den Fanggebieten und vor allem über die aufkommende Konkurrenz neuer Fangtechniken. Die Rekordfänge des 19. Jahrhunderts, mehr als 100 000 Tonnen Kabeljau in manchem Winter, wurden noch mit den traditionellen Nordlandbooten, offenen Ruderbooten, eingeholt. Nach der Motorisierung der Boote im frühen 20. Jahrhundert schienen neue Fangrekorde möglich. Doch seit mehr als fünf Jahrzehnten zeigt sich: Die Überfischung des arktischen Kabeljaus, vor allem in der Barentssee, hat zu einem nachhaltigen Rückgang der Erträge geführt und viele Lofotfischer ihre Existenz gekostet.

◄ 96
Traditionelle Fischerhütten, die sogenannten *„rorbuer"*, umrahmen den Hafen des Fischerdorfes Nusfjord auf der Insel Flakstadøy, Lofoten

Stockfisch – ein globales Handelsgut

Wenig wert wären die großen Kabeljaufänge vor allem in früherer Zeit ohne die Konservierungsmethode des Lufttrocknens gewesen. Bis heute hängen auf den Lofoten die ausgenommenen und geköpften Fische nach dem Winterfang für einige Monate im Seewind, dicht an dicht aufgereiht auf Holzgerüsten, die jeden Quadratmeter der flacheren Küstenfelsen bedecken (Abb. 97). Das besondere Frühjahrsklima der Inseln, frostarm und doch nicht zu warm, nicht zu trocken und nicht zu feucht, beständig windig bei salzhaltiger und keimarmer Luft, lässt aus dem fettreichen Kabeljau den in seiner Qualität einzigartigen Stockfisch entstehen. Die komplizierte Gütesortierung in heute mehr als 20 Qualitätsklassen geht auf die lange Tradition des Stockfischhandels zurück.

Bereits im 12. Jahrhundert war Bergen zur Drehscheibe des Stockfischhandels und damit zur reichen Stadt geworden. Zunächst brachten norwegische Kaufleute den Stockfisch vom Nordland nach Süden. Doch ab dem 14. Jahrhundert regierte die Hanse den Stockfischhandel kraft ihrer für Norwegen wichtigen Getreidelieferungen. Die deutschen Kaufleute gründeten in Bergen 1360 das Hansekontor Bryggen und beherrschten 200 Jahre lang den norwegischen Export, der damals zu 80 % auf Stockfisch basierte. Da die Händler ihre Aktivitäten nicht weiter nach Norden ausdehnen durften, brachten die Lofotfischer nun selbst den Trockenfisch nach Bergen. Die Fischer waren durch persönliche Verträge an einzelne Hansekaufleute gebunden, die ihnen zwar Kredite für Schiffe und Ausrüstung gewährten, aber eigenmächtig sowohl die Ankaufspreise für den Fisch als auch die Verkaufspreise für das lebensnotwendige Getreide bestimmten. Vor allem Lübecker Bergenfahrer bedienten den Stockfischmarkt in Mittel- und Südeuropa und kamen dabei zu Wohlstand. Als im 17. Jahrhundert die Macht der Hanse zu schwinden begann, geriet der Stockfischhandel nach und nach in die Hand von Großgrundbesitzern auf den Lofoten, denen bis zum Anfang des 20. Jahrhunderts ganze Dörfer gehörten. Die Fischer wurden durch Mietzahlungen für Ausrüstung, Hütten und Trockengestelle nun zu Schuldnern der *nessekonger* (Landzungenkönige). Erst neue Gesetze nach 1936 beseitigten diese Abhängigkeiten. In etwa 30 Länder erdweit wird der berühmte Stockfisch heute exportiert. Dass Italien zum Hauptabnehmer des getrockneten Kabeljaus wurde, verdanken die Lofoter vielleicht dem venezianischen Kaufmann Pietro Querini, der 1432 als Schiffbrüchiger nach wochenlanger Irrfahrt auf einer Schäreninsel bei Røst strandete und von den Einheimischen gesund gepflegt wurde. Er schrieb nicht nur einen eindrucksvollen Bericht über die Lofoten, sondern von Røst mitgebrachte Stockfische sollen den Papst derart verzückt haben, dass der Trockenfisch vor allem im Süden Europas eine steile Karriere als delikate und lange haltbare Fastenspeise machte.

▼ 97
Auf Trockengestellen wandelt sich frischer Kabeljau zu Stockfisch

Orkney- und Shetland-Inseln – Kultur- und Naturschätze im Nordatlantik

Einen Fremden, der an deine Tür klopft, weise niemals ab –
es könnte ein Engel sein.

(Ein schottischer Fährmann, der einer Reisenden im Winter heißen Tee anbot – unvergessen und sinngemäß übersetzt von Edith Reck-Mieth)

Stelenkreise, Steinzeithäuser und Brochs: Belege einer langen Siedlungsgeschichte

Selbst vielen Schottland-Reisenden sind sie unbekannt: die Orkney- und Shetland-Inseln, die bis zu 200 Kilometer nordöstlich der schottischen Küste liegen (vgl. Abb. 81). Die Archipele mit ihrer Landfläche von etwa 1000 km^2 (Orkney) bzw. 1500 km^2 (Shetland) sind dünn besiedelt und liegen abseits der Touristenströme, nicht zuletzt wegen negativer Vorurteile zur feucht-kalten Witterung. In der Tat lösen die Inseln häufig ein, was ihre exponierte Lage im nördlichen Atlantik verspricht, zum Beispiel dann, wenn Sturmfronten mit schweren Regenwolken über sie hinwegfegen oder wenn sich ausgerechnet bei windarmen Hochdruckwetterlagen ein undurchsichtiger Nebelschleier über die Inseln legt. Doch so schlecht wie ihr Ruf sind die klimatischen Bedingungen nicht. Über das eher flache Relief der Orkney-Inseln ziehen Regenfronten schnell hinweg und hinterlassen in den trockeneren Regionen gerade 800 Millimeter Niederschlag pro Jahr, selbst auf den nördlicheren und stärker reliefierten Shetlandinseln regnet es „nur" 1200 bis 1500 Millimeter im Jahr, etwa so viel wie auf den Luv-Seiten deutscher Mittelgebirge. Ausläufer des Golfstromes umspülen die Inseln, sorgen für ein mildes Winterklima und bewirken zudem eine hohe biotische Produktivität der Küstengewässer. Ausgefranste Küstenlinien mit zahlreichen Halbinseln umschließen geschützte Buchten und Fjorde. Alles in allem keine schlechten Voraussetzungen für das Siedeln von Menschen, die bereits vor etwa 6000 Jahren hierherkamen und bis heute blieben.

Dem Besucher offerieren sich die Inseln als prähistorische Erlebnislandschaft. Denn wie an kaum einem anderen Ort Nordwesteuropas blieb hier ein weitgehend vollständiges Archiv der langen Kulturgeschichte erhalten, weil Stein das wichtigste Baumaterial war, weil Menschen viele Bauwerke nicht zerstörten, sondern pflegten, allenfalls umbauten und lange Zeiten nutzten, aber auch, weil Dünensande und Torfschichten wertvolle Kulturzeugnisse über Jahrtausende schützend einhüllten. Die mit Steinmöbeln ausgestatteten neolithischen Wohnhäuser von Skara Brae (Orkney, Abb. 98) sind so alt wie die ägyptischen Pyramiden und wirken so unversehrt, als seien sie gerade erst verlassen worden. Fast 5000 Jahre alt sind auch die geheimnisvollen Stelenkreise, deren bis zu 4,5 Meter hohe Monolithen vermutlich für rituelle und astronomische Zwecke aufgestellt wurden (Abb. 99).

Tausende von prähistorischen Gräbern sind auf den Inseln zu entdecken. Ein tiefer Eindruck bleibt zurück, wenn man in die dunklen, gebeinhaltigen Steinkammern des neolithischen Hügelgrabes „Tomb of the Eagles" auf der Orkney-Insel South Ronaldsey vordringt – technisch unterstützt durch einen primitiven Rollschlitten, auf dem man bäuchlings liegend den niedrigen und engen Zugang passiert. Ohne Verwendung von Mörtel haben entlang der Küsten unbekannte Erbauer aus Steinen aufgeschichtete Wohn- und Wehrtürme, die sogenannten Brochs, errichtet. Auf der Shetland-Insel Mousa hat einer der etwa 2000 Jahre alten Türme nahezu unzerstört überdauert und darf von schwindelfreien Besuchern bestiegen werden. Ein weiterer berühmter Höhepunkt der shetländischen Archäologie ist der Jarlshof-Komplex im Süden der Hauptinsel Mainland. Auf sanftem grünem Küstenland liegen dicht an dicht Hausreste aller Kulturepochen, von der Bronzezeit bis in das späte Mittelalter, ein dreidimensionales Geschichtsbuch 3500-jähriger Siedlungsgeschichte.

◀ 98
Blick in eine neolithische Wohnung: Skara Brae auf Mainland, Orkney-Inseln (Weltkulturerbe)

Moore, Weiden, Strände und Kliffs: Vielseitige Landschafts- und Küstenformen

Das Massiv der Orkney-Inseln ist hauptsächlich aus devonischem *Old Red Sandstone* aufgebaut, einem geschichteten Sandstein, der vor allem an den eindrucksvollen Kliffküsten der westlichen Inselseiten zu Tage tritt (Abb. 100). Die Gletscher der letzten Eiszeit schliffen den größten Teil der Sandsteinoberflächen, hinterließen ein vorwiegend sanft gewelltes Insel-Relief mit flachen wassergefüllten Senken, schufen Fjorde und einige Gletschertäler. Äcker und Rinderweiden geben den Orkney-Inseln ein geradezu liebliches Gepräge. Ganz anders hingegen die Landschaft der Shetlands: „The Old Rock" nennen die Shetländer ihre Inseln, auf denen vorwiegend sehr alte Gesteine wie Granite, kristalline Schiefer und Gneise anstehen, der Landschaft ein raues Antlitz verleihen und an die Kargheit des nordischen Fjells erinnern. Das kühl-humide Klima sorgte im Holozän für die Entstehung ausgedehnter Moore und zahlreicher kleiner Seen. Die unfruchtbaren, mit Sauergräsern und Heide bewachsenen Torfböden sind nicht ackerbaulich nutzbar, doch dient der Torfstich bis heute der Gewinnung von Brennstoff. Neben den berühmten Shetlandponys und wenigen Rindern sind einige hunderttausend Schafe das vorherrschende Weidevieh.

Spektakulär sind die Steilküsten beider Inselgruppen (vgl. Abb. 100). Die Prozesse der Abrasion schufen entlang der bis zu 350 Meter hohen Kliffs eine so große Formenvielfalt, dass sich dafür ein eigenes Glossar schreiben ließe. *Gloups*, *Caves*, *Geos*, *Stacks*, *Arches* und *Stumps* sind die heimischen Bezeichnungen für lochartige Einstürze, Aushöhlungen, Felsspalten, Felsbögen oder aus dem Kliff herauspräparierte Felsnadeln. Ein Teil des abgetragenen und zerriebenen Materials formt zusammen mit gleichfalls zerriebenem Muschelkalk die Ausgleichsküsten, deren sanft geschwungene Buchten, Sand- und Geröll-Strände (*Sands*, *Shingles*), Strandseen (*Oyces*), Fjorde (*Voes*) und Nehrungen (*Ayres* und *Tombolos*) zu den Felsenkliffs kontrastieren und an sonnigen Tagen zusammen mit der blauen Farbe des Meeres nahezu karibisch anmutende Landschaftseindrücke erzeugen.

▶ 99
Der Steinkreis „Ring of Brodgar" auf Mainland, Orkney-Inseln (Weltkulturerbe)

Die Tier- und Pflanzenwelt

Beide Inselgruppen sind relativ artenarm. Die letzte Eisbedeckung ließ die meisten Pflanzen- und Tierarten aussterben und die isolierte Lage der Inseln erschwerte die (Wieder-)Einwanderung von Organismen des europäischen Kontinentes. Viele der höheren Pflanzen sind subarktischen oder arktisch-alpinen Ursprungs, darunter

▼ 100
Old Red Sandstone an der Westküste der Orkney-Insel Hoy

einige Endemiten wie das Shetland-Hornkraut (*Cerastrium nigrescens*). Heimische Säugetiere sind vor allem durch Hasen, Kaninchen und kleine Nager vertreten, darunter einige endemische Unterarten wie die Orkney-Feldmaus. Große Bestände bilden zwei Robbenarten: der Gemeine Seehund (*Phoca vitulina*) und die Kegelrobbe (*Halichoerus grypus*). Beide lassen sich an einigen Stränden aus nächster Nähe beobachten.

Die Inseln sind wichtige Trittsteine für den Vogelzug aus und zu den arktischen Brutgebieten. Saisonal explodieren daher die Zahlen rastender und überwinternder Gänse, Enten, Schwäne, Limikolen und Singvögel. Der Fischreichtum der angrenzenden Gewässer ernährt einige der größten Meeresvogelpopulationen des Nordatlantiks. In den Kliffs der Steilküsten brüten Hunderttausende von Basstölpeln, Lummen, Alken, Papageitauchern, Eissturmvögeln und Möwen (Abb. 101 und 102). Vor allem auf einigen Inseln des Shetland-Archipels, zum Beispiel auf Noss und auf der weit nach Süden abgelegenen Fair Isle, lassen sich atemberaubende Küstenwanderungen mit Ausblicken auf die Vogelkolonien unternehmen. Doch der scheinbar unerschöpfliche Vogelreichtum ist auch hier gefährdet: durch Überfischung des Meeres und durch den kontinuierlichen, schleichenden Schadstoffeintrag der nicht weit entfernten nordatlantischen Erdölförderung.

▼ 101
Der Vogelfelsen Noup of Noss auf der Isle of Noss im Südosten des Shetland-Archipels

Wechselvolle Geschichte mit skandinavischen Einflüssen

Die Inseln unterstehen heute der britischen Krone und gehören zu Schottland, blicken aber auf eine lange skandinavische Tradition zurück, an die heute noch etliche Ortsnamen und Elemente des Inseldialekts erinnern. Wikingerfürsten norwegischer Abstammung herrschten ab dem späten 8. Jahrhundert über die Inseln. Nach dem Ende ihrer Herrschaft im 13. Jahrhundert standen die Archipele unter dänisch-norwegischer Regierung, bis der dänische König sie 1468/69 als Mitgift seiner Tochter an die schottische Krone verpfändete, allerdings mit vertraglich festgelegtem, zeitlich nicht limitiertem Auslöserecht.

▲ 102
Tordalken
(*Alca torda*)

Es gibt durchaus die Interpretation, dass der norwegische Rückholanspruch formal bis heute gilt, da die Souveränitätsfrage seitdem nie eindeutig geklärt wurde.

Der Fischreichtum der Gewässer zog ab dem 14./15. Jahrhundert hanseatische Kaufleute und holländische Fischer an. Bis in das 19. Jahrhundert hinein lockten die shetländischen Silberminen, wie die Heringsgründe genannt wurden, Tausende von Fischerbooten und Saisonarbeitern auf die Inseln. Die Bevölkerungszahl der Shetlands und Orkneys war um 1850, bevor der Heringsboom zusammenbrach, mit mehr als 75 000 Einwohnern etwa doppelt so groß wie heute.

Die spezifischen naturräumlichen Gegebenheiten haben den Lebenserwerb auf den beiden Inselgruppen stets sehr unterschiedlich geprägt. Die Orkadier mit ihren fruchtbaren Böden waren und sind in der Hauptsache Bauern, während die Shetländer vor allem Fischer blieben. Zumindest in guten Jahren konnten die Shetländer den Orkadiern Getreide, Kartoffeln und Rinder abkaufen. Sie bezahlten mit den Erlösen aus dem Reichtum des Meeres oder mit Schafen. Schlechte Ertragszeiten wussten beide Inselgesellschaften stets zu überbrücken. Strandgutsammeln war fester Bestandteil des Lebensunterhaltes. Seetang diente in Hungerjahren als Nahrung und im 18. Jahrhundert auf den Orkneys gar als wichtige Einkommensquelle der herrschenden Landlords, weil aus den Algen Soda für die britische Industrie gewonnen werden konnte. Aus der vorzüglichen Wolle der shetländischen Schafe strickten seit dem 18. Jahrhundert ganze Familien warme Kleidung, die bei ausländischen Kaufleuten und Fischern hoch begehrt war und noch heute zu den beliebtesten Souvenirs der Inseln zählt.

Der größte Umbruch in der modernen Zeit war in den 1970er Jahren die Errichtung von je einem Erdölterminal auf den Orkney- und Shetland-Inseln mit Pipelines zu den großen Förderfeldern der nördlichen Nordsee. Viel Geld floss über kurze Zeit in dörfliche Infrastrukturen, den Ausbau von Straßen, Häfen und Flugplätzen und bewirkte neue industrielle Impulse. Abseits dieser bis heute aus Umweltschutzsicht nicht unumstrittenen Veränderungen und fern der Siedlungen wirken jedoch viele Gegenden auf den Inseln noch immer, als hätte sich seit dem Mittelalter nicht allzu viel verändert.

Aran-Inseln – Archipel unter dem Diktat der Steine

Am Tag darauf legten die Männer hier aus dem Haus ein neues Feld an. Es gab nur einen dünnen Streifen Erde neben der Mauer des Hofes und einen anderen in der Ecke des Gemüsegartens. Der alte Mann und sein ältester Sohn gruben die Erde mit solcher Sorgfalt aus, als ob sie in einer Goldmine arbeiteten.

[John Millington Synge, der große Aran-Poet, im Jahr 1907, Zitat aus deutscher Übersetzung 1972]

▼ 103
Die Insel Inisheer [Inis Oírr] im Osten des Aran-Archipels. Am rechten Bildrand der See An Loch Mór, dessen Sedimente eine paläoökologische Landschaftsrekonstruktion ermöglichten

Die Kalksteinlandschaft der Aran-Inseln

Wem die Westküste Irlands noch nicht keltisch und karg genug erscheint, wer der Rauheit des Atlantik besonders nahe sein möchte und wem auf der großen irischen Insel das erstrebte Inselgefühl abhanden kommt, der besuche die Aran-Inseln (vgl. Abb. 81). Wellenbrechern gleich liegen sie vor der Bucht von Galway: drei bewohnte Inseln und eine Handvoll kleiner Felsen; Außenposten am Rande Europas. Das nächste Land im Westen ist Amerika. Die Aran-Inseln gehören geologisch zum Kalksteinmassiv des Burren, einer Karstlandschaft, die nur etwa 15 Kilometer entfernt gegenüber auf der irischen Mutterinsel liegt. In der Karbonzeit, vor 350 – 325 Millionen Jahren, entstand das Kalkgestein dieses Gebietes aus der Sedimentation abgestorbener schalentragender Organismen in einem tropischen Flachmeer. Großräumige tektonische Plattenbewegungen schoben das Kalkmassiv vor etwa 270 Millionen Jahren weit nach Norden und drückten die Sedimente lokal über das Meeresniveau. Nach der letzten Eiszeit, als der steigende Meeresspiegel Irland zur eigenständigen Insel machte, wurde das Arangebiet vom Burren isoliert und in einzelne Eilande zergliedert. Die eiszeitlichen Gletscher hatten das Kalkmassiv geschliffen und auf den Oberflächen eine lehmige Grundmoränendecke hinterlassen. Allerdings sind heute diese eiszeitlichen Geschiebe bis auf wenige Relikte verschwunden. Erosionsprozesse trugen sie ab und hinterließen im Burren und auf den Aran-Inseln mit einer Fläche von 760 km^2 eines der größten Karstgebiete Europas.

Die Aran-Inseln haben mit etwa 43 km^2 hieran nur einen kleinen Anteil. Doch erfahren Kalk und Karst auf den Inseln eine besondere landschaftliche und kulturelle Steigerung. Fast alles scheint aus dem licht- bis dunkelgrauen Gestein zu bestehen: die nahezu vegetationslosen, manchmal ganz glatten und dann wieder zerschrundenen, von Fissuren und Klüften zerriegelten Oberflächen weiter Inselteile ebenso wie die zahlreichen Trümmerfelder aus Tausenden faust- bis metergroßer Stücke oder auch die bis

zu 120 Meter aus dem Meer ragenden Kliffs, an deren Fuß sich der Abtragungsschutt türmt. Große Brandungsgerölle liegen sogar oben auf den hohen Kliffkanten. Meer und Wetter haben Stufen und Terrassen präpariert, in denen die erdgeschichtliche Entstehung Schicht für Schicht sichtbar wird. Und schließlich zahlreiche Kulturspuren – auch sie aus Kalkstein: neolithische und bronzezeitliche Gräber, bronzezeitliche Festungsanlagen, frühchristliche Kirchen, Steinkreuze und Gräberfelder sowie unzählige Mauern, die wie ein graues Gespinst weite Teile der Inseln überziehen (Abb. 103). Der Inselkalk scheint voll des Widerspruches. Einerseits war er ganz offensichtlich eine die gesamte Kulturgeschichte der Inseln prägende Ressource. Andererseits erlegte das Gestein den Bewohnern erhebliche Einschränkungen ihrer Landnutzung auf, deutlich werdend am Mangel fruchtbarer Böden, der spärlichen Vegetation, der Seltenheit von Bäumen und den weitgehend fehlenden Oberflächengewässern. Waren die Lebensbedingungen auf den Aran-Inseln schon immer von den gnadenlosen Bedingungen des wasserschluckenden Steins diktiert? Hat irgendwann eine reichere Vegetation den grauen Kalk dominiert? Wie viele Menschen konnten unter diesen Bedingungen leben? Erst seit wenigen Jahren gibt es auf diese Fragen erste wissenschaftlich fundierte Antworten.

Vom Wald zur Karstlandschaft

Landschaftsarchive sind rar auf den Aran-Inseln, denn Böden, Sedimente und damit hinreichende Bedingungen für die Konservierung von Holzkohlen, Pollen und anderen Pflanzenresten fehlen weithin. Erst vor einigen Jahren wurde ein geeignetes Paläoarchiv entdeckt und ausgewertet. Wissenschaftler der Universität Galway untersuchten Sedimentkerne aus einem kleinen See (An Loch Mór, Abb. 103) auf der östlichen Aran-Insel Inis Oírr (Inisheer). Die Pollenanalysen aus der 14 Meter langen ungestörten Sequenz erbrachten völlig neue Erkenntnisse zur holozänen Vegetationsgeschichte der Aran-Inseln. Das angesichts des heutigen Landschaftseindruckes überraschende Ergebnis: Über lange Perioden der letzten 10 000 Jahre besaßen die Inseln eine artenreiche Waldbedeckung. Menschen verschiedener Kulturen waren es, die den Wald der Aran-Inseln nutzten, veränderten, rodeten und schließlich vollends vernichteten. Neolithische Viehzüchter griffen wahrscheinlich als Erste in die Landschaft ein. Sie waren vermutlich vor etwa 5500 Jahren vom irischen Festland gekommen, in leichten seegängigen Booten aus Weidengeflecht und Häuten, nicht unähnlich den traditionellen Curraghs (Abb. 104), die zum Wahrzeichen der Inseln wurden. Das Pollenprofil spiegelt für die frühneolithische Zeit erste anthropogene Auflichtungen eines Waldes aus Eichen, Pinien, Ulmen, Birken und Hasel wieder. Gräser- und Kräuterpollen werden in der Sequenz häufiger, die Anteile von Baumpollen nehmen ab. Dieser Trend verstärkte sich in den nachfolgenden Kulturepochen, unterbrochen nur von kurzen Phasen reduzierter Landnutzung, in denen sich die Waldbedeckung regenerierte. Die stärkste Waldbedeckung des Holozäns herrschte im Mittleren Neolithikum (vor etwa 5200 Jahren), wohl weil die Inseln in dieser Zeit nur sehr schwach bevölkert waren. Im Übergang vom Neolithikum zur Bronzezeit brannten Siedler dann große Gebiete des inzwischen von Eiben dominierten Waldes ab, um Raum für Viehweiden zu schaffen. In der späten Bronzezeit fielen vor allem große Bäume wie Eichen der Rodung zum Opfer. Vermutlich wurden sie als Bauholz benötigt, zum Beispiel für die mächtigen Festungsanlagen, die in dieser Zeit auf den Aran-Inseln entstanden. Im Mittelalter erlangte der Ackerbau neben der Weidewirtschaft eine zunehmende Bedeutung, nachdem es seit dem 8. Jahrhundert Roggen auf den Inseln gab. Die Wälder wurden ab dem frühen Mittelalter so intensiv gerodet wie nie zuvor, bis im Spätmittelalter die Inseln vermutlich nahezu komplett entwaldet waren. Nur einzelne Bäume und winzige Waldreste überlebten bis in das 16. oder 17. Jahrhundert. Getrockneter Kuhdung oder vom Festland importierter Torf begannen Holz als Brennmaterial zu ersetzen. Spätestens in dieser Zeit, als die schützende Walddecke komplett fehlte, sind wohl die letzten eiszeitlichen Böden der Inseln durch Erosion verloren gegangen. Kräftige atlantische Niederschläge spülten sie in das Meer und hinterließen an den Oberflächen das anstehende nackte Kalkgestein.

Menschen erzeugen Böden

Von der Bronzezeit bis in das Mittelalter muss die Bevölkerungsdichte auf den Aran-Inseln zeitweilig wesentlich höher gewesen sein als heute. Die sechs großen und etliche kleinere Festungsanlagen der Bronzezeit oder die zahlreichen frühmittelalterlichen Kirchen lassen auf einstige weltliche und religiöse Machtzentren, relativen Wohlstand und eine Bevölkerung von einigen tausend Menschen schließen. Dies erscheint angesichts des einstigen Reichtums an Wald, Weideland und Ackerböden nicht überraschend. Doch auch noch im 19. Jahrhundert, als Wald und fruchtbare Böden schon längst verloren waren, lebten im Mittel noch 3000 Menschen auf den Aran-Inseln, fast dreimal so viele wie heute. Der Überlebenserfolg kann nur zum Teil mit Fischerei und bescheidener Lebensführung erklärt werden, er ist vielmehr in einem extrem arbeitsaufwändigen Landnutzungsmanagement begründet: der über Jahrhunderte praktizierten Schaffung neuer fruchtbarer Böden auf den vormals durch Bodenerosion abgeräumten Kalkflächen.

▶ 104
Modell eines traditionellen Ruderbootes der Aran-Inseln, das sogenannte *curragh*; das Boot ist eine leichte, früher mit Häuten, später mit Tuch bespannte Holzrippenkonstruktion
Foto: Doris Kramer

Die Bauern glätteten ausgewählte Areale der karstigen Oberfläche durch Abschlagen von Felsbuckeln und Aufsammeln lose aufliegender Steine. Klüfte im Kalkgestein wurden mit Steinen gefüllt, um Boden- und Wasserverluste zu verringern. Als Pflanzsubstrat brachten die Landwirte dann abwechselnd Lagen aus Seetang (Braun- und Rotalgen) und kalkhaltigem Sand auf, Material, das sie mühsam in Körben von den flachen Anlandungsküsten der Inselnordseiten heraufgetragen hatten (Abb. 105). Glücklich war, wer sich hierfür der Hilfe eines Lastenesels bedienen konnte. Auf die oberste Tangschicht gelangte schließlich das Wertvollste: eine dünne Schicht lehmigen Bodens, welcher Gramm für Gramm zusammengesammelt wurde aus kleinen Resten, die noch unter Steinen und in Klüften zu finden waren. Auch wurden fossile Bodenrelikte ausgekratzt, die als lehmige Bänder im Kalkkliff lagen oder Klüfte füllten. Auch wurde hin und wieder Boden vom Festland importiert. Viehdung diente der zusätzlichen Nährstoffanreicherung des Oberbodens. Auf diesen neuen Böden wurden im Fruchtwechsel Roggen, Kartoffeln und verschiedene Gemüsesorten angebaut oder neue Weideflächen für Rinder und Schafe etabliert. Die Bauern waren mit ihrem Bodenmanagement so erfolgreich, dass sich die große Hungersnot, die Irland in den 1840er Jahren heimsuchte, auf den Aran-Inseln weit weniger drastisch auswirkte. Im 19. und 20. Jahrhundert wurden Kartoffeln und Rinder sogar zum Exportgut der Inseln.

▶ 106
Mit Roggenstroh gedecktes traditionelles Wohnhaus auf Inishmore

Das Labyrinth der Steine

Die vom Menschen kultivierten Böden hätten nicht über Generationen hinweg erhalten und vermehrt werden können, wären sie nicht von schützenden hohen Steinmauern umgeben, die heute die Insellandschaft so markant prägen und grüne Parzellen von Feldern und Weiden

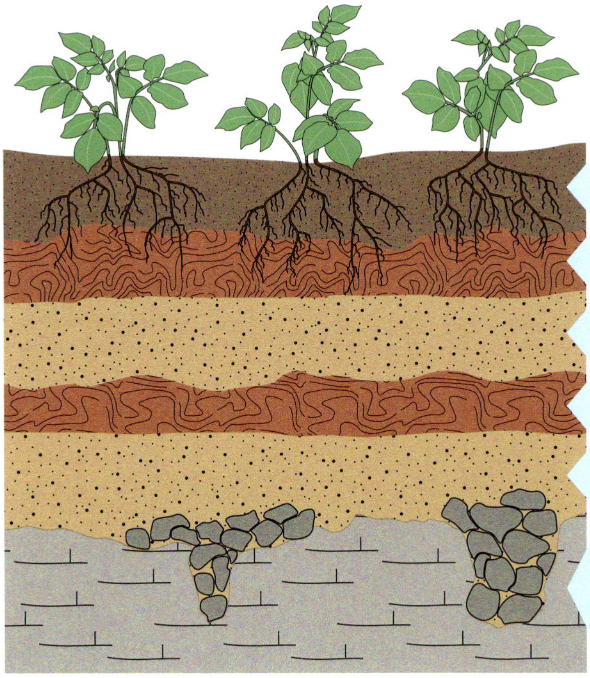

◀ 105
Vertikaler Aufbau der vom Menschen kultivierten Gartenböden im Aran-Archipel

wie Juwelen fassen (vgl. Abb. 103). Die Technik der *celtic fields*, durch Mauern oder Steinwälle gerahmte Äcker und Weiden, ist seit der Eisenzeit auch aus anderen Regionen Europas bekannt und prägt bis heute einige Landschaften in Nord-, Nordwest- und Südeuropa. Aber an kaum einem anderen Ort dürfte die Technik der Steinmauern so konsequent realisiert, dürfte das Labyrinth der Steine so dicht geworden sein wie auf den Aran-Inseln. 2400 Kilometer Mauerlänge sollen in dem vielfach verzweigten Steingeflecht stecken. In den Mauern sind Millionen von Steinen enthalten, die von den Oberflächen abgesammelt und ohne Mörtel kunstvoll aufgeschichtet wurden. Doch sind die Mauern weit mehr als eine riesige Steindeponie. In ihnen bricht sich der harsche Angriff der atlantischen Stürme, Winderosion wird so weitgehend verhindert, die Austrocknung des Bodens wesentlich gemindert. Der Kalkstein speichert einerseits die Wärme der Sonne und spendet andererseits Schatten. Die Abflussmengen bei stärkeren Niederschlägen verringern sich erheblich und eventuell abgeschwemmter Boden wird schon nach kurzer Distanz vom Mauerkranz wieder aufgefangen. Im Zuge eines durch die limitierten wirtschaftlichen Entwicklungsmöglichkeiten bedingten Bevölkerungsrückganges sind heute viele der mauerumgrenzten Felder, Gärten und Weiden zu wildblumenreichen Brachen geworden. Die Pflanzen, die auf den extensiven Nutzflächen, den jahrhundertealten Steinmauern und in der kluftreichen Kalklandschaft gedeihen, machen die kleinen Aran-Inseln zu einem der artenreichsten Florengebiete Mitteleuropas und zum Treffpunkt von Botanikern aus aller Welt.

Halligen im nordfriesischen Wattenmeer – Träume im Nebel über dem Meer

Vor uns in den Horizont trat jetzt ein grauer Punkt, der sich allmählich in die Breite streckte; und endlich stieg ein grünes Eiland vor uns auf. Eine geflügelte Wache schien es zu umgeben; soweit man an dem Strande entlang sehen konnte, wimmelte es in der Luft von großen weißen Vögeln, welche unablässig wie in stiller Geschäftigkeit durcheinander auf- und abstiegen.

[Theodor Storm, Eine Halligfahrt; zitiert in: Laage 2004, S. 45]

Ihre Einzigartigkeit

Die erdweit einzigartigen Halligen im nordfriesischen Wattenmeer Schleswig-Holsteins (vgl. Abb. 81) sind ganz außergewöhnlich dynamische Inseln. Sie wechseln permanent ihre Größe und gelegentlich ihre Zahl. Bei Ebbe – abnehmender Wasserhöhe – wachsen sie, bei Flut – steigendem Meeresspiegel – schrumpfen sie. Ist der niedrigste Wasserstand annähernd erreicht, ein Zustand, der zweimal täglich auftritt, verliert manche Hallig für einige Stunden ihren Status als Insel. Bewohner der Halligen Langeneß, Oland, Gröde und Nordstrandischmoor können dann durch den Schlick des Watts bis zur Westküste Schleswig-Holsteins wandern, ohne Priele (Be- und Entwässerungsrinnen) durchschwimmen zu müssen; diese Halligen sind jeweils kurzzeitig mit dem Festland verbunden. Zwischen anderen Halligen (zum Beispiel Hooge) und dem Festland liegen stets Meerwasser führende Priele. Sie bewahren daher kontinuierlich ihren Inselstatus. So existieren Halligen, die permanent als Inseln angesprochen werden können; andere sind „Teilzeitinseln".

Heute verbinden einige zur Landgewinnung und Küstensicherung angelegte Dämme mehrere Halligen mit dem Festland. Früher mit ausreichend Wind in den Segeln und heute mit Rasenmäher- oder Elektromotoren angetriebene, selbstgebaute Loren transportieren Bewohner (die für die Erlaubnis, eine Lore betreiben zu dürfen, allerdings mindestens seit drei Jahren auf ihrer Hallig gelebt haben müssen) und Güter auf Schienen über einen derartigen Damm vom Festland zur Hallig Oland und weiter nach Langeneß.

Seit zwei Jahrtausenden errichten und pflegen Menschen auf flachen Marschrücken und Uferwällen vor der Westküste Schleswig-Holsteins Wohnhügel. Diese mussten, den steigenden Sturmfluthöhen vorauseilend, beständig erhöht werden. Mittlerweile sind sie im Süden der schleswig-holsteinischen Nordseeküste, in Eiderstedt und Dithmarschen, vollkommen vom Land vereinnahmt; ihre Vorgeschichte als Halligen ist kaum bekannt und erst in jüngster Zeit fundiert erforscht worden (Meier 2001).

Lediglich vor der nordfriesischen Küste finden wir heute noch Wohnhügel als (zeitweilige) Inseln (Abb. 108 und 110). Eigenwillig definieren die Bewohner selbst den geographischen Status ihrer nordfriesischen Halligen. Sie seien keine Inseln, da ein eiszeitlich abgelagerter Geestkörper wie bei den nördlich gelegenen Inseln Sylt, Amrum und Föhr fehle. Regelmäßig untergehendes und neu entstehendes Land bedürfe einer eigenen geographischen Kategorisierung. Halligen sind aufgrund der Gezeiten und gelegentlich sehr starker Winde ganz außergewöhnlich dynamische Körper, jedoch zweifellos zumindest zeitweise Inseln. Denn selbst die mit Dämmen an das Festland angebundenen zeitweiligen Halbinseln werden hin und wieder vollkommen vom Meer umspült.

Land unter

Gelegentlich – vor allem im Herbst und im Frühjahr – läuft das Meerwasser hoch an den Halligen auf. Mehrere

Sturmflut auf der Hallig

„Als der Morgen graute und draußen Konturen zu erkennen waren, fingen wir an, die Warft zu sichern. Zunächst die Kirche, stumme Zeugin der Flutkatastrophe von 1634 und so vieler Sturmfluten danach. Sie liegt tiefer als das Pastorat und ist darum besonders gefährdet. Die Südtür wurde zugeschraubt, der Strom für die Kirche abgeschaltet. Zuletzt kamen einige Sandsäcke vor die Tür. ... Wir schauen uns um und sehen – die Hallig ist längst vollgelaufen. Der Hahn auf dem friesischen Glockenturm führt klappernd einen wilden Tanz auf, dass wir fürchten, er müsse im nächsten Augenblick herunterfallen. Doch er zeigt beharrlich nach Südwest, von wo die Sturmböen kommen. ... Ein eigentümliches Bild, wenn man im Keller stehend durch die drucksicheren Fenster nach draußen schaut und die Wellen gegen die Scheiben schäumen und gurgeln sieht. ... Im Garten vor der Veranda ist schon ein Teil des Mutterbodens abgetragen und von den Wassern weggeschwemmt. Was vom Kohl noch steht, ist entwurzelt. ... Die im oberen Erdreich ruhenden Knollen sind freigespült. ... Und dann beginnt das Sterben der Regenwürmer. Zu Hunderten liegen sie da, aufgespült aus der Erde, die ihnen keinen Schutz mehr bietet. Noch Tage nach dem Sturm hängt der süßliche Geruch der Verwesung über dem Garten. ... Gegen Mittag sind die Schäden auf dem Friedhof deutlich zu sehen. Hier und da sind Grabsteine umgestürzt und Büsche entwurzelt. ...
Am frühen Nachmittag ist der Höhepunkt der Sturmflut überschritten, der Wind flaut ab und die Wasser fließen ins Meer zurück. ... Wohl gab es vereinzelt Schäden an und auf Hooger Warften. Auch hat sich im Hafen ein Segelboot losgerissen; es ist abgetrieben und auf der Hallig Gröde mit einem Loch im Bauch gestrandet. Insgesamt jedoch ist diese Sturmflut für die Hooger glimpflich verlaufen. Schwerer hat es Oland und dann vor allem Sylt und die dänische Küste getroffen."

Erlebt am 24. November 1981 auf der Kirchwarft der Hallig Hooge von Pastor Dietrich Heyde (Heyde 1999, S. 7ff.).

Tage anhaltender, kräftiger Westwind drückt die Wassermassen der Nordsee mehr als einen Meter über die normalen, zweimal täglich auftretenden Hochwasserstände gegen Inseln und Festland. „Land unter“ ist die Folge: Nur noch die Warften, die von Menschen aufgeschütteten Wohnhügel, ragen bizarr aus dem Meer (Abb. 110). Die Ausdehnung der nicht überspülten Landfläche der Halligen mindert sich um mehr als 95 % im Vergleich zu der bei mittlerer Meereshöhe wasserfreien Fläche. Gleichzeitig erhöht sich die Zahl der Inseln gravierend: Zwanzig Warften existieren heute auf der Hallig Langeneß; die achtzehn bewohnten wurden in den vergangenen Jahrzehnten mehrfach aufgehöht. Bei Land unter werden für etliche Stunden aus einer Insel achtzehn winzige, dicht mit Gebäuden bestandene Eilande, auf denen das hoffentlich rechtzeitig von den Weiden heraufgetriebene Vieh Kopf an Kopf steht.

Land unter erfreut viele Halligbewohner. Das salzige Nordseewasser „reinigt“ die Inseln, unerwünschte Pflanzen können nicht keimen. Sand, Schluff und Ton werden außerhalb der Warften auf den Halligen abgelagert (vgl. Abb. 109). Im Verlauf eines Jahrhunderts erhöht sich eine Hallig dadurch um mehrere Zentimeter – in den tieferen Bereichen ist die Aufhöhung etwas stärker, in den höheren geringfügig schwächer.

Das über den Sommer mit wachsender Sehnsucht herbeigesehnte Land unter hat eine ganz besondere emotionale Bedeutung für die Halligbewohner. Versunkene und daher für Schiffe unerreichbare Anleger führen zur vorübergehenden Isolation ihrer Wohnhügel. Besucher werden dann oft von Angst erfasst, während die Halligbewohner ihre innere Ruhe bewahren. Von Gästen und Bewohnern gleichermaßen wird bei Land unter die unbändige Gewalt und Schönheit der Naturkräfte mit allen Sinnen besonders deutlich wahrgenommen: Wundervoll dramatische Wolkenbilder wechseln beständig; eben noch wirkte das Meer unter dunklen Wolken melancholisch, dann wieder reflektieren Flecken der Wasseroberfläche die Sonnenstrahlen gleißend und glitzernd; Feuchtigkeit und Salz legen sich auf Haut und Lippen, der ohrenbetäubend brüllende Wind peitscht die Brandung an die Westseiten der Warften.

Entstehung der Halligen

Die Halligen fußen auf Sanden und Lehmen, die Gletscher und Schmelzwässer in der vorletzten Kaltzeit, der Saale-Eiszeit (etwa 230 000 bis 130 000 Jahre vor heute), abgelagert haben und die in der letzten Kaltzeit (etwa 117 000 bis 11 700 Jahre vor heute) umgelagert worden sind, sowie auf Torfen, die sich im Verlauf der Nacheiszeit in den breiten Niederungen bildeten. Über Jahrtausende waren die fruchtbaren Böden der Landschaft mit Unterbrechungen landwirtschaftlich genutzt worden: Äcker, Wiesen, Weiden, Dörfer, Städte und ausgedehn-

▲ 107
Blüte des Strandflieders („Halligflieder“, *Limonium vulgare*) im Sommer auf der Hallig Gröde

Foto: Martin Stock, Nationalpark Schleswig-Holsteinisches Wattenmeer

▲ 108
Die Mayenswarft auf der Hallig Langeneß
Foto: Hans-Rudolf Bork

te vermoorte Feuchtgebiete prägten die Uthlande – das meernahe Nordfriesland – im hohen Mittelalter. Zur Gewinnung von Salz wurden salzhaltige Torfe großflächig abgebaut, die Geländeoberfläche dadurch erniedrigt, wodurch sich die Gefahr des Eindringens von Meerwasser erhöhte.

◀ 109
In den vergangenen Jahrzehnten während Land unter und Sturmfluten abgelagerte Feinsedimente am alten Hafen der Hallig Langeneß
Foto: Hans-Rudolf Bork

Dann, im Jahr 1362, vernichtete die erste Mandränke, eine verheerende Sturmflut, einen Teil der intensiv genutzten nordfriesischen Kulturlandschaft. Das Meer eroberte einen Raum, der seit der letzten Kaltzeit niemals vom Meer bedroht worden war. Kultiviertes Land wurde zum Watt. Die täglich zweimal auftretende Flut schwemmte äußerst dünne Sand- und Schlicklagen auf das ehemalige Kulturland. Mit fortschreitender Aufhöhung überfluteten schließlich nur noch die starken Herbst- und Frühjahrshochwässer die neuen Ablagerungen. Menschen begannen, die Sedimente abzugraben und zu Hügeln aufzuwerfen, auf denen sie (scheinbar) vor Hochwasser geschützte Wohngebäude und Stallungen errichteten. Siedlungsreste und Spuren des mittelalterlichen Ackerbaus finden Wanderer noch heute im Watt. Unter den Halligen sind die Relikte der moorreichen mittelalterlichen Kulturlandschaft ein bis zwei Meter tief begraben.

Die zweite Mandränke des Jahres 1634 vernichtete dann wieder einen Teil der neuen Inseln und des küstennahen Festlandes. Nach dieser Sturmflutkatastrophe wuchsen die nicht zerstörten, wenige Dezimeter aus dem tieferen Watt aufragenden Gebiete mit Wohnhügeln – die damaligen Halligen – weiter auf. Anderenorts wurden neue Warften und damit Halligen auf den frischen, immer seltener überfluteten Sedimenten errichtet. Die

Halligen wuchsen mit jedem Landunter in die Höhe und veränderten ihre Fläche. Heute wachsen die Halligen nur noch dort, wo der Mensch diesen natürlichen Prozess zulässt.

Menschen verändern die natürliche Dynamik

Der meeresseitige Westrand der Halligen wurde bis in das 19. Jahrhundert nahezu ungehindert durch die Brandung der Sturmfluten erodiert, während andererseits die Flutströmung der Ostseite Sedimente zuführte. Die Halligen verlagerten sich dadurch mit jeder Sturmflut ostwärts, oftmals unter Verlust von Fläche. Zur Sicherung der im Westteil der Halligen gelegenen Warften wurden diese Seiten vor allem in der zweiten Hälfte des 20. Jahrhunderts mit stabilen Steinsetzungen, den Steinkanten, befestigt. Sommerdeiche wurden rings um die Halligen errichtet, um die Sommerweide, die seit einigen Jahrzehnten vermehrt auch mit Pensionsvieh (Rinder von Tierhaltern auf dem Festland) betrieben wird, nicht durch Land unter zu behindern. Solche Sicherungsmaßnahmen brachten unerwünschte Nebenwirkungen: Die Bedeichung mindert das Aufwachsen der nunmehr seltener überfluteten Halligen. Sackungen könnten in den kommenden Jahrzehnten gar zu leichten Höhenverlusten und zusammen mit einem höheren Meeresspiegel zu häufigeren und höheren Überflutungen führen.

Während seltener, sehr schwerer Sturmfluten wurde in den vergangenen Jahrzehnten selbst manche Warft überschwemmt. Am hallignahen Pegel Husum erreichte die Nordsee am 16./17. Februar 1962 einen Wasserstand von 5,21 Meter über NN (Normalnull), am 3. Januar 1976 gar von 5,66 Meter über NN. Kirchen mit Friedhöfen, Wohnhäuser mit Stallungen wurden beschädigt oder gar zerstört. Die Gefahr der Überflutung der Warften besteht bis heute fort, trotz besonders nach der Sturmflut im Februar 1962 wiederholt ausgeführter staatlich finanzierter Aufhöhungen und der Anlage von Ringwällen auf den oberen Rändern der Wohnhügel.

Sollte der aktuelle, von Menschen geprägte Klimawandel die Häufigkeit sowie die Intensität schwerer Sturmfluten deutlich ansteigen lassen, werden die dann notwendigen Küstenschutzmaßnahmen auch an den Halligen mit immer größeren technischen Herausforderungen verbunden und damit schließlich kaum noch finanzierbar sein. Eine Aufgabe und damit ein Verlust der Halligen würden jedoch einige Abschnitte der Festlandküste erheblich stärker den sehr schweren Sturmfluten aussetzen. Die Halligbewohner verdanken zunehmend dem Tourismus ihre Existenz. Wir sollten uns bemühen, durch Besuche zum Erhalt der faszinierenden Wohnhügelinseln beizutragen, die Theodor Storm in seinem Gedicht „Meeresstrand“ zu Recht wie „Träume im Nebel auf dem Meer“ liegen sah (Abb. 111).

▲ 110
„Land unter“ auf der Hallig Langeneß
Foto: Martin Stock, Nationalpark Schleswig-Holsteinisches Wattenmeer

◀ 111
Warften auf der Hallig Hooge
Foto: Hans-Rudolf Bork

Læsø – Salzinsel im Kattegat

Für wenige Orte habe ich mehr bedauert, dass unsere Reise ein Streifzug bleiben musste, und nun, da ich meine Eindrücke von dieser herrlichen Insel mit ihrer besonderen und eigentümlichen Bevölkerung niederschreibe, bedauere ich, dass dieser Eindruck so zusammengedrängt und kurzgefasst bleiben muss. Die Insel hätte Stoff für ein eigenes Buch.

(Achton Friis [1928] zu Læsø in seiner Beschreibung der dänischen Inselwelt, die er mehrjährig bereiste; übersetzt aus dem Dänischen)

Aus dem Meer gehoben

Die Insel des nordischen Meeresgottes „Lær" im nördlichen Kattegat ist eine von etwa 470 offiziell genannten Inseln des Königreiches Dänemark (vgl. Abb. 81). Mit einem Alter von nur einigen tausend Jahren ist das 116 km² kleine Eiland sehr jung. Im ausgehenden Spätglazial (etwa 9500 Jahre vor heute) bedeckte noch ein von den abschmelzenden Eismassen der Weichselvereisung gebildetes Binnenmeer (Yoldiameer) weite Gebiete Nordjütlands und Südschwedens. Mächtige Geschiebelehme lagerten sich am Grund dieses Meeres ab. Die allmähliche Entlastung des skandinavischen Festlandes von den abschmelzenden Eismassen führte am Beginn des Holozäns zu Landhebungen, welche auch die abgelagerten Yoldialehme im Bereich des heutigen Kattegats an die Oberfläche hoben. Die heutigen westlichen Ostseeinseln waren damals Teil einer breiten Landverbindung zwischen Dänemark und Südschweden, die den einstigen Zugang des baltischen Binnenmeeres zur Nordsee verriegelte. Auch Læsø war zu dieser Zeit noch keine Insel, sondern Teil flach aus dem Meer herausragender Lehm- und Sandbänke, die mit der nordjütländischen Landmasse verbunden waren. Vor etwa 7500 Jahren versanken weite Teile Nordjütlands wieder im Meer, dessen Wasserspiegel als Folge der nacheiszeitlichen Erwärmung binnen weniger Jahrhunderte um etwa 15 Meter angestiegen war. Im dadurch neu entstandenen Austauschstrom zwischen der Nordsee und dem baltischen (Littorina-)Meer wurden große Mengen an Sanden transportiert, die sich auf den gefluteten Yoldialehmen ablagerten. Die sich fortsetzende skandinavische Landhebung brachte die sandbedeckten Lehmschichten vor etwa 4000 bis 5000 Jahren wieder an die Oberfläche des Meeres, darunter auch die initiale Insel Læsø. Bereits damals zog die Insel Menschen an: neolithische Seehundjäger und Flintsteinsammler, deren Werkzeuge, Speer- und Harpunenspitzen im ältesten Teil

▼ 112
Unter den Salzwieseninseln südlich der Hauptinsel von Læsø lagert besonders salzreiches, für die Salzgewinnung geeignetes Grundwasser

◀ 113
Mit Seegras (*Zostera marina*) gedecktes Hofgebäude aus dem 17. Jahrhundert auf Læsø

Læsøs gefunden wurden. In der frühen Bronzezeit (etwa 3500 Jahre vor heute) versank die Insel noch einmal im Meer, erhob sich einige Jahrhunderte später wieder aus dem Wasser und vergrößerte sich von nun an stetig durch Landhebungs- und Anlandungsprozesse. Im heutigen Inselrelief zeichnen landeinwärts gelegene reliktische Strandwälle die Umrisse der früheren, kleineren Inselstadien nach. Læsø wächst auch heute noch: einerseits durch die andauernde südskandinavische Landhebung mit etwa 5 Millimeter im Jahr in die Höhe und anderseits in die Breite durch Ablagerungs- und Verlandungsprozesse, bei denen vor der Küste beständig neue Sandbänke und Salzwieseninseln entstehen, wachsen und allmählich mit der Hauptinsel verschmelzen (Abb. 112).

Menschen, Landschaften und Spuren der Vergangenheit

Gegründet auf eine dynamische geologische Entwicklung verläuft das Leben in den drei Inseldörfern beschaulich. Es ist von Fischerei, extensiver Landwirtschaft, Handwerk und aufstrebendem Tourismus geprägt. Læsøs Bevölkerung schwand in den letzten 50 Jahren durch Abwanderung und Geburtenrückgang um etwa ein Drittel auf heute etwa 2100 Einwohner, eine Folge der sich nur langsam entwickelnden Infrastruktur, die mit der raschen Entwicklung von Technik, Industrie und Landwirtschaft auf dem Festland nicht Schritt halten kann und nach dem Willen vieler Einwohner auch nicht Schritt halten soll. Wer auf der Insel bleibt, schätzt ihre Abgeschiedenheit, die Ruhe, die saubere Luft und das sonnige Vorzugsklima. Zahlreiche Kunsthandwerker und Maler kamen eben dieser Prädikate wegen nach Læsø, denn schon das besondere Insellicht kann ein Argument sein. Zur Künstlergemeinde gehört zum Beispiel Anne Julie Rasmussen. Sie ist Malerin und weltberühmte Pfeifenmacherin, eine von ganz wenigen Frauen, die dieses Handwerk ausüben. Aus Meerschaum, Bernstein und dem Wurzelholz der korsischen Baumheide stellt sie ihre Pfeifen her, die schön wie Skulpturen sind und Kostbarkeiten in den Fachgeschäften großer Metropolen darstellen.

Vielerorts trifft der Inselbesucher auf Spuren der Vergangenheit. Dazu gehören die mit Blumen bewachsenen „Tangdächer", die metermächtig auf einigen alten Fachwerkhäusern lasten – eine Besonderheit, die es nur auf Læsø gibt (Abb. 113). Im Norden der Insel können Spaziergänger erfahren, dass der hohe Kiefernwald erst im frühen 20. Jahrhundert angepflanzt wurde. Im Osten der Insel erinnert ein Gedenkstein an eine verschwundene Kirchengemeinde. Hinter den weiten Stränden und hohen Dünen des Nordostens erzählt man sich, dass einst Inselbewohner den Wunsch nach Schiffsstrandungen in ihr Abendgebet einschlossen oder noch drastischer, dass sie dem Schicksal mit geschickt gesetzten Irrlichtern nachhalfen. Im Süden qualmen in halboffenen, nach altem Vorbild rekonstruierten Holzhütten Feuer unter großen mit Salzwasser gefüllten Eisenpfannen. Wie schon vor Jahrhunderten wird hier in einem arbeitsintensiven Prozess wertvolles Speisesalz erzeugt (Abb. 114). Das sogenannte Siedesalz wird unter dem alten Siegel Læsøs in kleinen Mengen exportiert, gelangt in Gourmetrestaurants und an den königlichen Hof Dänemarks. Im Mittelalter war es die wichtigste Grundlage für Wohlergehen und Reichtum auf der Insel. Kaum einer der Besucher Læsøs ahnt, dass die Geschichten von Salz, Tangdächern, Wäldern, Strandräu-

▲ 114
In neu aufgebauten Salzsiederhütten wird heute auf Læsø wieder in kleinem Umfang Salz gewonnen

bern und verschwundener Kirche eng miteinander verflochten sind und dass sich hinter der romantischen Kulisse eine dramatische Inselgeschichte verbirgt.

Weißes Gold zerstört den Wald

Salz war im Mittelalter das wichtigste Konservierungsmittel überhaupt und damit eines der wertvollsten Handelsgüter. Der Import von französischem und spanischem Meersalz nach Mittel- und Nordeuropa war teuer. Man bevorzugte daher die einheimische Salzproduktion. An den friesischen Marschenküsten, auf den Halligen und an der Ostküste Jütlands wurde Salz durch wässriges Lösen aus der Asche verbrannter Salztorfe gewonnen. Dies mühevolle Verfahren lieferte jedoch ein Salz, das aufgrund seiner Verunreinigungen und dunklen Farbe dem reinen Meersalz Südeuropas gegenüber als minderwertig galt. Begehrt war daher das weiße Siedesalz der Insel Læsø, das aufgrund der besonderen geologischen Voraussetzungen auf den im Süden vorgelagerten Salzwieseninseln (vgl. Abb. 112) gewonnen werden konnte. Dort bildet sich in der Wechseldynamik winterlicher Überflutung und sommerlicher Verdunstung über den nahezu wasserundurchlässigen Eiszeitlehmen eine Schicht sehr salzhaltigen Grundwassers, dessen Salzkonzentration mit 12 bis 15 % bis zu sechsmal höher ist als die des umgebenden Kattegatwassers. Bereits im 13. Jahrhundert legten die Inselbewohner Brunnen und Kanäle an, um diese natürliche Salzlauge abzuzapfen. Über offenen Feuern wurde die Lauge in großen Siedepfannen bei Temperaturen von 70 bis 85 °C so lange eingedampft, bis das wertvolle Salz auskristallisierte (Abb. 114). Das Salz entwickelte sich zur wichtigsten Einnahmequelle der Inselbewohner. Regelmäßig steuerten Handelsschiffe die Insel an, darunter das Salzschiff des einstigen Inseleigentümers, des Domkapitels Viborg, an welches die Bewohner jährlich etwa 100 bis 150 Tonnen Salz als Steuer zu entrichten hatten.

Die Salzsiederei auf Læsø erreichte ihren Höhepunkt am Ende des 15. Jahrhunderts, als Tag und Nacht über einigen hundert Salzhütten der Rauch der Siedefeuer stand. Die Ressource des weißen Goldes schien unbegrenzt. Doch zeichnete sich das Ende eines anderen Rohstoffes ab, der für die Salzgewinnung unabdingbar war: Brennholz. Über Jahrhunderte hatten die Inselbewohner Kiefern-, Eichen- und Birkenwälder der Insel gerodet, ohne ein nachhaltiges Waldmanagement zu betreiben. König und Kirche gerieten in einen Konflikt zwischen Schutz- und Nutzbedarf. Einerseits befahlen sie den Einwohnern einen sorgsameren Umgang mit den Wäldern, bestanden andererseits aber auf unverminderter Zahlung der Salzsteuer. Das Verbot von Christian III. im Jahr 1536, weitere Salzgewinnungsstätten auf Læsø zu errichten, kam für den Wald zu spät. Die letzten Bäume fielen und die Inselbewohner begannen damit, nun auch Heideflächen abzuplaggen und Torfe als Brennmaterial einzusetzen.

Sandtreiben, Seefahrer und Strandgutsammler

Die Entblößung der Oberflächen nach der Waldvernichtung hatte katastrophale Folgen für Læsø. Die den Winden und Stürmen des Kattegats schutzlos ausgelieferten Sandböden erodierten. Sandstürme türmten im 16. und 17. Jahrhundert riesige Wanderdünen im Norden und Osten der Insel auf. Der Flugsand zerstörte die Kirche von Hals und verschluckte auch die Wohnhäuser dieser einst größten Kirchengemeinde (Abb. 115). Ein Großteil der Äcker Læsøs wurde unter Sand begraben. Die Grundlage der bäuerlichen Eigenversorgung brach in weiten Teilen der Insel zusammen. 1652 kam die Salzproduktion aufgrund eines erneuten Verbotes, Holz oder Torf als Siedebrennstoff einzusetzen, endgültig zum Erliegen. Längst fehlte auch den Haushalten Brennstoff zum Kochen und Heizen. Das einst

◀ 115
Einzelne Steine der Friedhofsmauer bezeugen den einstigen Standort der Kirche von Hals auf Læsø, die vom Treibsand zerstört wurde

▲ 116
Verkauf von Læsø-Salz an Touristen im Hafen von Østerby

einseitig auf die Salzgewinnung ausgerichtete Inselleben war in seinen Grundfesten erschüttert. Viele Bewohner wandten sich der Seefahrt zu, zunächst vor allem dem Holzhandel mit Norwegen. Schiffe aus Læsø brachten skandinavische Hölzer in die wirtschaftlich aufstrebenden Regionen Dänemarks, ein Gut, das auf der Insel selbst schmerzlich fehlte und für ihre Bewohner unbezahlbar geworden war.

Gezielte Strandhaferanpflanzungen und Heidesukzession stabilisierten die Wanderdünen ab der Mitte des 18. Jahrhunderts. Das große Sandtreiben kam zum Stillstand, so dass eine zaghafte wirtschaftliche Erholung einsetzen konnte. Während vor allem Frauen die schwere körperliche Arbeit in der ertragsschwachen Landwirtschaft verrichteten, verdienten die arbeitsfähigen Männer ihren Unterhalt als Seefahrer und Fischer. Durch den sich ausweitenden Überseehandel nahm der Schiffsverkehr im Kattegat stark zu. Immer wieder strandeten Schiffe auf den Sandbänken vor Læsø. Von 86 Strandungen allein in den Jahren 1780 bis 1800 wird berichtet. Das Bergen von Wracks und das Sammeln von Strandgut wurde zu einer wichtigen Einnahmequelle für die Inselbewohner. Mit speziell entwickelten Gerätschaften fischten sie die wertvollen Schiffsgüter aus dem Meer, verdienten am gesetzlich festgelegten Bergelohn oder konnten die geborgene Ladung günstig ersteigern.

Besonders begehrt bei den Bewohnern der entwaldeten Insel war das Holz der gestrandeten Schiffe. Masten, Spanten und Planken wurden in Möbeln, Fachwerk und Dachkonstruktionen eingebaut. Noch heute lassen sich in einigen alten Bauernhäusern solche Schiffsspuren entdecken. Nur für die Dachdeckung fehlte damals geeignetes Material, denn Holz, Stroh oder Schilf waren Mangelware. So griffen die Einwohner auf eine der wenigen Ressourcen zurück, die ihnen reichlich geblieben war: Seegras (*Zostera marina*), das in großen Mengen bis heute an den flachen Küsten Læsøs angespült wird. Getrocknet und in meterdicken Lagen auf die Sparren aus Schiffsholz aufgelegt, erwies es sich als hervorragend wärmeisolierende, wind- und wasserabweisende Dachdeckung (vgl. Abb. 113). Die natürliche Salzimprägnierung des Materials ließ einige der zauberhaften Tangdächer von Læsø mehr als 300 Jahre überdauern – eine einst aus der Not geborene Inselattraktion.

Gotland – ein multi-epochales Kultur- und Handelszentrum in der Ostsee

Ein Mann, der Tjelvar hieß, fand Gotland zuerst. Damals war Gotland so verzaubert, dass es am Tage versank und bei Nacht wieder auftauchte. Aber dieser Mann brachte als Erster das Feuer auf die Insel, und seitdem versank sie nie wieder.

[Einleitung der Gutasaga, der gotländischen Nationalsaga, aufgezeichnet im 13. Jahrhundert]

Raukar und Fossilienschätze

Vor etwa 11 500 Jahren tauchten im Bereich des heutigen Gotland kleine Felsinselchen und Klippen aus den Tiefen des Baltischen Eissees auf, Spitzen eines silurischen (vor etwa 430 bis 410 Millionen Jahren entstandenen) Kalksteinmassivs, das einmal die zweitgrößte Insel der Ostsee hervorbringen sollte. Treibende Kraft der Inselentstehung war die nacheiszeitliche (isostatische) Landhebung, die im langfristigen Mittel schneller verlief als der nacheiszeitliche Meeresspiegelanstieg. Eilande und Schären wuchsen allmählich zu einer Insel zusammen, die sich über die wechselvollen Entwicklungsphasen des baltischen Binnenmeeres hinweg vergrößerte. Das Meer trug die eiszeitlichen Geschiebemergel in weiten Gebieten des heutigen Inselreliefs ab und legte das Kalkgestein frei, welches sich zuvor aus tropischen Korallenriffen sowie abgestorbenen und abgesunkenen schalentragenden Meeresorganismen gebildet hatte.

Marine Abrasion und Verwitterung formten nach der Eiszeit Kliffküsten und schufen die sagenumwobenen Raukar, Skulpturen aus Kalkstein, die hoch über Küstenflachwässer und Strände Gotlands aufragen (vgl. Abb. 3, 117). Die bizarren Formen sind Zeitzeugen der einstigen Korallenriffe, harte Kerne, die dem marinen Angriff widerstanden. Im Licht des Küstennebels oder des Vollmondes scheint die wissenschaftliche Erklärung zu versagen. So verglich Carl von Linné auf seiner Gotlandreise im Jahr 1741 die merkwürdigen Steingebilde mit „Statuen, Pferden und allerlei Geistern und Teufeln". Der Naturforscher war auch beeindruckt von Gotlands Fossilienreichtum, dessen Formenvielfalt er sein Werk *Corallia Baltica* widmete. Tatsächlich sind die steinernen Strände übersät mit unzähligen Fossilien, die noch immer durch Regen, Frost und Meeresbrandung aus den Steilküsten herausgelöst werden.

In den gotländischen Kliffs sind die Ablagerungen des Silurs so vollständig aufgeschlossen wie nirgendwo sonst. Der Inselname wurde daher zum Namensgeber für diese erdgeschichtliche Periode (*Gotlandium*). Der silurische Kalk prägte sowohl die Natur- als auch die Kulturentwick-

▼ 117
Raukar (Relikte silurischer Korallenriffe) bei Langhammars auf der Insel Fårö, nördlich von Gotland

lung auf Gotland ganz entscheidend. Ohne ihn würden weder besondere Lebensräume wie Kalkmoore und Wacholderheiden noch die mehr als 30 Orchideenarten existieren, die diese Insel zum Eldorado für Botaniker machen. Ohne den Kalk gäbe es keine fruchtbaren Ackerböden, die sich in den vom Meer nicht abgeräumten Geschiebemergeln des flachen Binnenlandes entwickelten und die Basis für eine reiche Kulturblüte waren. Ohne den Kalkstein wären die meisten prähistorischen Steinmonumente, die zahlreichen mittelalterlichen Kirchen und ebenso wenig die berühmte Altstadt von Visby errichtet worden.

Megalithische Kulturrelikte: Hügelgräber, Steinschiffe und steinerne Bilder

Eine Insel-Anekdote berichtet über die Reaktion eines alten Gotländers, dem man die ägyptischen Pyramiden und andere Wunder der Erde gezeigt hatte. Der Mann zeigte sich nicht allzu beeindruckt von den alten Kulturzeugnissen und sagte nur: „Ach das da? – das haben wir zu Hause auch!" In dem kolportierten Zitat mögen zwar insularer Stolz und Eigensinn zum Ausdruck kommen, Eigenschaften, die man den Gotländern durchaus nachsagt. Doch hat die Äußerung auch einen wahren Kern, denn Dichte und Vielfalt sichtbarer und noch verborgener Kulturschätze der nacheiszeitlichen Menschheitsgeschichte sind auf Gotland so groß wie an kaum einem anderen Ort des nördlichen Europa.

Eine archäologische Zeitreise beginnt mit den jungsteinzeitlichen Gräbern und Siedlungsresten der Insel, die eine Landnahme vor mehr als 5000 Jahren belegen. Ihresgleichen suchen die etwa 400 riesigen Steinhaufengräber, die von den Gotländern in der Bronzezeit errichtet wurden und sich noch heute weithin sichtbar auf Schafweiden türmen oder in verschwiegenen Wäldern ruhen. Das größte Grab hat einen Durchmesser von 45 Metern und enthält geschätzte 15 000 Tonnen zusammengetragener Steine. Aus der späten Bronzezeit stammen etwa 350 monumentale Schiffssetzungen, welche einst die Asche Verstorbener aufnahmen. Die offenen, aus mächtigen Granitfindlingen errichteten, bis zu 45 Meter langen Steinschiffe segeln seit 3000 Jahren scheinbar zeitlos über von Wacholder bestandenen Weiden, Waldlichtungen und Küstenwiesen der Insel. Nicht selten in direkter Nachbarschaft zu den bronzezeitlichen Steinmonumenten liegen Grabfelder aus der Eisenzeit, manchmal verziert mit Speichenrad-, Sonnen- und Sternenmustern aus zusammengelegten Steinen. Geheimnisvoll sind Entstehungszeit und Bedeutung der etwa 40 Steinlabyrinthe, konzentrisch geformter Steinsetzungen, die vielleicht rituellen Tänzen, Sonnen- und Fruchtbarkeitskulten dienten (Abb. 119). Eine gotländische Besonderheit sind einige hundert große Bildsteine, mit Reliefs verzierte Kalkstelen, die man einst als Gedenksteine auf Grabfeldern und an Wegrändern aufgestellt hat. Vom 5. bis zum 11. Jahrhundert wurden ihre Motive von kultischer Symbolik zu christlichen Bildergeschichten weiterentwickelt. Die vielfältigen prähistorischen Steinmonumente zeugen von einer langfristig prosperierenden Inselkultur, die sich einerseits deshalb als sehr krisenfest

▲ 118
Schafstall im Süden Gotlands. Das Dach ist traditionell mit Schneidried (*Cladium mariscus*, gotländisch: „ag") gedeckt, ein Sauergras aus den kalkhaltigen Sümpfen der Insel

▶ 119
Entstehungszeit und Bedeutung der Steinlabyrinthe auf Gotland sind noch weitgehend ungeklärt

erwies, weil seit dem Neolithikum Fischfang, Jagd, Viehzucht und Ackerbau mit jeweils veränderlicher Intensität nebeneinander betrieben wurden. Anpassungen an das veränderliche Klima der letzten Jahrtausende konnten so erfolgreich gemeistert werden. Stabilisierend wirkte andererseits ein über die Epochen sehr intensiver und überwiegend friedlicher Austausch mit anderen Völkern. Gotlands zentrale Lage im baltischen Raum erwies sich als ideal für den Warenhandel nach Norden, Süden, Osten und Westen. Hiervon berichten Bernstein- und Schieferfunde aus dem Neolithikum, zahlreiche bronzezeitliche Gegenstände, römische Goldfunde aus der Völkerwanderungszeit und vor allem die weit gereisten Preziosen der Wikingerzeit.

Silberschätze unter Äckern

Eine Sensation bahnte sich an, als am 16. Juni 1999 der Pflug eines Bauern bei Spillings im Nordosten von Gotland auf etwas Hartes traf. Es war diesmal kein Stein, der den Pflug störte, sondern der größte je gefundene Silberhort der Wikingerzeit. 14 300 vorwiegend orientalische Silbermünzen, 486 silberne Armreifen sowie massives Silber in Spiralringen und Barren des Schatzes wiegen zusammen 67 Kilogramm (Abb. 120). Fast jährlich kommen auf Gotland neue Entdeckungen zu den bisher mehr als 700 wikingerzeitlichen Hortfunden hinzu. Inselgeschichten zufolge soll so mancher Landwirt seinen Zufallsfund gleich wieder verstecken, um unnötige Aufregung zu vermeiden. Er hat möglicherweise auch das Recht dazu. Denn, so schreibt der gotländische Ethnologe Owe Ronström (2007) in einem Essay über seine Heimatinsel, in nicht wenigen Fällen lässt sich der Landeigentümer und Schatzfinder als ein direkter Nachkomme desjenigen belegen, der vor einem Jahrtausend den Schatz vergrub. Gotlands Silberdepots zeugen von Wohlstand und wachsender wirtschaftlicher Bedeutung der Insel im Zeitraum 750 bis 1150 n. Chr. Die Handelsbeziehungen der Insel reichten nicht nur nach Dänemark, England und Russland, sondern bis nach Nordafrika, Byzanz, Taschkent, Damaskus und Basra. Einige Kaufleute, oft Bauern im Zweitberuf, reisten selbst so weit, andere betrieben einen Transithandel auf der strategisch günstig gelegenen Insel. Händlerbauern und Kaufleute sammelten immense Reichtümer. Sie versteckten die Geschäftserträge unter ihren Wohnhäusern als Altersversorgung, Wertanlage und Notgroschen. Von nachfolgenden Generationen vergessen oder einfach nicht berührt, harren sicher noch viele dieser Schätze ihrer Entdeckung.

Das leuchtende Hochmittelalter

Ronström (2007) bezeichnet Gotland als „Tiger-Ökonomie" des 12. und 13. Jahrhunderts. In wenig mehr als einem Jahrhundert erblühte die Hansestadt Visby als gesamtbaltisches Handelszentrum, wurden dicht an dicht prächtige, mehrstöckige Wohn- und Lagerhäuser aus weißem Kalkstein gebaut, ein Dutzend Klöster, Kirchen und Kathedralen gegründet und eine gewaltige Stadtmauer (vgl. Abb. 17) errichtet. Prunk und Reichtum der etwa 12 000 Stadtbürger ließen sich damals nur durch Luxusgesetze zügeln. Gleichwohl behielt die gotländische Kultur ihre Wurzeln auf dem Lande. Weltoffenheit und Fernhandel hatten auch die Bauern reich und unabhängig gemacht. Nie hatten sie sich Feudalherren oder Adligen unterwerfen müssen. Sie konkurrierten vielmehr mit Visbys reicher Bürgerelite, bestimmten auf dem Lande Regierung, Verwaltung und Gerichtsbarkeit. Die Herren der Großhöfe besaßen genügend Geld, um die mehr als 90 prachtvoll ausgeschmückten Landkirchen zu bauen, deren spätromanische und frühgotische Architektur das Landschaftsbild bis heute prägt. Dunkle Zeiten für Gotland begannen im Jahr 1350 mit dem Einzug der Pest und dann elf Jahre später mit der Invasion des Dänenkönigs Atterdag, der ein unvorbereitetes Bauernheer vernichtete und die Gold- und Silberreichtümer der Stadt erpresste. Die Insel verfiel in Rezession und landwirtschaftliche Krisen, verlor ihre Handelsmacht und wurde auf Jahrhunderte zum Spielball fremder Mächte.

Gotland heute

Trotz einer zunehmenden Landflucht ist Gotland auch heute noch agrarisch geprägt. Visby blieb die einzige Stadt der Insel und gehört mit ihrem alten Kern seit 1995 zum UNESCO-Weltkulturerbe. Fast zwei Drittel der heute etwa 58 000 Inselbewohner leben auf dem Lande, oft noch auf den großen Höfen der Vorväter, außerhalb von Dörfern und abgelegen von Geschäften, öffentlichen Verkehrslinien und anderer Infrastruktur. Zwar gehört Gotland heute zu den einkommensschwächsten Regionen Schwedens, aber gerade die von den Gotländern gepflegten Kontraste zwischen Modernität und einer auf traditionellen Werten beruhenden „Rückständigkeit" machen die Insel attraktiv für Künstler, Intellektuelle und vor allem Touristen.

Mehr als eine Million Besucher verzeichnet die Insel inzwischen jedes Jahr. Mehr als 100 000 Gäste mischen sich allein Anfang August unter die Gotländer, wenn diese eine Woche lang in traditionellen Kostümen vor Visbys malerischer Altstadtszenerie das blühende Mittelalter und seinen tragischen Ausgang nacherleben (Abb. 121). Viele tausend Festlandbewohner werden in der langen und sonnigen Saison zu „Sommergotländern", erholen sich in Ferienhäusern an der Küste und begeben sich auf naturkundliche oder kulturelle Spurensuche.

▼ 120
Silberreifen aus dem Schatzfund von Spillings im Museum *Gotlands Fornsal*, Visby

◀ 121
Mittelalter-Woche in Visby, Gotland

Åland-Inseln – Schärengarten und Kulturbrücke zwischen Schweden und Finnland

Differing from all the rest of the world for rocks and little rocky islands.

[Daniel Defoe über die baltische Schärenlandschaft in einem Atlas-Begleittext des Jahres 1723; Zitat aus Mead & Jaatinen 1975]

Rapakiwi und Bändergneis im dichtesten Schärenmeer der Erde

Der Strandwanderer, der an den norddeutschen Ostseeküsten Steine sammelt, nimmt nicht selten ein rund geschliffenes Stückchen des Ålandmassivs in die Hand, zum Beispiel einen schön gemusterten Granit mit dem klangvollen Namen „Rapakiwi", ein rötlich schimmerndes Gestein aus Quarz, Feldspäten und Glimmern. Gletscher der letzten Eiszeit brachten diese Steine bis nach Norddeutschland. Sie stammen aus einem kleinen Quellgebiet und werden daher als Leitgeschiebe angesprochen. Das Herkunftsgebiet dieses Gesteins liegt weit entfernt in der nördlichen Ostsee am Eingang des Bottnischen Meerbusens, etwa auf halber Distanz zwischen den Festlandsküsten Schwedens und Finnlands (vgl. Abb. 81). Dort bestimmt der rötliche Rapakiwi-Granit nebst farbenprächtig gebänderten Gneisen die Schärenlandschaft des Åland-Archipels (Abb. 122). „Å-land", das „Wasser-Land", besteht aus einigen tausend rundbuckliger Felsinseln und Klippen, die das Meer in einen Irrgarten aus Meerengen, Wasserstraßen und Kleinstmeeren zergliedern. Die größte Insel, von den Åländern „Festes Land" genannt, nimmt mit etwa 1000 km² mehr als zwei Drittel der gesamten Landfläche ein. Durch ihre weit verästelten Buchten und Seen ähnelt auch diese große Insel einem Flickenteppich aus Wasser und Land. Der Begriff „Schärengarten" beschreibt sehr anschaulich den Archipel mit seinen Farbkontrasten aus Meerblau, Granitrot, Gneisgrau und Waldgrün, wobei die schwedische Bezeichnung „Skärgård" manchmal auch mit „Schärenhof" übersetzt wird. Die deutsche Sprache kann indes bei der fein differenzierenden Nomenklatur der Schärenbewohner für die unterschiedlichen Felsformen nicht mithalten. *Hällar, Bådor, Gaddar, Stenar, Klinter, Knakar, Klubbar, Sylar* – eine kleine Auswahl einheimischer Bezeichnungen für raue und glatte Felsbuckel, für kleinere und größere Klippen, für stets überflutete Felsen, für solche, die nur bei Niedrigwasser zu sehen sind, und solche, die stets aus dem Meer herausragen. Ålands Statistikbüro wagt eine genaue Angabe zu der Zahl der Inseln und Inselchen: 6757 Eilande mit zusammen mehr als 2500 m² Fläche sind im Jahrbuch 2007 gelistet. Zu dieser Zahl kommen noch einige tausend kleiner bis winziger Felsinseln hinzu. Zusammen mit den Schärenhöfen vor Stockholm und der

▶ 122
Rötliche Granite prägen weite Teile des Schärengartens der Åland-Inseln

▶ 123 bis 126
Flora der åländischen Steingärten: Mauerpfeffer (*Sedum acre*), Natterkopf (*Echium vulgare*), Blut-Storchschnabel (*Geranium sanguineum*) und Lauch (*Allium schoenoprassum*)

finnischen Südwestküste hält der Åland-Archipel einen erdweiten Rekord: Nirgendwo sonst auf unserem Planeten liegen auch nur annähernd so viele Inseln dermaßen eng beieinander.

Dynamischer Wandel der Schärenlandschaft

Den Inseldichterekord haben die finnisch-schwedischen Schärengebiete erst vor kurzem erworben – erdgeschichtlich betrachtet. Am Ende der letzten Eiszeit vor etwa 11 700 Jahren waren die heutigen Inseln nicht mehr als kleine Felskuppen des Baltischen Schildes. Erst mit der nacheiszeitlichen Landhebung begannen die vom Eis geschliffenen Felskuppen, sich aus dem Meer zu erheben. 129 Meter ü. d. M. liegt der höchste Inselgipfel heute. Der Prozess der Landhebung dauert mit etwa 4 – 5 Millimeter pro Jahr noch immer an und unterwirft die Struktur des Archipels einem steten Wandel. Unterwasserriffe werden zu Schäreninseln. Inseln wachsen und Inseln verschmelzen. Gezeitenzonen entziehen sich allmählich dem Meereseinfluss. Meeresbuchten schließen sich und wandeln sich zu Binnengewässern. Die exponierten Granite und Gneise beginnen zu verwittern. Feineres Substrat reichert sich an und schließlich erobert Vegetation die einst blanken Felsen.

Die Vegetation der Steingärten

Trotz ihres steinernen Charakters besitzen die Åland-Inseln – ähnlich wie das südlich gelegene Gotland – eine ausnehmend artenreiche Flora. So kommen 70 % aller finnischen Gefäßpflanzenarten auf der vergleichsweise winzigen Inselfläche von insgesamt nur 1527 km² vor. Die besondere Dynamik und Struktur der Schärenlandschaft trägt zu dieser hohen Biodiversität bei. Die extrem lang gestreckte Wasser-Land-Grenze der vielen tausend wie Trittsteine im Meer liegenden Inseln erleichtert Organismen die Einwanderung. Die brückenartige Lage der Inselgruppe zwischen Schweden und Finnland bietet ideale Voraussetzungen sowohl für die Zuwanderung atlantisch geprägter als auch kontinentaler Arten. Die Zersplitterung des Landes in Inseln verschiedener Größen und Morphologie schafft zugleich sehr diverse strukturelle und kleinklimatische Nischen. Die Landhebungsdynamik beinhal-

▲ 127
Kirche auf der Insel Kökar (Åland-Inseln); der Kirchturm diente früher den Seefahrern als Leuchtfeuer

tet ein immenses Innovationspotenzial für Sukzession und Zuwanderung. Darüber hinaus existieren auf engstem Raum nebeneinander sehr unterschiedliche Boden- und Feuchtebedingungen. Die fruchtbaren Lehmböden der größeren Inseln sind von Nadelwäldern, orchideenreichen Feuchtwiesen und Laubhainen bedeckt. Sie wurden schon im Neolithikum für Viehzucht und Ackerbau genutzt. Besonders faszinierend sind die Steingärten Ålands, wo Pflanzen felsige Extremstandorte erobern und Blütenmeere selbst magerste Böden bedecken. Wilder Lauch, Flockenblumen, Blut-Storchschnabel und Natterkopf trotzen dem dünnen und auf dem felsigen Untergrund schnell austrocknenden Humushorizont und sorgen für einen langen sommerlichen Farbenrausch (Abb. 123 bis 126). Auf den kahlen Felskuppen der äußeren Schären und Klippen konkurrieren die leuchtenden Blüten verschiedener Mauerpfefferarten mit den intensiven Farben von Gneis, Granit und Flechtenkrusten. Die sukkulenten Polsterpflanzen scheinen sich ebenso wie windgekrümmte Wacholdersträucher in jeden Riss zu krallen, den die ansonsten so glatt geschliffene Felslandschaft bietet.

Archipel der Seefahrer: Postruderer, Kap-Hoorn-Segler und Großreeder

Die etwa 26 000 Åländer unterhalten heute eine der erfolgreichsten Ökonomien Europas. Mit hohem Lebensstandard, hohen Einkommen, gut entwickelter Infrastruktur und extrem niedrigen Arbeitslosenraten lassen sie die meisten anderen Inselökonomien der Erde im Pro-Kopf-Einkommen weit hinter sich. Das Fundament dieses Wirtschaftswunders ist die Schifffahrt, die etwa 40 % des åländischen Bruttosozialproduktes ausmacht. Die großen Passagierfähren nach Schweden und Finnland, Kreuzfahrtschiffe, Schärenschiffe und Handelsschiffe schwemmen Millionen in die Kassen åländischer Unternehmer, ermöglichen Investitionen und bieten mehr Arbeitsplätze als die Ålander selbst besetzen können. Man kann die Åländer heute mit Fug und Recht als ein Volk von Reedern bezeichnen. Denn die meisten Haushalte sind über Aktienbesitz Miteigentümer der gewinnträchtigen Schifffahrtslinien. Die Seefahrt hat eine lange Tradition auf den Ålands. Schon vor etwa 6000 Jahren kamen Jäger über das Meer in den damals deutlich inselärmeren Archipel. Ihre Boote waren unerlässlich für die Fischerei und die Jagd auf Seehunde und Meeresvögel. Aus der Bronzezeit zeugen, ähnlich wie auf Gotland, steinerne Schiffssetzungen von der hohen kulturellen Bedeutung der Seefahrt. Auch die sich im Laufe der Jahrtausende entwickelnde Landwirtschaft machte den Seeverkehr niemals überflüssig – im Gegenteil. Steigende Bevölkerungszahlen bei begrenzter Agrarfläche forderten eine dauerhafte Nutzung der marinen Ressourcen und auch den Warenaustausch über das Meer. So exportierten bäuerliche Frachtboote seit dem späten

Mittelalter zum Beispiel Fisch, Wildvögel und Tierhäute zum schwedischen Festland und in das östliche Baltikum. Im Jahr 1638 wurden åländische Bauern per Gesetz zur Mitarbeit im neu gegründeten Postdienst zwischen Stockholm und dem finnischen Turku (Åbo) verpflichtet. Schon seit Jahrhunderten zuvor hatten die Åland-Inseln königlichen Kurieren als Brücke über das Meer gedient. Der Brieftransport von einer Postfarm zur nächsten, die felsigen Irrgärten zu Fuß oder mit dem Pferd durcheilend, Buchten umrundend und schmale Meerengen mit dem Boot passierend, war die leichtere Aufgabe der Postbauern, die wegen ihres Zweitberufes auch Postruderer genannt wurden. Denn lebensgefährlich war der Brieftransport über die etwa 40 Kilometer offene Meeresstrecke zum schwedischen Festland, die bei Wind und Wetter mit kleinen Segel- und Ruderbooten zurückgelegt werden musste. Fror das Meer im Winter zu, mussten die Boote häufig aus dem Wasser gezogen und Meter für Meter über Eisschollen geschoben werden (Abb. 128). Bei Nebel, Sturm und Eisgang kamen daher immer wieder Postruderer in der Ålandsee um.

Erst im Jahr 1910, als längst Dampfschiffe die Regie der Festlandverbindungen übernommen hatten, wurden die åländischen Bauern offiziell von der Verpflichtung des Posttransportes befreit. Heute erinnert eine jährliche Postruderregatta mit traditionellen Booten an den maritimen Briefverkehr. Als zu Beginn des 20. Jahrhunderts auch große Segelschiffe weltweit aus der Mode kamen, kauften gewiefte Insulaner wie der legendäre Gustaf Erikson die Besten und Schnellsten der ausgemusterten Windjammer für wenig Geld auf. In Wettfahrten über die Weltmeere fuhren schließlich mehr als 200 åländische Großsegler mit skandinavischem Holz beladen um das Kap der Guten Hoffnung nach Australien und segelten von dort mit Weizen gefüllt um Kap Hoorn nach Europa zurück. Schon nach wenigen Fahrten hatten sich die Schiffe amortisiert und machten ihre Eigner reich. Das Fundament des åländischen Wohlstandes war gelegt.

Russland, Schweden oder Finnland? Ålands Weg zur friedlichen Autonomie

Die Åland-Inseln gehören heute zu Finnland, obwohl sie fast ausschließlich von schwedischer Sprache und Kultur geprägt sind. Die Hauptstadt Mariehamn hingegen ist russischen Ursprungs, denn sie wurde 1861 von Zar Alexander II. gegründet. Diese kulturelle und geschichtliche Diversität lässt Konflikte erahnen, in denen jahrhundertelang immer wieder um die Vorherrschaft über das Inselreich gekämpft wurde. Schweden, Dänen, Russen, Engländer und Franzosen wechselten als Inselherrscher. Doch die einstigen Interessenkonflikte wurden schließlich friedlich beigelegt. Bereits seit dem Ende des Krimkrieges 1856 sind die Inseln entmilitarisiert.

1920 trat das erste Selbstverwaltungsgesetz in Kraft. Als der Völkerbund 1921 die Zugehörigkeit der Inseln zu Finnland entschied, wären die Åländer auf Grund ihrer kulturellen Wurzeln zwar lieber Schweden geworden, sie erhielten jedoch weitreichende Garantien zur Bewahrung ihrer Sprache, Kultur und Autonomie, so dass sie ihre politisch-kulturelle Ambivalenz längst akzeptiert haben. Die Åländer sind heute stolz auf ihre eigene Flagge, ihr eigenes Parlament, ihre Befreiung von der Wehrpflicht und ihr eigenes Postwesen. EU-Sonderregelungen retteten das Duty-free-Geschäft auf den gewinnträchtigen Fährlinien, die inzwischen fast zwei Millionen Tagesgäste pro Jahr nach Mariehamn bringen. Die Kehrseite von wirtschaftlichem Wohlergehen, Bevölkerungswachstum und touristischer Attraktivität ist allerdings, dass immer mehr der abgelegenen und kleinen Felsinseln verlassen werden. Vor 100 Jahren waren noch 150 Inseln bewohnt, heute sind es nur etwa 60.

▶ 129
Briefmarke von den Åland-Inseln mit einem Segelschoner aus der Windjammerzeit

◀ 128
Postruderer im Åland-Archipel; Holzrelief von Helga Jadling (1983) im Postmuseum Stockholm
Foto: Sven Tideman

Azoren – grüne Vulkaninseln zwischen Europa und Amerika

Der sonderbare Berg, der sich 1638 unweit der Insel San Miguiel aus der See empor hob, und eine neue Insel formirte, ward unstreitig durch die Würkung eines sehr mächtigen Volkans zum Vorschein gebracht; und ob er gleich bald nachher wieder verschwand, so ist doch seine kurze Erscheinung hinlänglich, den Satz umzustoßen, daß nur die höchsten Picks innerliche Feuer haben können.

(Georg Forster, der in Begleitung von James Cook die Azoren im Jahr 1775 besuchte)

Tektonik und Vulkanismus

Die zu Portugal gehörenden und seit 1976 autonomen Azoren, etwa auf der geographischen Breite von Lissabon liegend (vgl. Abb. 81), umfassen neben einigen kleineren Felsinseln neun bewohnte Inseln auf einer Fläche von 2304 km^2. Santa Maria im Südosten ist etwa 1450 Kilometer von Portugals Hauptstadt entfernt und liegt dem europäischen Kontinent am nächsten. Zur nordwestlichsten Insel Corvo sind es noch weitere 650 Kilometer; die Entfernung von dort nach Neufundland beträgt etwa 1700 Kilometer. Die östliche Gruppe umfasst die Inseln Santa Maria, São Miguel und das unbewohnte Formingas-Riff. Die zentrale Gruppe besteht aus den Inseln Terceira, São Jorge, Graciosa, Pico und Faial. Die beiden kleinsten Inseln Flores und Corvo im Westen liegen bereits auf der Nordamerikanischen Platte. Die übrigen Inseln am östlichen Rand des Mittelatlantischen Rückens liegen wie die makaronesischen Geschwisterarchipele Madeira, Kanaren und Kapverden auf der tektonisch wie vulkanisch hochaktiven Azoren-Gibraltar-Linie als Hauptgrenze zwischen Europäischer und Nordafrikanischer Platte. Corvo und Flores wandern jährlich um einige Zentimeter Richtung Amerika, alle übrigen Inseln driften jeweils um etwa fünfzehn Zentimeter jährlich auf Europa zu. Die Krustenbewegungen bestimmen den Charakter und das Alter der Inseln. Santa Maria ist vor etwa vierzehn Millionen Jahren entstanden, alle übrigen Inseln sind jünger als vier Millionen Jahre. Mit 200 000 Jahren ist Pico am jüngsten, ihr 2351 Meter hoher Kegelvulkan zugleich der mit Abstand höchste Berg der Inselgruppe und Portugals.

Derzeit sind im Archipel zwölf Vulkane aktiv, davon fünf submarin. Vulkanausbrüche und Erdbeben hinterlassen deutliche Spuren. Durch Vulkanausbrüche auf der Landspitze Capelinhos (Abb. 130) verlängerte sich 1957/58 die Insel Faial um etwa 2,5 Kilometer. Besonders ansprechende vulkanische Landformen sind eine Vielzahl runder Calderas, die sich überall dort bildeten, wo basaltische Lava und Lockermaterial der Eruptionen wie Bomben, Schlacken, Asche und Lapilli zu Aufschüttungskegeln anwuchsen, die nach einer Explosion kollabierten. Die Kraterwände sind stellenweise extrem steil und bis zu 500 Meter hoch, die Außenhänge dagegen abgeflacht. Am Kraterboden hat sich vielfach Regenwasser zu Kraterseen gesammelt, deren Wasserspiegel beträchtlich schwanken kann. Landschaftsprägend sind auf verschiedenen Inseln auch die ausgedehnten Lavafelder in sehr verschiedenen Stadien der Verwitterung und Besiedlung durch Vegetation.

Das sprichwörtliche Azoren-Hoch interessiert die Menschen in West- und Mitteleuropa mehr als die Azoren selbst. Driftet es südwärts, so streichen kühle Nordwestwinde mit Regenfronten nach Europa. Streicht es nach Nordosten, so bremst es das Islandtief aus und sorgt in Mitteleuropa für warme Hochdruck-Wetterlagen. Auf den Inseln selbst herrscht ein subtropisch-feuchtes Klima mit mittleren jährlichen Niederschlägen zwischen 1000 und 1600 Millimetern auf Meeresniveau und einer Luftfeuchte von bis zu 95 % an mehr als 50 Tagen im Jahr. Die deutlich höheren Niederschlagsmengen in den Bergregionen sind derzeit unzulänglich dokumentiert. Auf Flores steigt die Niederschlagssumme um etwa 200 Millimeter über jeweils 43 Höhenmeter. Verglichen mit den übrigen Regionen Makaronesiens (diese Bezeichnung umfasst die Inselgruppen der Azoren, Kanaren, Madeira, die Ilhas Selvagens und die Kapverden), sind Wolken und Nebel häufig. Auf São Miguel liegt das Monatsmittel der Temperaturen im Januar bei 17 °C, im Juli bei 25 °C. Auf Flores liegt die mittlere Temperatur im Winter um 2 °C, im Sommer um 1 °C niedriger als im Osten der Inselkette.

Geschichte und Kultur

Münzfunde auf Corvo lassen darauf schließen, dass bereits in der Antike Phönizier die Inseln besucht haben. Zwischenzeitig in Vergessenheit geraten, dürften sie nach genuesischen Seekarten des 14. Jahrhunderts zwischen 1317 und 1339 durchaus bekannt gewesen sein. Glaubt man freilich dem Historiker Damião Peres, so hat Diogo de Silves erst 1427 die Inselgruppe entdeckt. Vermeintlich erspähten die Seefahrer Habichte als erste Landvögel und benannten die Inseln nach ihnen „Açores". Möglicherweise lag es an der Qualität der Fernrohre, vielleicht auch daran, dass kein Ornithologe an Bord war: Die offensichtliche Verwechslung mit „butíos", Bussarden, hatte keine Korrektur zur Folge, die Inseln hatten ihren endgültigen Namen.

Die weitere Entwicklung der Azoren war eng verknüpft mit der Eroberung und Verteidigung der portugiesischen Kolonien in Afrika sowie als Zwischenstation von und nach Indien. Als Portugal zwischen 1580 und 1640 unter spanische Herrschaft geriet, versagten die Azoren als die letzte Bastion des Widerstandes Spanien die Anerkennung. Noch drei weitere Jahre wehrten sich die Bewohner von Terceira, unterstützt durch ihre Stiere, gegen die spanische Besatzung, letztendlich freilich vergebens.

Mit Beginn des 19. Jahrhunderts setzte im Zuge des Welthandels eine wirtschaftliche Blüte ein. Taro, Orangen, Ananas, Tee und Tabak wurden erfolgreich angebaut, der Walfang intensiviert und der Aufbau einer Walfangflotte vom Mutterland unterstützt. Mit aufkommender Dampfschifffahrt wurden Kohlebunker errichtet und ab 1893 wurde über Faial das erste Unterseekabel zwischen Europa und Nordamerika verlegt. Seit den 1930er Jahren

wurde die Flugplatzkapazität für Transatlantikflüge auf Santa Maria und Terceira zunehmend ausgebaut.

Landhäuser, Windmühlen flämischen Ursprungs sowie zahlreiche Kapellen und Kirchen zeugen von einer eigenständigen azoreanischen Geschichte, ebenso wie die Gastronomie mit ihren bodenständigen Produkten von der Authentizität der einzelnen Inseln. Massentourismus blieb den Azoren bislang erspart. Die eingeschränkten landwirtschaftlichen Ertragsmöglichkeiten und nur schwach ausgeprägte andere Wirtschaftssektoren führten in der zweiten Hälfte des vergangenen Jahrhunderts zu starken Auswanderungswellen. Etwa 100 000 Menschen, fast ein Drittel der Bevölkerung, wanderten in die USA ab. Vor allem in den abgelegenen Ortschaften der zentralen und westlichen Inseln wird die Überalterung der Bevölkerung deutlich. Zwar haben EU-Subventionen in jüngster Zeit dank reger Bürgermeister selbst abgeschiedenen Regionen und Dörfern ein überdimensioniertes Straßennetz mit üppig ausgestatteten Spielplätzen beschert; auf ihnen fehlen indessen weitgehend die Kinder.

Pflanzenwelt und Fauna

Die fruchtbaren Böden im vulkanischen Ausgangsgestein, das milde ozeanische Klima und die nahezu uneingeschränkte Verfügbarkeit von Wasser erlauben die Entwicklung einer üppigen Flora. Heute sind etwa 811 Gefäßpflanzen und 425 Moosarten auf den Azoren etabliert. Von den Blütenpflanzen sind rund 60 Arten endemisch; weitere 110 einheimische Arten besitzen zusätzliche Verbreitungsgebiete im westlichen und südlichen Europa. Den größten Artenanteil mit 76 % bilden aus tropischen, subtropischen und mediterranen Regionen eingeführte Zier- und Nutzpflanzen sowie nahezu global verbreitete einjährige Pflanzen (Schäfer 2003). Einige der Zierpflanzen entwickeln spektakuläre Blüten, wie etwa die überall zur Weidenabgrenzung gepflanzten Hortensien (*Hydrangea macrophylla*) aus Ostasien, die Girlandenblumen *Hedychium gardneranum* (vgl. Abb. 52) oder *H. coronarium* aus dem Himalaya, die Schirmakazie (*Albizzia lophana*) aus Australien, die Buschlilie (*Crinum moorei*) aus Südafrika oder die Blaue Passionsblume (*Passiflora caerulea*) aus Südamerika. Einige dieser Arten sowie Gehölze wie der Klebsame (*Pittosporum undulatum*) aus dem Südosten Australiens, ursprünglich als Windschutz für Orangen-Plantagen angepflanzt, die Stechginsterarten *Ulex minor* und *Ulex europaea* aus Westeuropa oder Baumfarne (*Sphaeopteris cooperi*) aus Australien sowie raschwüchsige Bambus-Arten (*Phyllostachys bambusoides*, *Arundinaria japonica*) breiten sich als invasive Arten zulasten der ursprünglichen Vegetation rasch und stark aus, vor allem in den tieferen Lagen.

Die natürliche Vegetation außerhalb der Strände und Sonderstandorte dürfte in den Tieflagen bis in Höhen um 600 Meter vor allem aus Lorbeerwäldern aufgebaut ge-

▲ 130
Lava- und Aschefelder des Vulkanausbruches von 1957/58 bei Capelinhos (Faial, Azoren)

wesen sein; an exponierten Stellen in küstennahen Lagen mag einst auch der Drachenbaum (*Dracaena draco*) stärker vertreten gewesen sein, während er aktuell nur noch in einigen Siedlungen anzutreffen ist.

Diese ursprüngliche Vegetation des Tieflandes ist zwischenzeitig bis auf winzige Reste verschwunden. Von Kühen beweidetes Grünland herrscht vor. Kleinräumig werden Taro, Tabak, Getreide, Färbepflanzen, Zuckerrohr, Wein (Abb. 133) oder Orangen angebaut. Regional haben bis in höhere Lagen unterwuchsarme Forstplantagen mit der raschwüchsigen Sicheltanne (*Cryptomeria japonica*) heimische Baumarten wie die Europäische Eibe (*Taxus baccata*), die Portugiesische Lorbeer-Kirsche (*Prunus lusitanica*) oder den Makaronesischen Gagelbaum (*Myrica faya*) weitgehend verdrängt. Letzerer ist heute übrigens selbst ein problematischer Eindringling auf den Hawaii-Inseln.

In nebelreichen Höhenlagen werden außerhalb des zurückgehenden und verbrachenden Weidegrünlandes die

◄ 131
Plateaus unterhalb steiler Hänge, oft als Küstensockel vor Steilküsten ausgebildet, heißen auf den Azoren „Fajãs". Oft liegen auf ihnen Siedlungen und landwirtschaftliche Nutzflächen. Im Bild die Fajã dos Tijolos auf São Jorge, Azoren

► 132
Azoren-Wacholder (*Juniperus brevifolia*) im Hochland von São Jorge

◄ 133
Weinanbau bei São Lourenço auf Santa Maria, Azoren

Lorbeerwälder entweder von hochwüchsigen Rasen des Mähnen-Schwingels (*Festuca jubata*) oder von äußerst farn- und moosreichen Wacholder-Buschwäldern abgelöst, die von dem endemischen Azoren-Wacholder (*Juniperus brevifolia*, Abb. 132) beherrscht werden, so vor allem auf Flores, Pico und Faial in teilweise noch wenig beeinträchtigten Beständen. Nur auf Pico schließt sich oberhalb von 1200 Metern eine vorwiegend aus lückigen Zwergstrauchheiden und Rasen aufgebaute alpine Stufe an.

Mehr als die Tierwelt auf dem Lande ist die reichhaltige Fauna in den fischreichen, zerklüfteten Küstengewässern spektakulär. Verschiedene Walarten, Delphine, Schildkröten und zahlreiche Fische beleben die verschiedenen bizarren Unterwasserlandschaften mit ihren vulkanischen Gebirgen, Grotten und Höhlen. Die Azorengewässer gelten als eines der weltweit reichsten außertropischen Tauchreviere. Der Walfang mit der Harpune ist mittlerweile eingestellt. Dafür gewinnt die „Waljagd" mit der Kamera an der Küste Picos und Faials zunehmend Freunde.

Natur- und Landschaftsschutz

Für Naturfreunde sind die Azoren in vielfacher Hinsicht ein außerordentlich spannendes Gebiet: Eine nur extensive Landnutzung, sehr spezifische klimatische Gegebenheiten und eine teilweise sehr geringe und weiterhin abnehmende Bevölkerungsdichte sind günstige Voraussetzungen für eine nachhaltige Entwicklung der natürlichen Ressourcen. Die zentralen und westlichen Inseln haben im Bergland ausgedehnte Schutzgebiete ohne derzeit erkennbare Nutzungskonflikte. In den intensiv von Tauchern frequentierten Küstenräumen scheint eine verstärkte Ausweisung von Schutzzonen sinnvoll. Die Beobachtung von Walen und Delphinen wird als „Ökotourismus" praktiziert und ist behutsam entwicklungsfähig. Vorbildlich schließlich ist die Ausweisung der 1993 in 1700 Meter Tiefe bei den Azoren entdeckten Hydrothermalfelder „Lucky Strike" und „Menez Gwen" mit den sogenannten „Schwarzen Rauchern" und ihren spezifischen Lebensgemeinschaften als erstes Tiefsee-Schutzgebiet im Atlantik überhaupt.

Die Amerikanischen Jungferninseln – der Tourismus ersetzt die Zuckerindustrie

1 Brenneisen, um die Zuckerfässer zu brennen,
1 silbernes Instrument,
um die neuen gekauften Neger mit zu marquiren mit dem Buchstab BvS

(Aus dem Inventarverzeichnis der Baron v. Schimmelmannschen Plantagen in Westindien; zitiert nach: Degn 2000, S. 59)

Östlich Puerto Ricos liegen im Karibischen Meer und an dessen Grenze zum offenen Atlantik die Amerikanischen Jungferninseln mit den Hauptinseln St. Thomas, St. John und St. Croix (vgl. Abb. 81). Sie sind ein nicht inkorporiertes Außengebiet der Vereinigten Staaten. Einschließlich zahlreicher kleiner Eilande besitzen sie eine Landfläche von 346 km², auf der heute fast 110 000 Menschen wohnen. Mehr als drei Viertel von ihnen sind Nachkommen afrikanischer Sklaven. Vor 1493 beherrschten die aus Süd- oder Mittelamerika eingewanderten Völker der Igneri, Taino und Kariben die Inseln. Danach waren es Spanier, Franzosen, Niederländer, der Malteserorden, Briten, Dänen und US-Amerikaner.

Charlotte Amalie – Zentrum des Kreuzfahrttourismus

Im Jahre 2006 besuchten 2,6 Millionen Touristen hauptsächlich St. Thomas. Etwa 80 % des Bruttosozialprodukts und der Arbeitsplätze verdanken die Amerikanischen Jungferninseln heute dem Tourismus. Der dominierende Kreuzfahrttourismus ist ein Saisongeschäft (Abb. 134), das sich weitgehend auf die niederschlagsärmere und etwas kühlere Zeit von Dezember bis April konzentriert, in der es weniger schwül ist und tropische Wirbelstürme nur ganz selten auftreten.

Charlotte Amalie, die Hauptstadt der Amerikanischen Jungferninseln, ist aufgrund der extrem hohen Zahl an Kreuzfahrttouristen eines der umsatzstärksten Einkaufszentren für Schmuck und Uhren auf der gesamten Erde. Neben dem Einkauf sind die wichtigsten Aktivitäten der Kreuzfahrttouristen das Schnorcheln und Tauchen an den Korallenriffen, Inselrundfahrten und Restaurantbesuche (auf St. Thomas) sowie Wandern, Baden und Sonnen (auf St. John). Manche der unbebauten wunderschö-

▼ 134
„Costa Fortuna" (Kapazität: 2270 Gäste) im Vordergrund und „Freedom of the Seas" (2008 das größte Kreuzfahrtschiff mit einer Kapazität von 3364 Gästen) im Hintergrund am West Indian Company Cruise Ship Dock im Hafen von Charlotte Amalie (St. Thomas, Amerikanische Jungferninseln)
Foto: Hans-Rudolf Bork

nen Sandstrände der Jungferninseln bleiben selbst in der Hochsaison fast menschenleer. Kulturtouristen sind trotz interessanter Relikte aus der dänischen Kolonialzeit auf den drei Hauptinseln rar. Der Nationalpark auf St. John, in dem artenarme Sekundärwälder auf den Flächen ehemaliger Zuckerrohrplantagen wachsen und verwilderte Esel unbehelligt grasen, zieht lediglich eine bescheidene Anzahl von Wanderern an.

Hauptsächlich auf St. Thomas und St. John setzen sich – zum Kummer vieler seit langem ansässiger Bewohner – in wachsender Zahl vom US-Festland kommende, wohlhabende Pensionäre zur Ruhe. Ganzjährig angenehme Temperaturen, das tropische Flair, die ästhetische Attraktivität, die Abgeschiedenheit einzelner Inselabschnitte und die Ruhe fördern solche Immigration.

Touristen und Immigranten verstärken den Wassermangel

Die Inseln stoßen in vielfältiger Hinsicht an ihre Belastungsgrenzen. Waren es im 18. und 19. Jahrhundert der nahezu flächendeckende Anbau von Zuckerrohr, die Sklavenhaltung und die Zerstörung der ackerbaulich nutzbaren Böden, so belasten heute Touristenströme und wohlhabende Immigranten aus Nordamerika die Ökosysteme der Inseln und die Lebensqualität ihrer Bewohner. Soziale Spannungen sind lokal bereits spürbar. In den vergangenen zwei Jahrzehnten stiegen die Preise für Grundstücke und Mieten mitsamt Nebenkosten stärker als die Gehälter der meisten Menschen, die im Tourismussektor tätig sind.

Immer stärker macht sich Trinkwassermangel bemerkbar. Am 6. März des Jahres 2008 hatte der Frühstückskaffee im Galleon House, einer herrlich gelegenen, kleinen Pension in Charlotte Amalie auf St. Thomas, einen merkwürdigen Geschmack, denn er war leicht salzig. Die Meerwasserentsalzungsanlage lieferte wieder einmal nicht die notwendige Qualität. Der Mangel an Süßwasser wird nicht nur an den trockeneren Ostseiten zu einem zentralen Problem. Die wachsende Zahl Wasser verbrauchender Touristen und Immigranten verschärft den Wassermangel drastisch. Einen erheblichen Bedarf an Wasser haben neben den privaten Haushalten die Erdöl verarbeitende Industrie auf St. Croix, die Schwimmbäder der Hotels sowie die Golfplätze. Nicht nur private Gärten, sondern auch öffentliche Parks werden regelmäßig bewässert. Die Wassergewinnung erfolgt über Brunnen, für die privaten Haushalte vor allem über Zisternen und über die kostspielige und in erheblichem Maße Energie verschwendende Meerwasserentsalzung, mit der auf St. Thomas öffentliche Gebäude und die Hauptstadt Charlotte Amalie versorgt werden.

Die Amerikanischen Jungferninseln sind offenbar die einzige Region der Erde, in der Hausbesitzer gesetzlich verpflichtet sind, selbstverantwortlich für eine ausreichende Versorgung ihres Hauses mit Trink- und Brauchwasser zu sorgen. Bauvorschriften spezifizieren die Kapazitäten von Zisternen für Gebäude. Mindestens 380 Liter Zisternenraum sind pro Quadratmeter Dachfläche für einstöckige Gebäude vorzuhalten (Solomon & Smith 2008).

Weniger als 6 % der Insel-Oberfläche werden heute noch agrarisch genutzt. Vor zwei Jahrhunderten waren es noch mehr als 90 %. Zwar bauen die ärmeren Bewohner besonders auf St. Croix heute Gemüse für die Eigenversorgung an, der Nahrungsmittelbedarf wird jedoch inzwischen ganz überwiegend durch Importe gestillt – aus einem agrarischen Überschussraum im 18. und 19. Jahrhundert wurde ein Agrarimportgebiet. Wodurch wurde diese drastische Veränderung ausgelöst? Warum war Dänemark schon seit Mitte des 19. Jahrhunderts sehr bemüht, die Inseln zu veräußern?

▲ 135 Petroglyphen an einem heiligen Ort der Taino auf St. John (Amerikanische Jungferninseln)
Foto: Hans-Rudolf Bork

Die wechselvolle Besiedlungsgeschichte

Menschen erreichten vor mindestens viereinhalb Jahrtausenden die Jungferninseln. Vor dem ersten nachweisbaren Besuch eines Europäers, dem in spanischen Diensten stehenden Genuesen Christopher Kolumbus im Jahr 1493, lebten schon lange Igneri, Taino (Arawak) und Kariben hier. Die weit mehr als 500 Jahre alten Petroglyphen (Steingravuren) an einem heiligen Ort der Taino auf St. John sind eines der wenigen überlieferten Relikte dieser frühen Kulturen (Abb. 135).

Kolumbus war derart beeindruckt von der großen Zahl an Inseln in der Region, dass er sie zu Ehren der heiligen Ursula und ihren 11 000 jungfräulichen Begleiterinnen „Santa Úrsula y las Once Mil Vírgenes – Archipiélago de las Vírgenes“ (Jungferninseln) nannte. Die von Kolumbus für Spanien in Besitz genommenen Jungferninseln wurden über Jahrzehnte kaum beachtet. Erst als weitere europäische Mächte Besitzansprüche anmeldeten, erwachte auch das Interesse der spanischen Krone an ihnen. Im Jahre 1650 besiegten die Franzosen die Spanier auf St. Croix. Häufige Besitzwechsel folgten. Von 1655 bis 1665 verpachteten die Franzosen St. Croix an den Malteserorden. Dann kaufte die Französische Westindien-Kompanie die Insel von den Maltesern. Die französische Niederlassung wurde wiederholt von Seuchen geplagt, so dass St. Croix 1695 weitgehend wüst gefallen war.

▶ 136
Die Entwicklung des Haushaltsdefizits der dänischen Jungferninseln St. Thomas und St. John in der zweiten Hälfte des 19. Jahrhunderts

Daten: Dookhan (1995, S. 245)

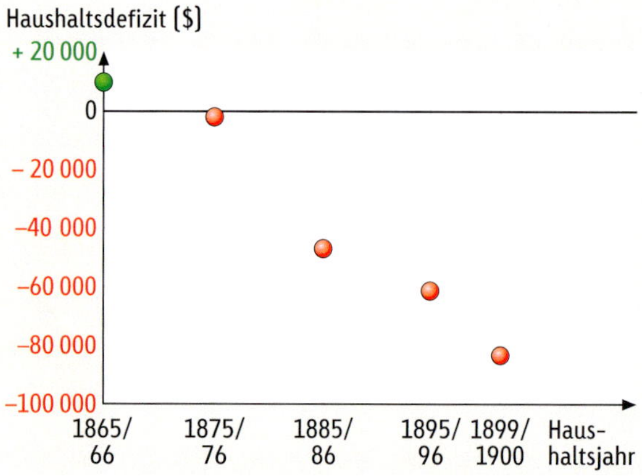

▶ 137
Die Bevölkerungsentwicklung in Dänisch-Westindien und den Amerikanischen Jungferninseln seit 1850

Daten: Dookhan (1995, S. 237 u. 289); CIA (2008)

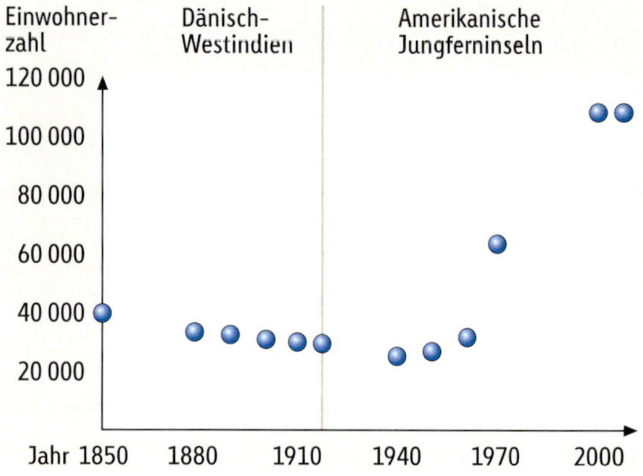

Dänisch-Westindien

Dänemark besetzte im Jahr 1671 St. Thomas und zwölf Jahre später St. Jan (heute St. John). Im Jahr 1733 erwarb die Dänisch-Westindische Kompanie St. Croix von Frankreich. Auf St. Thomas und St. Croix errichtete Dänemark Forts. Obgleich die Jungferninseln in der dänischen Kolonialzeit niemals verteidigt werden mussten, wurden die Forts dennoch mehrfach zerstört – von schweren tropischen Wirbelstürmen und erdbebenbedingten Tsunami.

Die Beteiligung der Brandenburger am berüchtigten atlantischen Dreieckshandel

Die brandenburgische Kompanie pachtete im November 1665 einen kleinen Teil von St. Thomas in Dänisch-Westindien, um am atlantischen Dreieckshandel zwischen Europa, Westafrika und Westindien teilnehmen zu können. „Nach Afrika brachten die Brandenburger Textilien, Metall- und Gebrauchswaren sowie Waffen und Branntwein. Aus Afrika führten sie Gummi (aus Arguin), Häute, Getreide, Straußenfedern, Gold, Elfenbein und vor allem Sklaven aus. Von letzteren dürften in der ca. dreißigjährigen Geschichte der Kompanie ungefähr 30 000 in die Neue Welt gelangt sein, bei Todesraten um 10 %. Die meisten von ihnen wurden auf andere Inseln weiterverkauft, die übrigen auf den staatseigenen Plantagen beschäftigt. Aus der Karibik brachte die brandenburgische Flotte – auf ihrem Höhepunkt gerade einmal aus sechzehn Schiffen bestehend – Hölzer, Baumwolle, Kakao, Indigo, Tabak und Zucker zurück. Wirtschaftlich war der Dreieckshandel allerdings kein Geschäft, da die Verluste an Waren und Schiffen enorm hoch waren: Insgesamt gingen fünfzehn Schiffe verloren, davon wurde ein Drittel durch den Kriegsgegner Frankreich gekapert." (Graichen & Gründer 2007, S. 30–32) Im Jahr 1717 verkaufte der preußische König Friedrich Wilhelm I. die westafrikanischen Gebiete an die Niederländer. Dänemark versteigerte von 1731 bis 1738 den brandenburgisch-preußischen Besitz auf St. Thomas.

Dänisch-Westindien wurde bald zu einem Zentrum des berüchtigten atlantischen Dreieckshandels. In großem Umfang wurde auf St. Croix, St. Thomas und St. John Zuckerrohr angebaut. Der Rohzucker wurde nach Dänemark verschifft. Auch Flensburger Raffinerien verarbeiteten Zuckermelasse aus Dänisch-Westindien. Aus der Maische wurde durch Destillation Alkohol gewonnen, der zum Beispiel mit Flensburger Wasser und anderen Ingredienzien zu Rum veredelt wurde. Von Dänemark wiederum wurden Produkte wie Gewehre, Kattun und Rum an dänische Stützpunkte an der westafrikanischen Goldküste geliefert. Die Erlöse wurden genutzt, um vor Ort Sklaven zu kaufen und nach Westindien zu verfrachten. Unmenschliche Bedingungen prägten diese transatlantischen Schiffspassagen. Erst die „preiswerte" Sklavenarbeit ermöglichte den einträglichen Anbau des Zuckerrohrs in Dänisch-Westindien. Andere europäische Seemächte praktizierten einen analogen Dreieckshandel zwischen ihren westafrikanischen und amerikanischen Kolonien. Die wirtschaftliche Blüte der Inselkolonien basierte damit zu einem ganz erheblichen Teil auf Sklavenhandel und Sklavenhaltung, die zu den schlimmsten Verbrechen des 16. bis 19. Jahrhunderts gehören.

Der 1724 im vorpommerschen Demmin geborene Kaufmann Heinrich Carl Schimmelmann war in den 1760er und 1770er Jahren ein bedeutender Akteur des dänischen Dreieckshandels und wurde durch ihn zu einem der reichsten Europäer. Schimmelmann war Großaktionär von Handelsgesellschaften, die (Sklaven-)Handel betrieben. Er besaß vierzehn Schiffe sowie vier große Plantagen mit zahlreichen Sklaven auf St. Thomas, St. Jan (St. John) und St. Croix. Im dänischen Gesamtstaat besaß Schimmelmann Gewehr- und Kattunmanufakturen, Brennereien, die königliche Zuckerraffinerie sowie mehrere Güter (Degn 2000).

Im 18. und in der ersten Hälfte des 19. Jahrhunderts ermöglichte Sklavenarbeit einen rentablen Anbau von Zuckerrohr in Dänisch-Westindien. Bemühungen zur Aufhebung der Sklaverei scheiterten in den 1830er und 1840er Jahren an der Bereitschaft des dänischen Staates, die Sklavenhalter zu entschädigen. Im Jahr 1848 rebellierten schließlich die Sklaven auf St. Croix. Am 3. Juli 1848 sah sich Gouverneur Peter von Scholten gezwungen, die Sklaverei in Dänisch-Westindien aufzuheben. Von Scholten wurde deswegen in Dänemark angeklagt. Der Oberste Gerichtshof Dänemarks billigte allerdings seine Amtsführung (Riis 2001, S. 12ff.).

Bald resultierte ein drastischer Mangel an Arbeitskräften aus der Emanzipation der Sklaven. Die Wirtschaft Dänisch-Westindiens brach zusammen, da der Anbau von Zuckerrohr unrentabel geworden war. In der zweiten Hälfte des 19. Jahrhunderts begann sich ein wachsendes

▶ 138
Die berühmte, von subtropischen und tropischen Pflanzen gesäumte Treppe „99 steps" in der hügeligen dänischen Altstadt von Charlotte Amalie, St. Thomas (heute Amerikanische Jungferninseln) wurde aus Schiffsballastziegeln gebaut, die auf dänischen Inseln hergestellt worden waren

Foto: Hans-Rudolf Bork

Haushaltsdefizit einzustellen; die dänische Kolonie verlor durch die Abwanderung von Arbeitern, durch hohe, unter anderem auf Epidemien zurückzuführende Sterberaten mehr als ein Fünftel ihrer Bevölkerung (Abb. 136 und 137).

Dänemark versuchte nun, seine karibische Kolonie zu veräußern. Doch verheerende Ereignisse verhinderten über längere Zeit den Verkauf. Im Jahr 1866 suchten Cholera- und Gelbfieberepidemien Dänisch-Westindien heim. Im selben Jahr zerstörte eine Feuersbrunst Teile von Charlotte Amalie. Ein schwerer Hurrikan traf darüber hinaus St. Thomas am 29. Oktober 1867. Die Gasversorgung wurde zerstört und für längere Zeit unterbrochen. Der Sturm riss die Dächer mehrerer Kirchen in Charlotte Amalie fort. Im Hafen der Stadt sank das britische Dampfschiff *Columbian*. Doch damit nicht genug. Am 19. November 1867 setzte gegen 14:30 Uhr eine Serie von 89 insgesamt zwölf Stunden andauernden Erdbeben ein. Durch die Beben ausgelöste Tsunami richteten schwere Zerstörungen an den Küsten an (Watlington & Lincoln 1997). In jenem Jahr hatten Dänemark und die Vereinigten Staaten zwar schon einen Vertrag zum Verkauf von St. Thomas und St. John vorformuliert, jedoch verhinderten die erwähnten Seuchen und Naturkatastrophen sowie die wachsende Konzentration der Regierung in Washington auf die Kolonisierung des Westens Nordamerikas den Abschluss des Vertrages.

Ein zweiter Verkaufsversuch scheiterte 1902 am dänischen Parlament. Erst der Eintritt der Vereinigten Staaten in den Ersten Weltkrieg änderte die geopolitische Lage grundlegend. Am 17. Januar 1917 wurde der Kaufvertrag unterzeichnet. Dänemark erhielt 100 Millionen dänische

▶ 139
Der historische Distrikt in Charlotte Amalie mit ehemaligen dänischen Handelskontoren, in denen heute Juwelen, Uhren, hochwertige Kleidung und wertvolle Souvenirs veräußert werden (St. Thomas, Amerikanische Jungferninseln)
Foto: Hans-Rudolf Bork

◀ 140
Strand Street in Frederiksted (St. Croix, Amerikanische Jungferninseln)
Foto: Hans-Rudolf Bork

Kronen (damals 25 Millionen US-$). Am 31. März 1917 endete die dänische Verwaltung der Jungferninseln. Dänisch-Westindien wurde umbenannt in „Virgin Islands of the United States" (Amerikanische Jungferninseln).

In den 1960er Jahren begann mit der verstärkten Wahrnehmung der schönen und nicht allzu weit entfernten Jungferninseln durch die nordamerikanische Mittel- und Oberschicht eine Blütezeit des Tourismus und damit der Inselwirtschaften. Die Bevölkerungszahlen verdreifachten sich im Verlauf von nur drei Jahrzehnten (vgl. Abb. 137). Auf der kleineren und weniger dicht besiedelten Jungferninsel St. John bewirken seit einigen Jahren vor allem Immigranten einen Aufschwung. Hingegen wird St. Croix zunehmend zum Verlierer des Konzentrationsprozesses im Tourismusgewerbe. Die erst vor wenigen Jahren für moderne Kreuzfahrtschiffe errichtete Mole von Frederiksted an der Westküste von St. Croix steht für den Abschwung; sie ist heute nahezu ungenutzt. Vom Yachttourismus profitiert nur Christiansted im Süden von St. Croix. Dieser touristische Konzentrationsprozess in Charlotte Amalie auf St. Thomas wird sich in den kommenden Jahren sehr wahrscheinlich fortsetzen.

Inseln aus Flussschlamm im Delta von Río Paraná, Río Uruguay und Río de la Plata – ständig werden es mehr

Das Delta

Der wasser- und schwebstoffreiche Río Paraná, der zweitlängste Fluss Südamerikas, entwässert Teile des südlichen Brasilien, Paraguay, den Südosten Boliviens und den Nordosten Argentiniens (vgl. Abb. 81). Zahllose winzige, im riesigen Einzugsgebiet erodierte Bodenpartikel färben die Wassermassen des Río Paraná braun. Unterhalb der Mündung des Río Uruguay in den Río Paraná weitet sich der Fluss in ein annähernd 300 Kilometer langes und bis zu 220 Kilometer breites Ästuar, das Río de la Plata (Silberfluss) genannt wird.

Am westlichen und nordwestlichen Rand des Ästuars ist aus den abgelagerten Schwebstoffen von Río Paraná und Río Uruguay ein riesiges Delta entstanden, dessen verzweigtes Netz von Fließarmen die Ablagerungen in eine vielfältige Inselwelt teilt. Die Entwicklung des Deltas wird nicht nur von den abgesetzten Schwebstoffen des Río Paraná und des Río Uruguay beeinflusst. Zahlreiche bogenförmige Strandwälle bezeugen, dass das Meer während höherer Meeresspiegelstände (Transgressionen) im Holozän zeitweise im Delta aufwärts vordrang (Abb. 141).

▼ 141 Falschfarbenkomposit eines Ausschnittes des Paraná-Deltas (aufgenommen vom ETM+-Sensor des Satelliten Landsat 7 am 26. Mai 2000; die Pfeile markieren reliktische Strandwälle (http://earthobservatory.nasa.gov/Newsroom/NewImages/Images/landsat_art_parana_lrg.jpg, 9.10.2006)

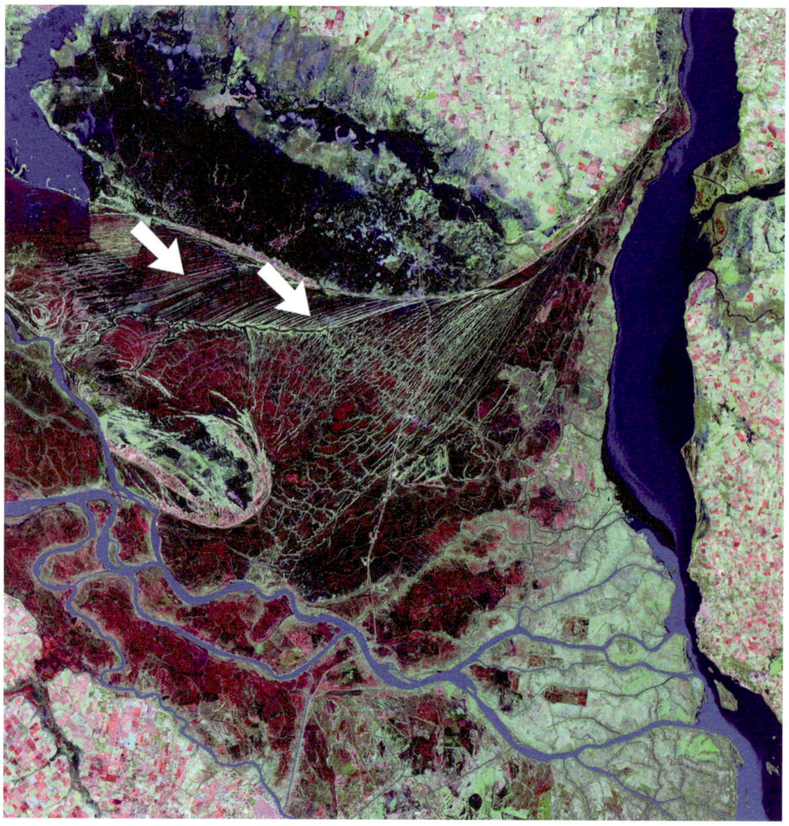

Aus Schwebstoffen werden Inseln

Das Delta wächst durch den Absatz der Schwebstoffe von Río Paraná und Río Uruguay beständig nach Südosten in das Ästuar des Río de la Plata (vgl. Abb. 142). In Bereichen geringer Fließgeschwindigkeiten, vor allem am flachen Deltafuß am Westrand des Río de la Plata, werden bevorzugt Bodenpartikel und mitgeführtes organisches Material abgelagert. Pflanzen siedeln auf den weichen Ablagerungen schon, bevor die Sedimente bis zur Wasseroberfläche aufgewachsen sind. Sie fördern das Auskämmen der Bodenpartikel im Wasser des Río Paraná und damit das Aufwachsen neuer Inseln. Schließlich ragen auch bei höheren Wasserständen aus dem breiten Flussbett Bänke aus abgesetzten Bodenpartikeln und eingelagertem organischem Material auf. Die Inseln ändern mit den Fließgeschwindigkeiten des Río Paraná, des von Norden einmündenden Río Uruguay und des Río de la Plata fortwährend ihre Form; zumeist gewinnen sie an Größe. Diese jüngsten Inseln am vorderen, östlichen, meerwärtigen Rand des Deltas des Río Paraná sind am niedrigsten. Ihr wasserreicher Schlamm ist weich und zunächst noch nicht landwirtschaftlich nutzbar.

Proportional zum Wachstum des Deltas schrumpft der Río de la Plata. Im 20. Jahrhundert wuchs das Delta jährlich um mehr als einen Quadratkilometer, was einer mittleren Ostverlagerung der Deltafront um einige Zehnermeter pro Jahr entspricht. Setzt sich das Wachstum in der heutigen Geschwindigkeit fort, wird Buenos Aires in wenigen Jahrhunderten am südlichsten Arm des Río Paraná und nicht mehr am Río de la Plata liegen. Einige Jahrtausende danach wird das Ästuar des Río de la Plata, abgesehen von zahlreichen Flussarmen, fast vollkommen mit Ablagerungen des Río Paraná und des Río Uruguay verfüllt sein. Seit jedoch am Paraná und an einigen Nebenflüssen große Staudämme errichtet wurden, lagern sich viele feine Bodenpartikel bereits in den Stauseen ab; die Schlammbelastung des Río Paraná sank. Wie stark das Wachstum des Paraná-Deltas dadurch gemindert wird, ist noch nicht durch Zahlen zu belegen.

Eine Fahrt auf einer der vielen schmalen bis einige Kilometer breiten Fließbahnen des Río Paraná führt deltaaufwärts an zunehmend älteren Inseln vorbei; ihr Schlamm hat sich über Jahrzehnte, Jahrhunderte oder Jahrtausende gesetzt, sie wurden begehbar und schließlich für Menschen nutzbar. Viele Porteños – wie sich die Bewohner von Buenos Aires nennen – errichten hier Wochenendhäuser oder verlegen ihren Lebensmittelpunkt auf die vergleichsweise einsamen und ruhigen Inseln im Delta (Abb. 143).

Der weit überwiegende Teil des Einzugsgebietes des Río Paraná war bis vor wenigen Jahrhunderten mit Wäl-

▲ 142
Die Flüsse Paraná und Uruguay versorgen das Ästuar des Río de la Plata mit schwebstoffreichem Wasser. Die Astronautenaufnahme vom 14. November 2003 (ISS008–E-5983) zeigt die Mischung des trüben Flusswassers mit dem klaren Wasser des Atlantischen Ozeans. Die Nährstoffe des Flusswassers fördern eine starke Planktonblüte im Atlantik
(http://earthobservatory.nasa.gov/Newsroom/NewImages/images.php3?img_id=16385, 9.10.2006)

dern bedeckt, die Menschen nicht oder nur unbedeutend verändert haben. Die natürliche Vegetation schützte außerhalb der von Hochwasser betroffenen Gebiete und damit im ganz überwiegenden Teil des Einzugsgebietes die Böden weitgehend vor Abtragung. In dem mehr als 10 000 Jahre währenden Abschnitt des Holozäns vor der europäischen Landnahme wurden in nennenswertem Ausmaß lediglich in den zeitweise von Hochwasser betroffenen Auenbereichen lokal Bodenpartikel erodiert – das Delta wuchs daher langsam. Erst die Zerstörung der bodenschützenden Vegetation auf den Hängen in den vergangenen vier Jahrhunderten, hauptsächlich seit dem 19. Jahrhundert, und die nachfolgende Landnutzung haben intensive Bodenerosion zur Folge gehabt, die Schwebstoffkonzentration im Paraná und seinen Nebenflüssen erhöht und damit das Deltawachstum wesentlich beschleunigt.

▲ 143
Hochwassersicheres Wohnhaus auf einer Schwemmland-Insel im Delta des Río Paraná Foto: Hans-Rudolf Bork

Falklandinseln (Islas Malvinas) – Archipel am Tor zur Antarktis

Das Land ist überall bedeckt mit moorigen Böden und hartem Gras von brauner monotoner Farbe. Lediglich hier und da eine Spitze oder ein Rücken aus grauem Quarzgestein, das die weiche Oberfläche durchbricht.

(Charles Darwin, 1833, bei seinem Besuch der Falklandinseln)

Die Insel von Rob McGill

Im Süden des Atlantischen Ozeans, etwa 1200 Kilometer von der antarktischen Halbinsel und 600 Kilometer von der Ostküste Patagoniens entfernt, wohnt Rob McGill auf Carcass Island, einer 17 km^2 kleinen hügeligen Insel am nordwestlichen Rand des Falklandarchipels (vgl. Abb. 81). Rob McGill ist nicht nur Eigentümer, sondern auch der einzige ständige Bewohner der Insel. Er teilt sich das Eiland mit einigen hundert See-Elefanten sowie Tausenden von Pinguinen, Sing- und Wasservögeln. Sein Farmhaus liegt versteckt im wohl schönsten Garten des Archipels. Gehölze und Hecken, die bereits Anfang des 20. Jahrhunderts angepflanzt wurden, schützen Haus und Garten vor den brüllenden Weststürmen, die durchschnittlich viermal im Monat über den Archipel fegen.

Im Inneren des Gartens blühen subtropische Pflanzen, Fuchsiensträucher und Rhododendren, Gewächse, die draußen keine Chance hätten. Draußen, das ist

eine baumlose, gelb-braune Gras- und Heidelandschaft, typisch für alle Inseln des Archipels. Und doch ist Carcass Island anders. So weiden auf der Insel nur etwa 250 Schafe – ein Bruchteil der Beweidungsintensität vieler anderer Inseln. Das fünfmal größere Pebble Island etwa wird von der 40-fachen Schafzahl bevölkert. Rob McGill hat erkannt, dass solche Schafdichten die Inseln zerstören, die Vegetation schädigen und Bodenerosion auslösen. Die Gräser von Carcass Island bestehen noch überwiegend aus heimischen Arten, wie dem „White Grass" (*Cortaderia pilosa*), welches hier im Sommer noch dichte Blühhorizonte ausbildet, während auf vielen anderen kleinen Inseln heute eingeführte Grasarten dominieren und die Vegetation von den Schafen extrem kurz geschoren wird. Rob McGill setzt neben seiner extensiven Schafhaltung zunehmend auf andere Einkommensmöglichkeiten, vor allem auf Touristen, die wegen der landschaftlichen Schönheit von Carcass Island und vor allem der Tiere wegen kommen. Die meisten Gäste besuchen die Insel nur

▲ 145
Der Falkland-Caracara, einer der seltensten Greifvögel der Erde, ist nur noch auf einigen Inseln des Falkland-Archipels sowie auf unbewohnten Inseln rund um Kap Hoorn zu finden

◀ 144
Die Farmhäuser von Rob McGill auf Carcass Island, Falklandinseln

für einige Stunden. Sie werden, wenn Wind und Wellen es erlauben, von großen Kreuzfahrtschiffen in Schlauchbooten übergesetzt. Im Sommer bringen kleine Propellerflugzeuge manchmal Gäste für einige Tage. Rob holt sie mit seinem rostigen Landrover an der grasbewachsenen Flugpiste ab. In seiner gemütlichen Wohnküche mit Blick auf Meer und Nachbarinseln bewirtet der Farmer seine Gäste fast ausschließlich mit Produkten der Insel: Fisch, Fleisch, Milchprodukte und sogar Gemüse. Rob führt seine Gäste behutsam an die besondere Tierwelt von Carcass Island heran. Die Besucher finden noch eine große Zahl von Vögeln vor, auch, weil es verwilderte Katzen und Ratten hier bisher nicht gibt. Einer der seltensten Greifvögel der Erde, der zutrauliche Falkland-Caracara (*Phalcoboenus australis*, Abb. 145), begleitet Inselwanderer auf Schritt und Tritt. Ein erheblicher Teil der Erdpopulation dieser von früheren Schaffarmern fast ausgerotteten Art ist auf Robs Insel zu Hause. Ein breiter Küstenstreifen von Carcass Island wird gesäumt von übermannshohem Tussockgras (*Poa flabellata*, Abb. 147). Rob McGill ist stolz darauf, dass auf seiner Insel das ökologisch wertvolle und heute seltene Gras in den 1930er Jahren wieder erfolgreich angesiedelt werden konnte. Sorgsam pflegt er die Zäune, welche Schafweiden und Tussockvegetation voneinander trennen. Er schützt damit nicht nur die Tussockgräser selbst, sondern auch See-Elefanten, Magellanpinguine, Caracaras und zahlreiche andere Vogelarten, die in der Tussockvegetation Schutz und Nahrung finden. Der Gast auf Rob McGills Insel hält den Zipfel eines einstigen Inselparadieses in der Hand und beginnt zu verstehen, welche Schutzanstrengungen nötig sind, um die Reste der einst reichen Lebensgemeinschaften des Archipels zu bewahren.

Inselreich der Pinguine

Die etwa 700 Inseln und Kleinstinseln des Falklandarchipels werden hin und wieder als das „Galápagos des Südatlantiks" bezeichnet. Vor allem einige kleine Inseln, die den beiden großen Hauptinseln (East Falkland und West Falkland) vorgelagert sind, warten auch heute noch mit paradiesisch erscheinenden Tierdichten auf, unge-

▶ 146
Eselspinguine (*Pygoscelis papua*) am Strand von Sea Lion Island, Falklandinseln

achtet einer beträchtlichen Dezimierung der heimischen Tierwelt während der letzten Jahrhunderte. Die Insellandschaften wirken auf den ersten Blick karg (siehe obiges Darwin-Zitat). Neben Grasfluren dominieren ozeanische Zwergstrauchheiden auf moorigen Böden mit teils mehrere Meter mächtigen Torflagen. An den Steilküsten und vor allem in den höheren Lagen der bis zu 700 Meter hohen Inselberge treten graue Quarzite zu Tage. Auf den großen Inseln ziehen außerdem mächtige Meere aus Gesteinsblöcken von den Berghängen in die Täler. Die von den Einheimischen „stone runs" genannten Formationen entstanden während der letzten Kaltzeit und sind das Produkt periglazialer (in der Umgebung von Gletschern stattfindender) Gefrier-, Auftau- und Transportprozesse.

Hohe Nährstoffgehalte im 8 °C bis 10 °C kalten Wasser des Falklandstromes sorgen für hohe Biomassen von Algen, antarktischem Krill, Tintenfischen und Fischen. Von dieser reichen Produktion profitieren neben zahlreichen Walarten große Populationen von Robben und Meeresvögeln. Königskormorane, Schwarzbrauen-Albatrosse, Felsenpinguine, Eselspinguine und Magellanpinguine bevölkern die Küsten in Kolonien mit tausenden bis hunderttausenden Individuen. Diese dichten Tiervorkommen wurden im 18. und 19. Jahrhundert zur menschlichen Beute. Robbenjäger dezimierten zunächst Pelzrobben wegen ihrer wertvollen Häute. Als diese kaum noch zu finden waren, erbeuteten sie Seelöwen und See-Elefanten zur Trangewinnung. Nachdem auch diese Robbenarten

▼ 147 Tussockgras-Vegetation an der Küste von Carcass Island, Falklandinseln

auf den Inseln nahezu ausgerottet waren, verschwanden Millionen von Felsen- und Eselspinguinen in großen Kochanlagen, um Öle an Europas Industrie liefern zu können. Zahlreiche Pinguinkolonien starben aus und wurden nie wieder bevölkert. In den letzten Jahren wird zunehmend deutlich, dass die internationale Fischerei in den Falklandgewässern die Nahrungsressourcen der Pinguine angreift und damit den Fortbestand der noch existierenden Kolonien gefährdet.

Der Tussockwald und seine Zerstörung

Die ersten europäischen Seefahrer, die Ende des 16. Jahrhunderts an den Falklandinseln vorbeisegelten, beschrieben ihre Küsten als dicht bewaldet. Doch Baumvegetation hat es auf den Inseln im Quartär wohl nie gegeben. Was die frühen Seefahrer beschrieben, war vielmehr ein „Wald" aus Tussockgras (*Poa flabellata*), der einst die Küsten in breiten Bändern umsäumte und kleine Inseln vollständig bedeckte. Doch die frühe Interpretation war nicht ganz falsch. Denn die bis zu 3 Meter hohe Vegetation aus Hartgräsern, die mehrere hundert Jahre alt werden können, übernahm einst tatsächlich viele ökologische Funktionen eines Waldes. Die langen, überhängenden Blattschöpfe der dichten und hohe Horste bildenden Gräser erzeugten einst ein nahezu geschlossenes Kronendach, unter dem ein feuchteres, windarmes, gleichmäßig temperiertes und den Boden schützendes Klima herrschte. „Pinguingras" nannten frühe Besucher der Inseln die Tussockvegetation, weil sie Millionen von Pinguinen, aber auch vielen anderen Meeres-, Sing- und Greifvögeln als Lebensraum diente, die sich die verschiedenen Horizonte und Kleinlebensräume der Grasvegetation teilten.

Die Gründung der ersten (französischen und englischen) Kolonien, die Einführung von Haustieren und der Beginn der Robbenjagd in den 1760er Jahren war der Anfang vom Ende des Tussockwaldes. Zunächst Rinder und Pferde, später unzählige Schafe, schätzten das Tussockgras als wohlschmeckendes, nahrhaftes Futter und verzehrten es schneller als es nachwachsen konnte. Robben- und Pinguinfänger setzten Schweine und Ziegen auf kleinen Tussockinseln aus, wo die Tiere den Pflanzen zusetzten und sich schnell vermehrten. Um der Haustiere bei Bedarf habhaft zu werden, brannten Jäger zudem die Tussockvegetation flächenhaft nieder – eine Praxis, die wohl auch der effizienten „Ernte" von Robben und Pinguinen zugute kam. Als Mitte des 19. Jahrhunderts die ersten Schaffarmen auf den westlichen Inseln entstanden, war auf East Falkland und den vorgelagerten Inseln der größte Teil der Tussockvegetation bereits vernichtet. Auf den westlichen Inseln zehrte nun eine wachsende Zahl von Schafen die Gräser auf. Auch brannten die Schafhalter Tussock und andere heimische Gräser regelmäßig ab, um bestimmte Futtergräser zu fördern. Schriftquellen beschreiben die großflächige, Jahrzehnte währende Entblößung der Böden nach solchen Bränden (Strange 1983). Die dramatischen Folgen der Vegetationsdegradierung und Schafhaltung sind bis heute sichtbar. Auf Saunders Island etwa, der Insel, auf der Kolonisierung und Schafhaltung ihren Anfang nahmen, gibt es schon längst keine Tussockbestände mehr. Im Südwesten der Insel, wo zahlreiche Schafe die Grasnarbe extrem kurz halten, sind küstennahe Hänge von Wind- und Wassererosion zerfressen. Magellanpinguine, die ihre Bruthöhlen einst in die durchwurzelten und stabilen Basen der schützenden Tussockgräser graben konnten, unterhöhlen heute aus Mangel an diesen natürlichen Habitaten die Torfböden der offenen Landschaft und fördern damit die Erosion gemeinsam mit europäischen Kaninchen, die es seit 1765 auf Saunders Island gibt und die sich rasant vermehren. Obwohl heute kaum noch wirtschaftlich rentabel, dominieren immer noch 600 000 Schafe den Lebensraum der Falklandinseln und ihrer 2000 menschlichen Bewohner.

▲ 146
Felsenpinguin (*Eudyptes chrysocome*), Falklandinseln

Dank gezielter Schutzmaßnahmen gibt es heute neben den Tussockrelikten auf unzugänglichen Inselchen auch auf einigen bewohnten Inseln wieder umfangreichere Bestände, wenn auch weit entfernt von ihrer einstigen Größe. Unter den Wurzeln und Torfbildungen der im 20. Jahrhundert neu angesiedelten Tussockvegetation finden sich vielerorts konservierte Beweise der früheren Zerstörung: mächtige rote und schwarze Brandschichten (vgl. Abb. 67). Die von den Autoren vorgenommene Datierung einer solchen Brandschicht an der Küste von Sea Lion Island im Süden des Archipels gibt jedoch noch Rätsel auf, weist sie doch in die Zeit um 1450 n. Chr. Erst 150 Jahre später wurden die Inseln von Europäern gesichtet und erst 250 Jahre später betreten.
Natürliche Brände scheinen ausgeschlossen. Wer aber hat die frühen Brände gelegt? Sind die historischen Berichte unvollständig? Waren möglicherweise schon Menschen aus Südamerika auf den Falklandinseln gelandet? Diese Fragen stellen sich der künftigen Forschung.

ASIEN
St.-Lawrence-Insel
Bering-Insel
Kodiak-Insel
Sachalin
Alëuten
Vancouver
Kurilen
Hokkaidō
Honshū
Riukiu-Inseln
Bonin-Inseln
Vulkan-Inseln
Midway
Taiwan
Nördlicher Wendekreis
Hainan
Wake
Luzon
Nördliche Marianen
Hawaii
Johnston-Inseln
Philippinen
Guam
Palawan
Yap
PAZIFISCHER
Palau
Mindanao
Pohnpei
Marshall-Inseln
Palmyra-Insel
Gilbert-Inseln
(Kiribati)
Nauru
Baker-Insel
Borneo
Sumatra
Malden
Neuirland
Sulawesi
Neubritannien
Starbuck
Neuguinea
Salomonen
Tokelau-Inseln
Marque
Java
Timor
Wallis & Futuna
Samoa
OZEAN
Melville-Insel
Fidschi-Inseln
Tua
In
Vanuatu
Niue
Gesellschafts-Inseln
Tonga-Inseln
Neukaledonien
AUSTRALIEN
Norfolk-Insel
Kermadec-Inseln
Lord-Howe-Insel
Südlicher Wendekreis
Nordinsel
Neuseeland
Südinsel
Chatham-Inseln
Tasmanien
Bounty-Inseln
Stewart-Insel
Antipoden-Inseln
Auckland-Inseln
Campbell-Insel
SÜDLICHER OZEAN
Südlicher Polarkreis
ANTARKTIKA

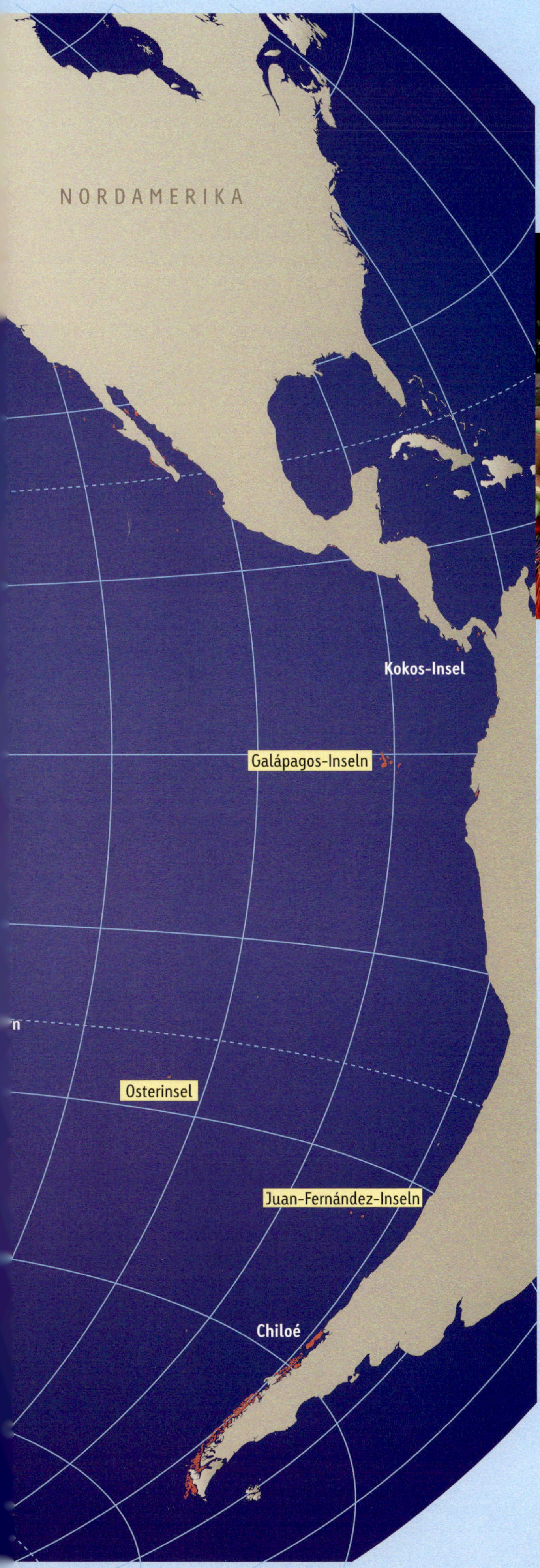

Inseln des Pazifischen Ozeans

Yap Mikronesien

Kauai Hawaii-Inseln

Galápagos-Inseln

Neuseeland

Kangaroo Island Australien

Palau-Inseln Mikronesien

◀ 34.1
Inseln im Pazifischen Ozean. Entlang des indonesischen Inselbogens Sumatra – Java – Timor ist die Abgrenzung von Indischem und Pazifischem Ozean international nicht eindeutig festgelegt. Tasmanien liegt auf der Grenze beider Ozeane

Gelb markierte Inseln werden im Folgenden ausführlich beschrieben.

Osterinsel

Maßstab am Äquator
0 1000 2000 3000 Kilometer

Más-a-tierra im Juan-Fernández-Archipel (Chile) – die Insel des wahren Robinson Crusoe

Vor seinem Hause kultivierte Selkirk [...] Küchengewächse [...]. Bei Regen schützte ihn ein tragbares Dach von Ziegenfellen, genäht mit den Sehnen der Seehunde [...]. So also konnte er in einer gewissen Behaglichkeit und Glückseligkeit, welche er so sehnsüchtig und hartnäckig erstrebt hatte, leben. Belästigt wurde er nur durch die Ratten, welche [...] sich ins Unglaubliche vermehrt hatten; allein glücklicherweise waren auch Katzen auf die Insel importiert worden, welche Selkirk mit Sorgfalt pflegte und durch die er bald etwas Ruhe erlangte. Die Ziegen zähmte er, genau so wie Defoe, die Geschichte getreulich kopierend, von Robinson berichtet hat, für seinen Milchbedarf. Junge Ziegenböcke lehrte er allerlei tolle Sprünge zu seinem Vergnügen. Seine Insel gestaltete sich ihm allmählich zu einem kleinen Paradiese, da es auf derselben weder Schlangen, noch sonstige giftige oder wilde Tiere gab und ebenso wenig heute giebt.

(Ermel 1889, S. 15; eine von vielen phantasiereichen Ausschmückungen des Lebens von Alexander Selkirk, dessen Aufenthalt auf Más-a-tierra Daniel Defoe zu seinem Roman „Robinson Crusoe" inspiriert hat)

Alexander Selcraig (später „Selkirk" geschrieben) wurde im Jahr 1676 im schottischen Largo unweit Edinburgh geboren. Nach einer Prügelei mit seinem Bruder Andrew musste er im November 1695 vor den Kirchenältesten von Largo Abbitte leisten; danach fuhr er zur See. Schon früh hatte er Kontakt zu Bukaniern (räuberische Seefahrer im Auftrag verschiedener Schiffseigner), ebenso früh erwarb er vorzügliche Navigationskenntnisse. 1703 brach der englische Seefahrer William Dampier mit den Schiffen „St. George" und „Cinque-Ports" zu Kaperfahrten an der Westküste Südamerikas auf. Selkirk heuerte unter Kapitän Charles Pickering als Segelmeister der „Cinque-Ports" an. Nachdem Pickering gestorben war, übernahm Kapitänleutnant Thomas Stradling das Kommando. Im Frühjahr des Jahres 1704 erreichten beide Schiffe Más-a-tierra („Näher-am-Land", seit 1966 „Isla Robinson Crusoe"), die östlichste der drei Inseln des Juan-Fernández-Archipels, die mehr als 600 Kilometer vor der mittelchilenischen Küste liegen (vgl. Abb. 149). Auf dieser 47,9 km^2 kleinen, 915 Meter hoch aus dem Pazifischen Ozean aufragenden, damals unbewohnten Insel erholten sich die Mannschaften. Die Schiffe nahmen Trinkwasser, Ziegenfleisch und Seelöwentran auf. Selkirk hatte seine Streitsucht nicht überwunden, beständig gab es Konflikte mit Kapitän Stradling. Eine Weiterfahrt ohne eine grundlegende Überholung der „Cinque-Ports" war aus Selkirks Sicht nicht zu empfehlen. Der Kapitän teilte diese Auffassung nicht, sondern nutzte vielmehr die günstige Gelegenheit, den unbequemen Schotten loszuwerden. Selkirk wurde mitsamt seiner Seekiste, die unter anderem eine Bibel, Kleidung, ein Steinschlossgewehr, Schießpulver, Messer, Beil und seine Navigationsinstrumente enthielt, auf Más-a-tierra ausgesetzt.

Die weiteren Ereignisse auf Más-a-tierra bleiben im Dunklen. Viele widersprüchliche, nicht sehr vertrauenswürdige Berichte beschreiben den 52-monatigen Aufenthalt von Selkirk auf Más-a-tierra. Als gesichert darf gelten, dass Selkirk die Insel durchstreifte, Ziegen jagte und deren Fleisch aß. Ob er mehr als 500 Ziegen (das wären mehr als zwei Tiere pro Woche) erlegte, wie unter anderem Ermel (1889) schreibt, sei dahingestellt. Eine korrekte Antwort werden wir nicht mehr erhalten. Unstrittig ist allerdings die große Zahl an Ziegen, die sich damals auf Más-a-tierra aufhielten; wahrscheinlich waren es viele tausende. Wie aber waren sie auf diese küstenferne vulkanische Insel gelangt?

130 Jahre vor Selkirks Besuch hatte am 22. November 1574 Juan Fernández den Archipel per Zufall entdeckt.

▶ 150
Eine Lücke in den Passatwolken gibt einen Blick frei auf die Südhänge des höchsten Berges der Robinson-Crusoe-Insel, auf El Yunque (915 m ü. d. M.)
Foto: Hans-Rudolf Bork

Bald darauf kamen die ersten Siedler. Im Jahr 1591 brachte Kapitän Sebastián García Carreto de Estremadura 60 südchilenische Mapuche als Arbeiter und einige Schweine und Ziegen als Haustiere nach Más-a-tierra. Dieser Siedlungsversuch scheiterte zwar nach wenigen Jahren, doch einige Ziegen blieben zurück. Sie vermehrten sich in der Folgezeit mangels natürlicher Feinde massenhaft. Selbst ein zweiter, vergeblicher Siedlungsversuch zum Ende des 16. Jahrhunderts und zahlreiche Besuche von Ziegen jagenden Piraten konnten die Explosion der Population nicht verhindern. Um eine Frischfleischversorgung der Piraten zu verhindern, setzten Spanier im 17. Jahrhundert Windhunde aus, die die Ziegen töten sollten. Die allermeisten Ziegen entkamen jedoch auf den Steilhängen der Inselberge deren Verfolgung.

Im trockeneren Südwesten und auf den von starken Winden geprägten Wasserscheiden waren die Baumhöhen gering. Hier begannen die Ziegen ihr zerstörerisches Werk; sie kletterten bis in die Baumkronen, verzehrten Laub und Zweige. Bald waren nicht nur Teile des Südwestens und viele Wasserscheiden, sondern auch Unterhangstandorte im Norden und Osten nahezu kahl gefressen. Ein Teil der Niederschläge im Winterhalbjahr floss nun auf den entwaldeten Standorten oberflächlich ab, löste Bo-

◀ 151
Verheerende Bodenerosion wurde vom Abfluss heftiger Niederschläge ausgelöst, nachdem Ziegen und Kaninchen die Vegetation auf der Robinson-Crusoe-Insel flächenhaft zerstört hatten

▲ 152
San Juan Bautista in der Cumberland-Bucht ist die einzige Siedlung auf der Insel Robinson Crusoe

denpartikel und transportierte diese überwiegend in den Pazifischen Ozean. Die Böden an den Erosionsstandorten waren bald vollkommen verschwunden. Kaum mehr von Pflanzen besiedelbare vulkanische Gesteine lagen nun an der Oberfläche. Durch die Ziegen waren edaphische Wüsten entstanden, die bis heute das Landschaftsbild der Insel prägen (vgl. Abb. 76 und 151)

Im 18. und 19. Jahrhundert schädigten gezielt oder versehentlich gelegte Brände, die Entnahme wertvoller Hölzer, die Folgen submariner Vulkanausbrüche sowie Tsunami die von den Ziegen verschonten, endemitenreichen Wälder von Más-a-tierra weiter. Erst im 20. Jahrhundert hat man die Ziegenpopulation durch gezielte Jagd entscheidend dezimiert. Jedoch traten anlässlich der Ausweisung des Archipels als Nationalpark im Jahr 1935 ausgesetzte Kaninchen (*Oryctolagus cuniculus*) an die Stelle der Ziegen als Erosionsförderer. Heute ist mehr als ein Drittel der Insel nahezu vegetationsfrei. Die vollständige Vegetationszerstörung schreitet unaufhaltsam voran.

Galápagos – bedrohtes Paradies verwunschener Inseln

Man stelle sich 25 Aschehaufen vor, einige davon zu Bergen vergrößert und von der Leere des Wassers umgeben, weniger Inseln als erloschene Vulkane, einer durch Feuer verheerten Welt gleichend, und man hat ein gutes Bild von den ‚Encantadas', den verwunschenen Inseln.

(Herman Melville 1854)

Wer betrat die Inseln zuerst?

Im Jahr 1535 strandete der Bischof von Panama, Tomás de Berlanga, mit seinen Begleitern nahe am Äquator und etwa 1000 Kilometer westlich der südamerikanischen Küste auf einem steinigen und wasserlosen Eiland (vgl. Abb. 149). Auf dem Weg nach Peru war das Schiff des Bischofs in einer Flaute durch starke Meeresströmungen weit vom Kurs abgekommen und bis zu den damals unbekannten Galápagos-Inseln getrieben. Ohne den Genuss wasserhaltiger Kakteen hätten die Gestrandeten vermutlich nicht überlebt und später nicht von abweisenden Vulkanlandschaften und fremdartigen Lebewesen berichten können, die sie vielleicht als erste Menschen überhaupt erblickt hatten. Zwar gibt es Legenden über einen früheren Besuch der Inseln durch Inkas, doch fehlen bislang physische Beweise für prähistorische Besuche oder gar Siedlungen. Thor Heyerdahl ordnete Tonscherbenfunde von den Inseln präspanischen Kulturen zu. Doch wird diese Einstufung heute von Archäologen angezweifelt und die traditionellen Mustern folgende Keramik eher dem 18. oder 19. Jahrhundert zugewiesen. Dennoch ist nicht auszuschließen, dass Menschen die Galápagos-Inseln schon in präkolumbianischer Zeit besucht haben. Doch erschienen sie ihnen vermutlich zu lebensfeindlich für eine dauerhafte Besiedlung. Auch nach dem Besuch des spanischen Bischofs wurden die Inseln jahrhundertelang von den meisten Seefahrern gemieden. Aberglaube legte sich über die „Islas Encantadas" („verhexte" oder „verwunschene" Inseln), die von nicht kalkulierbaren Strömungen umgeben waren, hinter Nebelwänden auftauchten und wieder verschwanden. Piraten nutzten den mystischen Bann um die Inseln und fanden dort bis zum Ende des 18. Jahrhunderts sichere Verstecke. Als Charles Darwin 1835 während seines Galápagos-Besuches Tier- und Pflanzenmaterial sammelte, das später die Naturwissenschaften der Alten Welt (r)evolutionieren sollte, hatte auf der Insel Floreana gerade der erste wirkliche Siedlungsversuch begonnen. Bereits die ersten Landnutzungen setzten einen ökologischen Wandel mit dramatischen und nachhaltigen Folgen in Gang.

▼ 153
Differenzierung des lokalen Klimas und der Vegetation auf den höheren Galápagos-Inseln am Beispiel von Santa Cruz

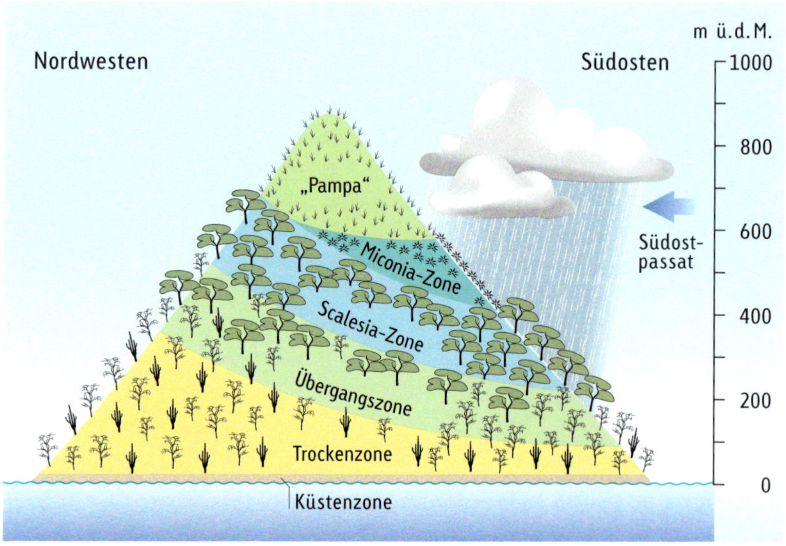

Tropische Vulkane im kalten Meeresstrom

Neben dreizehn größeren Inseln sind es mehr als 100 winzige Eilande und Felsen, die den ostpazifischen Galápagos-Archipel (offizielle ekuadorianische Bezeichnung: Archipiélago de Colón) ausmachen. Die bei weitem größte Insel ist Isabela, mit ca. 4600 km^2 besitzt sie mehr Fläche als alle anderen Inseln zusammen. Bis zu 1700 Meter hohe Schildvulkane (vgl. Abb. 5) sowie zahlreiche Nebenvulkane prägen die Landschaft der größeren Inseln. Einige plateauförmige kleinere Inseln entstanden durch tektonische Hebungen submariner Lavaflüsse. Einzelne spitz aus dem Meer herausragende Felszacken sind Relikte alter, inzwischen erodierter Krater (vgl. Abb. 12). Ein aktiver Hot Spot liegt heute unter den westlichsten und jüngsten Inseln Fernandina und Isabela, wo die vulkanische Aktivität bis in die jüngste Zeit anhält und die Inseln noch immer wachsen lässt. Angetrieben von den vorwiegend südöstlichen Passatwinden, umspülen Ausläufer des Humboldt- bzw. Perustromes die Inseln. Dieser kalte Zustrom aus dem Auftriebsgebiet vor der südamerikanischen Küste kühlt besonders in der windreichen Zeit von Juni bis November die tropische Lufttemperatur deutlich herunter und bewirkt eine atmosphärische Inversion mit Niederschlagsarmut. Steigungsregen gibt es in dieser Jahreszeit kaum, doch vor allem in den Höhenlagen zwischen 200 und 600 Meter ü. d. M. nieselt es dann häufig aus einer beständigen Hochnebeldecke. Diese „Trockenzeit" wird von Dezember bis Mai durch ein Nachlassen der Passatwinde, höhere Wasser- und Lufttemperaturen und stärkere orographische Niederschläge (Steigungsregen) abgelöst. Der Lebenszyklus der Pflanzen und Tiere ist auf diesen saisonalen Wetterrhythmus mit seinen für tropische Breiten insgesamt niederschlagsarmen Verhältnissen abgestimmt. Sehr unterschiedliche Vegetationsformen spiegeln die ausgeprägte lokale Differenzierung des Klimas auf Luv- und Leeseiten sowie in den einzelnen Höhenstufen der Vulkaninseln wider (Abb. 153).

El Niño – das Christkind

In mehrjährigem Abstand unterbricht ein als „El Niño" bezeichnetes Ereignis (meist zum Jahresende eintretend und daher „[Christ-]Kind" genannt) das normale Wetter-

geschehen. Die südöstlichen Passatwinde brechen zusammen und mit ihnen der kalte Auftriebsstrom vor der südamerikanischen Küste. Äquatoriale Meeresströmungen drücken warmes Wasser aus dem westpazifischen Raum bis weit in den Ostpazifik hinein. Dies hat verheerende Folgen für diejenigen Tierpopulationen, die von der Produktion im kalten, nährstoffreichen Auftriebswasser leben. Fische wandern ab und tausende von Seevögeln und Robben verenden. Aber es gibt auch El-Niño-Gewinner: Unter dem Einfluss von stark erhöhten Niederschlägen ergrünt und erblüht auf dem Land eine üppige Pflanzenwelt, von der wiederum Singvögel, Reptilien, Kleinsäuger und Insekten profitieren. El Niño ist ein natürlicher Zyklus, der erst im Zusammenwirken mit menschlicher Nutzung eine nachhaltig zerstörende Wirkung hat. Weil die schützende natürliche Vegetation durch Siedlungen, Brandrodung und Haustiere flächenhaft vernichtet wurde, wirken sich heute auf Galápagos extreme El-Niño-Niederschläge durch Bodenerosion, Vernichtung landwirtschaftlicher Flächen und Zerstörung von Siedlungen aus.

Riesenschildkröten, Meerechsen und Blaufußtölpel: Die einmalige Tierwelt

Seelöwen liegen auf den Stufen des Strandhotels oder tauchen mit den Badegästen. Meeresvögel und Leguane weichen nicht vom Weg und neugierige Darwinfinken inspizieren das Reisegepäck. Große Kolonien von Blaufußtölpeln, Pelikanen, Fregattvögeln, Albatrossen und anderen Meeresvögeln bevölkern die Küsten. Flamingos und Pinguine leben nur Schritte voneinander entfernt. Die einzigartige Tierwelt, ihre Dichte und unmittelbare Erlebbarkeit machen Galápagos heute zu einem der attraktivsten Naturreiseziele weltweit. Zu den eindrucksvollsten Tieren des Archipels gehören die endemischen Galápagos-Riesenschildkröten (*Geochelone elephantopus*) (vgl. Abb. 42), nach denen die Inselgruppe getauft wurde (*galápago* [span.] = Schildkröte). Die bis zu 300 Kilogramm schweren Riesenschildkröten durchstreifen auf der Suche nach pflanzlicher Nahrung die feuchten Hochlande, überwinden trotz ihrer Körpermasse auch steilere Vulkanhänge und kommen schließlich zur Eiablage bis hinunter an die trockenen Küsten. Die Tiere verschmähen selbst Kakteen als Nahrung nicht und können lange Zeit ohne Wasser existieren. Man vermutet, dass Riesenschildkröten mehr als 200 Jahre alt werden können. Im Juni 2006 starb in einem australischen Zoo eine Galápagos-Riesenschildkröte, die Charles Darwin im Jahr 1836, also 170 Jahre zuvor, von seiner Reise mit nach England gebracht hatte. Hunderttausenden von Riesenschildkröten wurden ihre Körpergröße und physiologische Genügsamkeit jedoch zum Verhängnis. Vom 17. bis zum Ende des 19. Jahrhunderts füllten Piraten und Walfänger die Frachträume ihrer Schiffe mit Schildkröten als „lebende Konserven". Durch diesen Raubbau hatten sie bereits gegen Ende des 19. Jahrhunderts drei von einst vierzehn Unterarten ausgerottet. Mindestens sieben weitere Populationen sind heute durch illegalen Fang, Lebensraumveränderung und vor allem durch wildernde Haustiere gefährdet. Begegnungen mit

▲ 154 Pioniervegetation auf Lava an der Küste der Insel Floreana im Galápagos-Archipel: Krustenflechten, endemische Säulenkakteen (*Jasminocereus thouarsii*) und seltene Korbblütler (zum Beispiel *Lecocorpus pinnatifidus*)

ihnen sind nur noch in lokalen Schutz- und Aufzuchtstationen möglich. Eine Besonderheit der Galápagos-Fauna sind auch die bizarren Meerechsen (*Amblyrhynchus cristatus*), bis zu 1,3 Meter lange, meist schwarzgraue Reptilien mit kräftigen Ruderschwänzen, bewehrt mit Rückenstacheln und reich gepanzert mit hornigen Schuppen und Platten. Charles Darwin nannte sie „Kobolde der Finsternis". Ihr martialisches Aussehen ist Anpassung an ihren extremen Lebensraum. Die Tiere tauchen in der scharfkantigen, felsigen Brandungszone nach Meeresalgen, eine Ernährungsweise, die es bei keiner anderen heute lebenden Echsenart der Erde gibt. Die Meerechsen scheinen aus einer anderen erdgeschichtlichen Zeit zu stammen; ein Eindruck, der sich vertieft, wenn die Reptilien aus der Meeresbrandung dunkler Strände auftauchen, sich in großen Gruppen auf schwarzen Lavafelsen sonnen und dort mit fauchendem Geräusch und heftigem Kopfnicken das mit der Meeresnahrung aufgenommene Salz in weißen Sprühfontänen wieder ausniesen (vgl. Abb. 29).

155 bis 157
Tiere der Galápagos-Inseln

▲ 155
Prachtfregattvogel (*Fregata magnificens*), Insel Seymour

▶ 156
Rote Felsenkrabben (*Grapsus grapsus*), Insel Santa Cruz

▼ 157
Landleguan (*Conolophus subcristatus*), Insel South Plaza

Baumopuntien und Kompositenbäume: Die einzigartige Pflanzenwelt

Die Vegetation auf den Inseln hat es auf den ersten Blick schwer, in ihrem Erlebniswert mit der Tierwelt zu konkurrieren. In der feuchten Höhenstufe prunkt die Pflanzenwelt eben nicht mit tropischer Blütenpracht. In den vulkanischen Halbwüsten der Küstenniederungen tritt selbst die Farbe Grün zurück (Abb. 154). Die dornenreichen Sträucher und weißrindigen Balsambäume sind dort auch zur Regenzeit nur spärlich belaubt. Die Krautvegetation der kaum von Humus bedeckten Lava ist schütter und scheint in der Trockenzeit weitgehend verschwunden. Und doch ist die Galápagos-Flora etwas ganz Besonderes. Etwa 42 % der einheimischen Pflanzenarten sind endemisch. Sie differenzierten sich in der Evolution aus nur wenigen Einwanderern heraus. Einige Pflanzengruppen verzeichnen eine herausragende Erfolgsgeschichte, wie zum Beispiel die endemischen Scalesien aus der Familie der Korbblütler

(Asteraceae). Abweichend vom sonst meist krautigen oder staudenförmigen Wuchstyp dieser Familie, entwickelten sich auf Galápagos zahlreiche strauch- und baumförmige Arten. In der feuchten Höhenstufe bilden die Scalesien dichte epiphytenreiche Wälder. Andere Arten wachsen in der vom Meersalz beeinflussten Küstenzone. Auf jungen Lavaflüssen, ob in der Gipfelregion oder im Tiefland, gehören Scalesien zu den ersten Pioniersiedlern. Ehemals kleinwüchsige Kräuter haben sich im Laufe der Evolution deshalb zu Großformen entwickeln können, weil nur wenige ihrer Festlandkonkurrenten, nämlich „echte" Bäume, den Weg auf die isolierten Inseln fanden. Auch die nur auf Galápagos vorkommenden Baumopuntien, eine arten- und formenreiche Gruppe der Feigenkakteen, haben die ökologische Nische der Bäume besetzt. Die bizarren Kakteenbäume sind charakteristische Landschaftsmerkmale in den Lavawüsten der flachen Inseln und trockenen Küstenniederungen (Abb. 159).

Fremde Eindringlinge erobern die Inseln

Eingeführte Haustiere

Zu Beginn des 19. Jahrhunderts brachten Siedler, Seefahrer und Fischer die ersten Haustiere nach Galápagos. Ziegen, Rinder, Esel, Pferde, Hunde, Katzen und Schweine verwilderten bald nicht nur auf den größeren, bewohnten Inseln, sondern einige Arten wurden zur Vorhaltung von Fleischressourcen gezielt auch auf kleinen, unbewohnten Inseln ausgesetzt. Auf der abgelegenen Insel Pinta ließ ein Fischer im Jahr 1954 eine männliche und zwei weibliche Ziegen frei. Sechzehn Jahre später war dort die Ziegenzahl auf über 20 000 angewachsen. Verwilderte Tiere veränderten die natürliche Vegetation vieler Inseln dramatisch. Wälder verwandelten sich durch Ziegenfraß in schüttere Grasfluren. Einige endemische Pflanzenarten wurden unter dem Beweidungsdruck völlig ausgelöscht. Auch endemische Tierarten wie Riesenschildkröten und

▲ 158 Kielschwanzleguan (*Microlophus albermarlensis*), Insel Isabela

Landleguane verschwanden auf mehreren Inseln endgültig, weil ihnen die konkurrenzstarken Ziegen die Nahrung streitig machten.

Eingeführte Pflanzen

Eingeführte oder eingedrungene Pflanzenarten (Neophyten) sind auf Galápagos bereits heute ein kaum noch zu lösendes ökologisches Problem. Die Zahl importierter Pflanzenarten ist in den letzten Jahrzehnten stark angestiegen. Im Jahr 1971 wurden im Archipel rund 77 Neophytenarten gezählt. Heute übertreffen bereits etwa 750 Fremdarten die Zahl der rund 500 einheimischen Arten erheblich. Pro Monat kommen momentan etwa fünf neue Pflanzenarten hinzu, ein exponentieller Trend. Einige der fremden Arten durchdringen, dominieren und zerstören die indigene (einheimische) Vegetation mit atemberaubender Geschwindigkeit. Besonders aggressive Invasoren sind die Guave (*Psidium guajava*), der Chinarindenbaum (*Cinchona succirubra*), das Wandelröschen (*Lantana camara*) und die Brombeerart *Rubus niveus* (vgl. Abb. 47). Diese Brombeere wurde erst 1983 auf die Insel San Cristóbal gebracht und ist nicht nur dort, sondern inzwischen auch auf der Insel Santa Cruz zur Problempflanze geworden. Mit ihren unterirdischen Ausläufern und langen oberirdischen Ranken überwachsen und erdrücken die Brombeeren die letzten Bestände des endemischen Hartlaubstrauches *Miconia robinsoniana* an den Vulkanhängen der Insel San Cristóbal. Ein flächendeckendes Ausreißen oder Ausgraben der Pflanzen ist kaum möglich. Abschneiden oder Abbrennen fördert eher den Neuaustrieb der widerstandsfähigen Pflanze. Das Abschlagen fruchtender Zweige trägt sogar zur Samenverbreitung bei, an der im Übrigen auch eingeführte Vogelarten und Weidevieh beteiligt sind.

Ist das Paradies zu retten?

Der Touristenstrom in das Paradies von Galápagos wächst beständig. Etwa 140 000 Gäste verzeichneten die Inseln im Jahr 2006, doppelt so viele wie nur fünf Jahre zuvor. Mit den Touristen kamen in den letzten zwei Jahrzehnten tausende neuer Zuwanderer, wuchsen auf den vier bewohnten Inseln Siedlungen, wurden neue Straßen gebaut und Autos importiert. Längst ist die Zahl der Besucher zum Problem geworden, trotz versuchter Touristenlenkung. Zwar sind Besuche des Nationalparks auf definierte Gebiete beschränkt, die wiederum nur mit

159 bis 161
Endemische Pflanzen der Galápagos-Inseln

◀ 159
Baumopuntien (*Opuntia echios*, var. *gigantea*), Küstenzone der Insel Santa Cruz

◄ 160
Lavakaktus (*Brachycereus nesoticus*) auf einem trockenen Vulkanhang der Insel Bartolomé

ausgebildeten Führern betreten werden dürfen, doch angesichts der besonderen Empfindlichkeit der Lebensgemeinschaften hat die Besucherdichte einen bei weitem zu hohen Stand erreicht. Vor jedem der zugelassenen Besuchsgebiete liegen beinahe zu jeder Tageszeit mehrere Kreuzfahrtboote. Hunderte Besucher am Tag strömen selbst über kleinste Inseln. Ihre Wege zerstören die fragile Vegetation der Lavaoberflächen, Gelege oder sogar Tiere werden zertreten. Viele von ihnen ahnen auch nicht, dass das fehlende Flucht- und Verteidigungsverhalten der Tiere eine evolutive Konsequenz des Mangels natürlicher Feinde und weniger eine Gewöhnung oder gar Anpassung an den Menschen darstellt. Heute geraten Seelöwen, Meeresvögel und Leguane angesichts der menschlichen Eindringlinge in einen permanenten physiologischen Stress. Weitere Folgen des intensiven Tourismus sind Trinkwasserknappheit, Abwasser- und Abfallprobleme, zunehmende Flächenversiegelung, Schadstoffbelastung durch Flug-, Auto- und Schiffsverkehr sowie illegale Fischerei. Galápagos wurde 1978 als erste Region der Erde von der UNESCO zum Welterbe erklärt. Jetzt mussten die Inseln auf die Rote Liste der bedrohten Welterbestätten gesetzt werden.

Noch viel schwieriger als die Durchsetzung restriktiver Maßnahmen zur Tourismuslenkung stellt sich der Kampf gegen die tierischen und pflanzlichen Eindringlinge dar. Zwar lassen sich eingeschleppte Haustiere möglicherweise durch konsequenten Abschuss und Fang dauerhaft dezimieren oder in abgegrenzten Gebieten vielleicht sogar eliminieren, doch der Kampf gegen eingeschleppte Vogel- und Insektenarten und besonders die extrem konkurrenzstarken Invasivpflanzen dürfte sich langfristig als aussichtslos erweisen. Zumindest die einmalige Pflanzenwelt von Galápagos und damit verbunden auch die terrestrische Fauna wird radikale Verluste hinnehmen müssen. Ein großer Teil der Meeresvögel und Meeresfauna kann kommenden Generationen nur noch dann erhalten bleiben, wenn sehr schnell strengere Schutz- und Lenkungsmaßnahmen für den Inseltourismus ergriffen werden und die illegale Fischerei gestoppt wird. Mehr Gebiete als bisher müssten vom Besuch ausgeschlossen werden, eine schmerzliche Forderung gerade auch an Forscher, Biologen und Ökologen angesichts der herausragenden Naturerlebnisse, die die verzauberten Inseln bieten.

▼ 161
Galápagos-Tillandsie (*Tillandsia insularis*), ein Epiphyt in der Miconia-Zone, Insel Isabela

Die Osterinsel (Rapa Nui) – eine Inselgeschichte voller Rätsel

... Die Sonne stach unbeschreiblich: denn ihre Strahlen wurden aller Orten von dem kahlen, steinigten Boden zurückgeworfen, und es war auch kein Baum, der uns einigen Schatten hätte geben können, in der ganzen Gegend zu sehen ...

(Georg Forster, Begleiter James Cooks, zur Landschaft der Osterinsel im Jahr 1774, zitiert nach: Forster 2007, S. 314)

Insel am Rande Polynesiens

Die Osterinsel, ein 166 km² kleiner „Stecknadelkopf" in der Weite des Pazifik, wird oft als abgelegenste von Menschen bewohnte Insel der Erde genannt (vgl. Abb. 149). Nur die Insel Tristan da Cunha im Atlantischen Ozean kann mit ihr um diesen Platz konkurrieren. Etwa 3700 Kilometer trennen die aus Hot-Spot-Vulkanen entstandene Osterinsel vom südamerikanischen Kontinent. Die nächsten bewohnten „Nachbar"-Inseln, das Atoll Mangareva und die kleine Insel Pitcairn, liegen ungefähr 2500 bzw. 2100 Kilometer entfernt. Doch angesichts des seefahrerischen Könnens der pazifischen Völker waren schon lange vor der europäischen Seefahrt auch solch große Meeresdistanzen kein dauerhaftes Besiedlungshindernis. So erreichten gegen Ende des ersten Jahrtausends n. Chr. polynesische Seefahrer auch die bis dahin völlig isolierte Osterinsel und begründeten hier den östlichsten Außenposten ihres Kulturraumes.

In dieser extremen Abgeschiedenheit entwickelte sich eine einmalige und vielgestaltige Kultur, um die sich bis heute viele Mythen und Geheimnisse ranken. Von den gigantischen, menschenähnlichen Steinfiguren der Insel fühlen sich seit Jahrhunderten Seefahrer, Forscher und andere Inselreisende angezogen. Die Osterinsel emotionalisiert Touristen, Journalisten, Buchautoren und Wissenschaftler aus aller Welt. Tiefgreifende Umbrüche in Landschaft und Kultur machten Rapa Nui zum Paradebeispiel für die Anfälligkeit von Inselökosystemen, ja zur vielfach zitierten Metapher für die menschliche Übernutzung von Erdlandschaften und die Begrenztheit natürlicher Ressourcen. Bis in die jüngste Zeit wird wissenschaftlich um die Beantwortung kultureller, sozialer und ökologischer Fragen aus der Inselvergangenheit ge-

▼ 162
Die fünfzehn großen Steinstatuen, die auf einer Steinplattform an der Bucht von Tongariki vor der Steinküste der Poike-Halbinsel stehen, gehören zu den bedeutendsten prähistorischen Kulturgütern der Osterinsel und des gesamten pazifischen Raumes

▲ 163
Blick vom Kraterrand des Vulkans Rano Kau über den Pazifik

rungen. Leidenschaftlich forschen und diskutieren Wissenschaftler beispielsweise darüber, wann die Insel wirklich besiedelt wurde, wie groß ihre Bevölkerungszahlen einst waren und wer oder was verantwortlich war für die dramatischen Veränderungen, die es dort gab.

Spuren der Vergangenheit: Steinaltäre, Riesenstatuen und Vogelmänner

Ab etwa 1000 n. Chr. stellten die Inselbewohner monumentale Steinstatuen (*moai*), Bildnisse bedeutender Verstorbener, her. Mit Werkzeugen aus Basalt modellierten sie fast alle der heute ca. 900 bekannten Statuen aus den Tuff-Flanken des Vulkans Rano Raraku. Etwa 300 der bis zu 10 Meter hohen und 90 Tonnen schweren Figuren wurden kilometerweit über die Insel transportiert und auf großen Steinplattformen (*ahu*) entlang der Küste aufgerichtet. Obwohl man jüngst mit moderner Satellitentechnik das Netz der Transportstraßen kartiert hat, sind viele technische Fragen bis heute nicht entschlüsselt: Wie wurden die gigantischen Figuren über viele Kilometer unebenen Landes transportiert? Mit welcher Technik wurden sie auf den Steinaltären aufgerichtet? Und wie gelangten die tonnenschweren Kopfbedeckungen (*pukao*) auf die Figuren? Geheimnisse bergen auch die etwa 400 besonders großen *moai*, die halb präpariert noch mit dem Fels des Steinbruches verbunden sind oder tief in Unterhangsedimenten des Steinbruchvulkans stecken (vgl. Abb. 18). Sie markieren offensichtlich ein abruptes Ende dieser Megalithkultur.

Die Verehrung der steinernen Ahnen wurde ab dem 16. Jahrhundert allmählich von der Vogelmannkultur abgelöst, die durch neue Gottheiten, Wettkämpfe und Verehrung von Meeresvögeln geprägt war. Warum aber erlosch die ihre Ahnen verehrende Megalithkultur? Warum stürzten die Inselbewohner sogar die vormals heiligen Figuren von ihren Steinaltären? Vieles spricht dafür, dass für solch einen dramatischen kulturellen Umbruch ein ebenso dramatischer ökologischer Wandel die Ursache gewesen sein könnte (Flenley & Bahn 2003; Mieth & Bork 2004, 2006a, 2006b).

Eine Waldlandschaft verschwindet: Das Drama der Palmenrodung

Bis in die frühe Siedlungszeit bedeckte ein dichter subtropischer Palmenwald die Insel. Singvögel erfüllten den Wald mit Gesang, Rallenvögel huschten über den Waldboden, Eulen und Papageien durchstreiften die Kronenschicht. Menschen lebten und arbeiteten im Wald. Heute hingegen prägt eine steppenartige Graslandschaft das Bild. Die Wirbeltierfauna wird von Pferden, Rindern, Hühnern und einer Handvoll südamerikanischer Vogelarten bestimmt. Von den einst heimischen Landvögeln entdecken Zooarchäologen hin und wieder Knochenreste. Auch die einstigen Palmen sind ausgestorben. Forscher finden nur noch ihre Pollen in den Seesedimenten dreier Vulkankrater, ausgetrocknete Palmnüsse in Höhlen, verkohlte Nussschalen in unter Sedimenten begrabenen Brandschichten und Feuerstellen sowie winzige Silikatkristalle aus

▲ 164
Weidende Pferde vor den *moai* des *ahu* Tongariki

den Pflanzenzellen (Phytolithe). Die morphologischen Merkmale dieser Relikte legen nahe, dass es sich bei der Osterinselpalme um mindestens eine wohl inselendemische Art handelte, ähnlich der Chilenischen Honigpalme (*Jubaea chilensis*), von der sie vermutlich abstammte. Fast überall auf der Insel hinterließen diese Palmen Wurzelabdrücke in den Böden.

Die Autoren werteten inselweit diese konservierten Palmwurzelmuster statistisch aus und konnten zeigen, dass einst mehr als 16 Millionen Palmen auf der Insel wuchsen. Millionen alter Pflanzlöcher in begrabenen Böden zeugen zudem von einer sorgsam in den Wald eingepassten Gartenbauwirtschaft der frühen polynesischen Siedler. Warum und wann aber endete die Jahrhunderte währende Symbiose des Wald-Garten-Baus und was ist mit den Palmen geschehen? Waren vor allem die einst von den Polynesiern mitgebrachten Pazifischen Ratten (*Rattus exulans*, vgl. Abb. 46) für die Waldvernichtung verantwortlich, wie einige Wissenschaftler annehmen? Unsere Antwort ist nach vielen Jahren der Erforschung des Landschafts-

wandels auf der Osterinsel und dessen Ursachen eine andere: Menschen rodeten den Wald. Ab etwa 1250 n. Chr. wurden die Palmen auf der Insel großflächig abgeholzt und die Rodungsflächen abgebrannt. In den Geo- und Bioarchiven nahezu überall auf der Insel sind die Spuren dieses anthropogenen Eingriffs konserviert: verkohlte Baumstümpfe, manche sogar mit integrierten Kochstellen, sowie ausgedehnte Brandschichten mit zahlreichen verkohlten Pflanzenresten. Damit ist klar, dass die Ratten durch den Verzehr von Palmnüssen allenfalls einen zusätzlich negativen Einfluss ausgeübt haben können. Bereits im 16. Jahrhundert war der Wald auf der Insel weitgehend verschwunden. Warum man die Palmen nach Jahrhunderten nachhaltiger Landnutzung so konsequent und effizient gerodet hat, ist noch unklar. Es gibt durchaus Belege für eine verstärkte Feuerholznutzung, intensivierten Gartenbau und die massive Ausdehnung von Siedlungen im Zuge des Bevölkerungswachstums. Auch wurden vermutlich Palmstämme beim Transport der großen Steinfiguren und bei der Errichtung der großen Steinaltäre eingesetzt. Doch angesichts der riesigen Zahl von einst 16 Millionen Palmen müssen Wissenschaftler nach weiteren Antworten suchen. Eine könnte in der wertvollsten Ressource liegen, die die Palmen boten: einem süßen, nahrhaften Saft, wie er heute noch aus abgeschlagenen Stämmen der Chilenischen Honigpalme gewonnen und zu Palmenhonig verarbeitet wird. Wurden die Osterinselpalmen einst als wertvolle Getränkequelle genutzt, nahezu überall erreichbar und mit einigen hundert Litern Saft pro Baum bei Millionen von Exemplaren scheinbar unerschöpflich? Eine plausible These, bedenkt man, dass es auf der Insel ansonsten nur minderwertiges Trinkwasser in wenigen brackigen Quellen und teils schwer zugänglichen Kraterseen gab.

Steine lassen Früchte wachsen: Bodenschutz durch Steinmulchung

Die ökologischen und kulturellen Folgen der Waldrodung haben wir zum Beispiel auf der Poike-Halbinsel im Osten von Rapa Nui untersucht. Dort hatten Menschen *ahu*, Steingräber und Hausfundamente direkt auf den abgebrannten Flächen errichtet und hin und wieder auch Gartenbau auf den kahlen Flächen versucht. Unter der häufigen Einwirkung kräftiger Niederschläge erodierten jedoch bald nach dem Verlust des schützenden Waldes die fruchtbaren Böden an den Vulkanhängen. Sedimente lagerten sich an den Unterhängen ab und überdeckten in kurzer Zeit die noch jungen Siedlungen und Kultstätten. Unfruchtbares vulkanisches Material gelangte an die Oberfläche und machte fortan den Pflanzenanbau unmöglich. Die Einwohner verließen die Region und gaben

▼ 165
Tänzerin am *ahu* Tahai, Osterinsel (Rapa Nui)

die Siedlungen für immer auf. Ein so schwerwiegender Verlust fruchtbarer Böden in weiten Teilen von Rapa Nui hätte das Ende der Inselkultur bedeutet. Doch dies konnte gerade noch rechtzeitig verhindert werden, indem die Inselbewohner eine in ihrer Dimension erdweit einmalige Bodenschutztechnik entwickelten. Als Ersatz für die verlorene Schutzwirkung der Bäume verteilten sie über drei bis vier Jahrhunderte etwa eine Milliarde faust- bis kopfgroßer Steine auf den von Erosion bedrohten Gartenböden (vgl. Abb. 68).

Diese Steine konnten die Wirkung von Sonne, Wind und Starkregen dämpfen. Sie wirkten sich ausgleichend auf das bodennahe Klima und damit positiv auf das Wachstum der Kulturpflanzen aus. Wind- und Wassererosion wurden dadurch verhindert. Unter den Steinmulch-Schleiern, die noch heute fast die Hälfte der Inselfläche bedecken, blieben die Gartenböden steinarm und fruchtbar. Die Etablierung der Steinmulchung hatte allerdings einen hohen Preis: Sie war sehr arbeitsintensiv und band einen erheblichen Teil der arbeitsfähigen Bevölkerung. Für einen Gärtner der Steinmulchungszeit errechneten wir eine Lebensarbeitsleistung von 23 000 Kilometer zurückgelegter Wegstrecke bei 3,6 Millionen Kilogramm transportierten Steinen. Vielleicht war allein der nach dem Palmen-Verlust dramatisch angestiegene Arbeitsaufwand für die Landbewirtschaftung verantwortlich für den Niedergang der *moai*-Kultur, weil die Arbeitskraft eben für Herstellung und Transport der riesigen Steinfiguren nicht mehr reichte. Konflikte um nun knappe Trinkwasser und Holzressourcen mögen zum Sturz der Figuren geführt haben.

▼ 166
Eine der Hauptattraktionen des Tapati-Festes: das Bananen-Schlittenrennen auf einem der steilsten Vulkanhänge der Osterinsel (Rapa Nui)

▶ 167
Eine Bewohnerin von Rapa Nui mit Blütenschmuck anlässlich des Tapati-Festes

Rapa Nui heute: kulturelle Identität zwischen Tourismus und Modernisierung

Fast drei Jahrhunderte sind seit der europäischen Entdeckung der Osterinsel durch den Niederländer Jacob Roggeveen am Ostersonntag des Jahres 1722 vergangen. Viel hat die heute zu Chile gehörende Insel vor allem im 19. und 20. Jahrhundert unter äußeren Mächten gelitten: die Deportation eines großen Teiles der Bevölkerung durch Sklavenhändler, Epidemien durch eingeschleppte Krankheiten, Zerstörung traditioneller Kultur durch Missionare und die Enteignung des angestammten Landes durch europäische Schafzüchter. Doch weder die ökologischen Dramen in prähistorischer Zeit noch die europäische Ausbeutung haben die Kultur der Osterinsel völlig brechen können. Nicht nur steinerne Relikte, sondern auch viele alte Legenden und Gebräuche haben bis heute überdauert. Die Inselbewohner halten ihre Traditionen in Ehren. Sprache, Musik, Tänze und Kunsthandwerk leben besonders eindrucksvoll beim jährlichen Tapati-Fest (Abb. 166 und 167) auf. Unter dem Einfluss von Globalisierung und Tourismuswirtschaft, von häufigen Fluganbindungen und deutlich zunehmender Zahl von Autos ist die Bewahrung der kulturellen Eigenart jedoch keine leichte Aufgabe. Großhotels, Spielcasinos und Golfplätze, etliche Investmentideen konnten nur mühevoll abgewehrt werden. Aber auch Wissenschaftler müssen sich hin und wieder zum sorgsamen Umgang mit dem einmaligen Kulturgut auffordern lassen. Gelingt jedoch die Bewahrung der Kultur dieser besonderen Insel, wird sie nicht zuletzt für die Forschung noch manches spannende Rätsel bereithalten.

Big Island – die Insel der Vulkangöttin Pele im Hawaii-Archipel

Als Pele nach Hawaii kam, nutzte sie ihren magischen Grabstock Paoa zuerst auf Kaui. Nach einem Angriff ihrer älteren Schwester Namakaokahai starb Pele – scheinbar. Sie erholte sich jedoch bald und floh nach Oahu, wo sie etliche Feuergruben anlegte. Ehe sie nach Maui aufbrach, hinterließ Pele ihre Spuren auf der Insel Molokai. Auf Maui schuf sie den Vulkan Haleakala. Namakaokahai bemerkte, dass Pele immer noch am Leben war. Sie griff Pele an und tötete sie in der Nähe von Hana auf Maui. Peles Knochen verblieben als ein Hügel namens Ka-iwi-o-Pele. Mit dem Tod wurde Pele zur Göttin des Feuers. Ihr neues Heim wurde die Insel Hawaii (Big Island). Pele grub ihre letzte Feuergrube, den Krater Halemaumau auf dem Vulkan Kilauea im Südosten von Hawaii. Hier soll sie bis heute glücklich leben, am Nabel der Welt Ka Piko o ka Honua, wo die Götter die Welt entstehen ließen.

(vgl. Hoku-o-ka-Pakipika (1861), zitiert in http://www.sacred-texts.com/pac/hlov/hlov07.htm sowie http://www.mythicalrealm.com/legends/pele.html, 10.9.2008)

So erläutert eine in vielen Facetten überlieferte Legende der polynesischen Ureinwohner die Entstehung der hawaiianischen Inselkette. Offenbar hatten diese schon früh grundsätzlich korrekte Vorstellungen zum unterschiedlichen Alter ihrer Vulkaninseln.

Hunderte vulkanische Inseln sind über eine Distanz von etwa 2400 Kilometern wie auf einer Perlschnur von der großen Insel Hawaii (Big Island) im Südosten bis zum Kure-Atoll im Nordwesten zwischen 19° und 29° nördlicher Breite inmitten des Pazifischen Ozeans aufgereiht (vgl. Abb. 149). Ein Hot-Spot-System, über das die Pazifische Platte allmählich wanderte, schuf über viele Zehnermillionen Jahre eine Inselkette, zu der neben der jüngsten Insel Hawaii sieben mittelgroße Inseln nordwestlich von ihr gehören. Nach Nordwesten setzt sich die Kette mit deutlich kleineren und älteren Inseln bis hin zu bereits unter den Meeresspiegel abgesunkenen Vulkanen fort. Die meisten (75 %) der insgesamt 1,28 Millionen Bewohner des Archipels Hawaii leben heute auf Oahu, wo sich auch die Hauptstadt Honolulu befindet (vgl. Abb. 77). Der Archipel ist (mit Ausnahme der Midway-Inseln) seit dem 21. August 1959 der 50. Bundesstaat der Vereinigten Staaten.

Aus vielen Gründen sind die Hawaii-Inseln einzigartig. In ihrer Abgelegenheit entwickelte sich eine einmalige Tier- und Pflanzenwelt mit einem sehr hohen Anteil endemischer Arten (vgl. Kap. Schauplätze der Evolution). Polynesier entdeckten die Inseln vor mehr als eintausend Jahren (vgl. Abb. 53) und begannen sie kulturell zu prägen. Die europäische Kolonialzeit, die mit dem Besuch von James Cook 1778 begann, veränderte schließlich die Kultur und Natur der Inseln in dramatischer Weise (vgl. Kap. Aussterben von Tieren und Pflanzen). Heute gehören die Inseln wegen ihres subtropisch-milden Passatklimas, ihrer grünen Vegetation und etlicher weißer Traumstrände zu den beliebtesten Fernreisezielen weltweit. Aber gerade auch der aktive Vulkanismus zieht Rei-

▶ 168
Der Ausbruch des Puu Oo am Vulkan Kilauea im Südosten von Big Island (Hawaii) im Jahr 1987
Foto: Hans-Rudolf Bork

sende an. Denn nur an wenigen Orten der Erde erschließt sich das vulkanische Werden und Verändern von Inseln so deutlich und so gut erlebbar wie auf der Insel Hawaii, mit etwa 10 400 km^2 Oberfläche (62 % der gesamten Inselkette) die größte Insel und zur Unterscheidung von der gleichnamigen Inselkette auch Big Island genannt. Der junge Vulkanismus lässt Big Island in weiten Teilen rauer und lebensfeindlicher erscheinen als den übrigen, von Regenwäldern und fruchtbarem Kulturland dominierten Teil des Archipels. Die Insel ragt mehr als 9000 Meter aus dem umgebenden Meeresboden und zugleich am Mauna Kea 4205 Meter und am Mauna Loa 4170 Meter über die Oberfläche des Pazifischen Ozeans auf. Der Mauna Loa ist mit einem Volumen von 80 000 km^3 das größte Vulkanmassiv der Erde. Seine eigene Masse hat den Mauna Loa acht Kilometer tief in den Meeresboden eingedrückt. Addiert man die heutige Höhe über dem Meeresboden zu der Einsinktiefe, so resultiert eine Gesamthöhe des Massivs von kaum vorstellbaren 17 Kilometern!

Seit 1983 ist die Vulkangöttin Pele wieder auf Big Island tätig. In jenem Jahr begannen die bis heute anhaltenden Eruptionen an der östlichen Grabenzone des Vulkans Kilauea im Südosten von Hawaii. Dünne, wie glühende Vorhänge wirkende Lavafontänen begannen am 3. Januar 1983 aus einem Spaltensystem in den abgelegenen Regenwäldern im Süden des Kilauea in die Höhe zu schießen. Mehr als 2,7 km^3 flüssiges Gestein wurden seitdem herausgeschleudert und liefen in breiten Lavaströmen die Hänge hinunter. Die erkalteten Laven bedecken an der Südflanke des Vulkans mehr als 117 km^2 Oberfläche. Sie fügten der Insel Hawaii an ihrer Südküste mehr als 2,3 km^2 neues Land hinzu und haben andererseits 189 Wohnhäuser, das Besuchszentrum des Nationalparks in Wahaula, eine Kirche, ein Geschäft, den heiligen polynesisch-hawaiianischen Ort Wahaula Heiau sowie viele weitere polynesische Kulturstätten für immer zerstört. Auf einer Länge von 14 Kilometern bedecken Laven in einer Mächtigkeit von bis zu 35 Meter die ehemalige Hauptstraße an der Südküste.

Im Juni 1983 begann sich die vulkanische Aktivität auf einen zentralen Ausbruchskanal zu konzentrieren, den Puu Oo (Abb. 168). Spektakuläre Lavafontänen schossen zeitweise bis zu 460 Meter in die Höhe. Das weithin sichtbare Schauspiel währte mehr als drei Jahre. Der Ascheniederschlag und die Lavaspritzer der gewaltigen Fontänen bauten am Ausbruchskanal einen schließlich 255 Meter hohen Kegel auf. Der Ausbruchsort verlagerte sich im Juli 1986 abrupt um 3 Kilometer nach Nordosten, wobei der Lavasee Kupaianaha entstand. Sanft aus dem Kupaianaha ausströmendes flüssiges Gestein löste die episodischen Fontänen des Puu Oo ab. Im November 1986 erreichten die Kupaianaha-Laven 12 Kilometer unterhalb des Ausflussortes das Meer, nachdem sie unterwegs die kleine Ortschaft Kapaahu vernichtet hatten. Im Jahr 1990 begann mit der Überflutung des Dorfes Kalapana die destruktivste Phase der Eruptionen des Kupaianaha. 1992 verlagerte sich das Zentrum der Eruptionen wieder zurück zum Puu Oo, an dessen Fuß seitdem neue Lavafelder entstehen. Der Kilauea bleibt bis auf Weiteres der wohl aktivste Vulkan der Erde (Garcia & Rubin 2008).

▲ 169
Laven zerstörten 1987 Gebäude, Fahrzeuge und Vegetation im Südosten von Big Island (Hawaii)
Foto: Hans-Rudolf Bork

▼ 170
Bald nach dem Erkalten beginnt die Besiedlung der Lava durch Pionierorganismen. Der endemische Eisenholzbaum (‚Ohia‘, *Metrosideros polymorpha*) gehört zu den ersten höheren Pflanzen, die auf junger Lava Fuß fassen

Yap – die Inseln der Steinreichen

Sowohl die spanische wie die deutsche Regierung haben versucht, ihr Geld auf der Insel in Kurs zu bringen. Aber bis jetzt hat die deutsche Münze noch keinen guten Klang in Jap, man verhält sich ziemlich ablehnend.

[P. Salesius aus kolonialer Perspektive im Jahr 1906]

Alte Inselkultur am Rande Mikronesiens

Wer über verschlungene Steinpfade wandernd eines der im tropisch-feuchten Küstenwald verborgenen Dörfer von Yap (vgl. Abb. 149) besuchen möchte, sollte nach alter Sitte einen grünen Zweig mit sich führen, ein Symbol friedlicher und wohlmeinender Absichten. Die antiken Steinwege allein wären eine Reise nach Yap wert: aus dunklen Schiefern und Basalten kunstvoll zusammengefügte Mosaike, ästhetisch umsäumt von Zierpflanzen, deren Blätter und Blüten farbenflammend zum Dunkelgrün des Waldes kontrastieren (Abb. 171). Traditionell ist es Aufgabe der Frauen, die Wegränder und Steinfugen von der schnell nachdrängenden Vegetation freizuhalten. Über Jahrhunderte haben sich die zahlreichen Steinpfade dank ihrer sorgfältigen Anlage und Pflege erhalten, sie trotzten dem tropischen Klima und dienen nach wie vor als wichtige Verbindungswege zwischen Dörfern und Gärten.

Entlang verschlungener Pfade trifft der Inselbesucher auf Relikte einer einst großartigen und mächtigen Kultur: zahlreiche steinerne Hausfundamente, die heute vom Grün der Vegetation verschluckt werden, große Steinplattformen, Tribünen und Zeremonialplätze, die inzwischen von Moosen, Farnen und Betelpalmen überwuchert sind. Und schließlich das Steingeld von Yap: große schwarz-grau patinierte Steinscheiben, die hochkant in Reihe stehend alte Wege und Versammlungsplätze säumen (Abb. 173, 175, 176).

Inmitten der vielen Relikte aus der Vergangenheit finden sich Zeugnisse heute noch lebendiger Traditionen: Regelmäßig genutzte Versammlungshäuser, deren luftige Holzkonstruktionen kunstvoll mit salzgegerbten Kokosschnüren zusammengehalten werden (Abb. 172), Tanzplätze, auf denen vielfach farbenrauschende Feste gefeiert werden; leuchtend grüne Tarofelder, die noch immer das Fundament der Eigenversorgung bilden; auf den Mangrovenlagunen schaukelnde Bambusflöße, die wie ehedem für die Fischerei und den Transport schwerer Lasten genutzt werden. Zwar hat die Inselkultur im 20. Jahrhundert unter Kolonialmächten und Weltkriegen schwer gelitten, dennoch ist traditionelles Brauchtum auf Yap so intensiv bewahrt worden wie auf kaum einer anderen Insel Mikronesiens.

▼ 171
Alte Steinpfade führen zu im Wald verborgenen Dörfern und Anbauflächen auf Yap, Mikronesien

▲ 172
Männerhaus (*faluw*) an der Küste der Insel Maap (Yap, Mikronesien)

◀ 173
Steingeld vor einer überwachsenen Zeremonialplattform bei Makiy auf der Insel Tomil (Yap)

lig. Einem Atollbewohner ist es noch heute unmöglich, auf den Hauptinseln Land zu erwerben. Von Geburt an waren und sind die Yapesen mit dem Land ihrer Väter verbunden. Rang und Macht eines Dorfes und damit das Ansehen seiner Bewohner wurden ganz wesentlich von der Größe des Grundbesitzes, der Fruchtbarkeit der Böden und der Qualität der Fischgründe bestimmt.

Die Oberhäupter der mächtigen Dörfer waren es einst, die den Ressourcenzugang regeln, Land verteilen und sich die Arbeitsleistung anderer, weniger reich gesegneter Dörfer zu eigen machen konnten. Die qualitative und quantitative Differenzierung der Land- und Küstenressourcen brachte auf Yap ein kompliziertes soziales Hierarchiegefüge und Wertesystem hervor, das zudem durch Stammeskriege und rituelle Wettbewerbe einem ständigen Wandel unterworfen war. Erst der europäische Kolonialismus im 19. und 20. Jahrhundert brach in dieses zwar dynamische, doch nachhaltige System ein. Eingeschleppte Krankhei-

▲ 174
Einwohner von Maap, einer der Hauptinseln von Yap (Mikronesien)

Flächenknappheit als Basis einer hoch organisierten Gesellschaft

Die meisten der mehreren tausend Inseln Mikronesiens bestehen aus kleinen Koralleninseln mit einer Fläche von weniger als einem Quadratkilometer. Auch bei den Inseln des mikronesischen Bundesstaates Yap in den westlichen Karolinen handelt es sich überwiegend um Atolle, deren ungefähr 140 meist unbewohnte Eilande über etwa 260 000 km^2 staatliche Meeresfläche verstreut sind und zusammen gerade 20 km^2 Landfläche besitzen. Als wahre Riesen können dagegen die dicht beieinander liegenden vier Hauptinseln Yaps am Ostrand des Philippinischen Beckens gelten. Dieses Ensemble, das vor Millionen von Jahren durch tektonische Hebung alter Vulkanite und metamorpher Gesteine entstanden ist, besitzt eine Landfläche von etwa 100 km^2 und ragt bis zu 180 Meter aus dem Meer auf. Nur schmale Lagunen bzw. ein in deutscher Kolonialzeit angelegter Kanal trennen die vier Inseln voneinander. Der Ring eines vorgelagerten Korallenriffs umsäumt die Gruppe, die als das „eigentliche Yap" („Yap proper") bzw. lokal als „Wa'ab" bezeichnet wird.

Vermutlich aus dem philippinischen oder indonesischen Raum kamen vor mehr als 3000 Jahren die Entdecker und Erstbesiedler Yaps. Fruchtbare Böden im Küstenschwemmland, ergiebige Niederschläge und das produktive Korallenriff boten den im Kulturfruchtbau und der Fischerei erfahrenen Menschen vorzügliche Lebensgrundlagen. Fehlende Güter wurden durch weit reichende maritime Handelssysteme (siehe unten) ergänzt. Die Bevölkerung entwickelte sich zu heute kaum vorstellbarer Größe. Archäologen schätzen nach der Zahl der steinernen Siedlungsrelikte die einstige Bevölkerung von Yap auf 30 000 bis 50 000 Personen. Das sind vier- bis sechsmal so viele Menschen, wie heute auf den Hauptinseln leben, und entspräche einer sehr hohen Bevölkerungsdichte von 300 bis 500 Einwohnern pro Quadratkilometer. Der gewaltige Bevölkerungsdruck, der einst auf der Gesellschaft lastete, ist bis heute in der Kultur spürbar. Jedes Stück Land, jeder Quadratmeter Lagune und jeder fruchttragende Baum hat einen Eigentümer und ist den Inselbewohnern hei-

▶ 175
Steingeld-„Bank" und Tanzplatz beim Dorf Neef auf Yaps größter Hauptinsel

ten, die Ausbeutung von Arbeitsleistung und Weltkriege dezimierten die Bevölkerung bis zum Jahr 1946 auf ein Minimum von 2582 Personen. Zwar ist seitdem die Bevölkerungszahl wieder angewachsen, doch von einst etwa 180 Inseldörfern sind heute nur noch 90 bewohnt, manchmal nur von wenigen Menschen. Sie liegen alle im fruchtbaren Küstensaum. Die Siedlungen und Kulturflächen im weniger ertragreichen Binnenland wurden im Zuge des Bevölkerungsrückgangs zuerst aufgegeben und sind längst unter Sekundärwald verschwunden.

Eine kleine Insel im Zentrum eines maritimen Imperiums

Die Yapesen gehörten einst zu den besten Schiffskonstrukteuren und Navigatoren ganz Ozeaniens. Ihre herausragenden nautischen Fähigkeiten machten es möglich, dass die Macht der führenden Häuptlinge von Yap weit über die Hauptinseln hinausreichte, mehrere, ganz unterschiedliche Sprachräume umfasste und ihre äußere Grenze erst bei den 1200 Kilometer östlich liegenden Atollen des heutigen Inselstaates Chuuk fand. Auf der Seefahrtkunst basierte ein maritimes Tausch- und Tributsystem (*sawai*), dessen Fäden im einflussreichen Dorf Gachpar auf einer der Hauptinseln zusammenliefen. Zur Zeit der Nordostpassate machten sich jährlich die Bewohner der weit entfernten Atolle in schwer beladenen Auslegerkanus nach Westen auf, um Waren, zu deren Gewinnung und Herstellung sie trotz ihrer limitierten natürlichen Ressourcen besonders befähigt waren, nach Gachpar zu bringen. Hierzu gehörten wertvolle Weberzeugnisse, Seile aus Kokosfasern oder Muscheln für die Herstellung von Schmuck und Muschelgeld.

Kriegsführung oder Gewaltausübung waren nicht nötig, um das Abgabensystem aufrechtzuerhalten. Es genügte die Furcht der Atollbewohner vor magischen Verwünschungen der mächtigen Herrscher von Gach-

▲ 176
Mädchen in Tanztracht vor einer großen Steinmünze im Dorf Kaday auf der Insel Maap (Yap, Mikronesien)

par, denen sie zutrauten, zerstörende Taifune über ihre kleinen Inseln zu jagen, sollten sie ihrer Abgabenpflicht nicht nachkommen. Doch war das Tributsystem nicht einseitig, denn von den ressourcenreichen hohen Inseln erhielten die Atollbewohner Gegenleistungen: Töpferwaren, Holz zum Bau von Kanus, die rituell bedeutsame Curcuma-Wurzel sowie auf den Koralleninseln fehlende Nahrungsmittel wie Taro und Yams (zwei Pflanzenarten, die sehr nahrhafte, stärkehaltige Knollen bilden). Obdachlose Familien oder verwaiste Kinder wurden auf Yap aufgenommen und versorgt, wenn Flutwellen oder Taifune die Atollinseln verheert hatten. Insofern lässt sich das *sawai*-System wohl am ehesten als ein ökologisch und sozial angepasstes Schutzsystem verstehen, mit dem die Verschiedenartigkeit der westmikronesischen Inseln durchaus respektiert, aber zugleich die Begrenztheit oder Anfälligkeit ihrer Ressourcen überbrückt werden konnten. Zu Beginn des 20. Jahrhunderts schwand die Bedeutung des maritimen Netzwerkes. Doch noch immer begeben sich einige Atollbewohner in fragilen Auslegerkanus (vgl. Abb. 54) auf wochenlange Seefahrten und bringen kostbare Waren nach Yap, wie die extrem haltbaren Kokosschnüre, ohne die bis heute kein Versammlungshaus und keine Fischreuse gebaut wird.

Das einzigartige Steingeld von Yap

Prinzipien der sozialen Ordnung und Machtverteilung, ozeanischer Handel und traditionelle Tributsysteme brachten auf Yap eine in ihrer Ausprägung einmalige materielle Wertekultur hervor, die immer noch in der Gesellschaft tief verwurzelt ist. Bis heute hüten die meisten Familien auf Yap einen Schatz kunstvoll geflochtener Bananenfasermatten (*lavalava*) oder an Kokosschnüren aufgereihter Perlmuscheln (*yar*). Diese Wertobjekte werden nach wie vor zu Familienfeiern, zur Beilegung von Zwistigkeiten und als Zugabe bei wichtigen Geschäften überreicht. Einzigartig ist das Steingeld von Yap (*rai* oder *fei*), dessen besonderer Kalkspat (Aragonit) nicht auf Yap zu finden ist, sondern von den südwestlich gelegenen Palau-Inseln stammt. Möglicherweise brachen schon vor mehr als 1000 Jahren Boote von Yap nach Palau auf, um die schweren Prestigestücke zu holen, die Ansehen und Macht der Häuptlinge und Clans von Yap festigen und mehren sollten. Um den Aragonit in Palaus Kalksteinhöhlen brechen zu dürfen, mussten die Yapesen Tauschgüter anbieten und in den Dörfern Palaus schwere körperliche Arbeiten verrichten. So sollen es Yapesen gewesen sein, die einen großen Teil der Steinpfade von Palau gebaut haben. Waren die Abbaurechte endlich erworben, konnte der Aragonit in den Steinbrüchen zu runden, polierten und in der Mitte durchbohrten Scheiben geformt werden, die so schwer waren, dass sie nur von mehreren Männern mittels einer durch die Bohrung geführten Stange getragen oder gerollt werden konnten. Der abenteuerliche Transport der Steinscheiben auf die 400 Kilometer entfernten Yap-Inseln schließlich machte den Wert des Steingeldes aus. Kleinere Stücke konnten in den Auslegerkanus transportiert werden, größere Steinmünzen hat man möglicherweise auf Flößen hinter den Booten gezogen (Abb. 177).

Immer wieder wurden Boote, Menschen und Steinscheiben Opfer von Taifunen und stürmischer See. Diejenigen Steinmünzen, die nach verlustreichen Seereisen Yap erreichten, wurden besonders hoch geschätzt. Sie wurden nach den Männern benannt, die in den Steinbrüchen oder auf dem schwierigen Seeweg ihr Leben verloren hatten. Aber auch Steinqualität, Form und Sorgfalt der Verarbeitung entschieden über den Wert einzelner Stücke. Die Auftraggeber der Beschaffungsreisen ließen die Steinscheiben vor den Versammlungshäusern aufreihen, gaben ihnen Namen und entschieden darüber, welche Exemplare der Dorfgemeinschaft und welche Stücke einzelnen Männern gehören sollten. Das Steingeld war nicht nur Prestigeobjekt, sondern es diente auch dem Erwerb von Kanus und Land, der Bezahlung großer Feste, der Finanzierung von Beistand bei Stammesfehden oder als Friedensgabe. So wechselten Steingeldstücke zwar immer wieder ihren Besitzer, verblieben jedoch meist an ihrem ursprünglichen Standort. Es genügte, dass man den Eigentümer kannte. Noch heute wissen die älteren Einwohner von Yap um die Geschichte und Eigentumsverhältnisse der meisten Steinmünzen. Immer noch ist der kulturelle und materielle Wert des Steingeldes ungebrochen. Wertvolle Stücke können etwa dem Kauf von Land oder als Schuldpfand dienen. Bei der Bank of Hawaii soll es sogar einen offiziellen Wechselkurs für das Steingeld geben: 72 US-$ pro 22 Millimeter Durchmesser (Hatcher Childress 1998).

Die Erschütterung der Steingeldkultur durch die Kolonisierung

Im 19. und 20. Jahrhundert wurde die einmalige Steingeldkultur auf Yap durch äußere Einflüsse schwer beschädigt. Nach 1870 begann der Wert des Steingeldes zu sinken, nachdem ein Amerikaner irischer Abstammung namens O'Keefe damit begonnen hatte, yapesische Arbeitsmannschaften, Eisenwerkzeuge und Dynamit auf einer chinesischen Dschunke nach Palau zu bringen, um Aragonit im großen Maßstab abzubauen. O'Keefe brachte auf seinem Schiff zahlreiche Steinscheiben zurück, die zwar größer und ebenmäßiger waren als je zuvor, nur fehlte ihnen die wertgebende Historie des abenteuerlichen Kanutransportes. Dennoch waren die Yapesen anfangs von der technischen Leistung fasziniert und entlohnten O'Keefe reich mit Kopra (getrocknetes Kokosmark) und Trepang (getrocknete Seegurken), Handelsgüter, die er in Südostasien mit hohem Gewinn verkaufte. Die größten und letzten Steinscheiben gelangten während der deutschen Kolonialzeit (1899 – 1914) mit dem Schiff *Germania* nach Yap. Aber auch diese Stücke mit einem Durchmesser von mehr als 3 Metern werden heute weniger geschätzt als viele kleine, ältere Stücke, die man einst mit Kanus transportiert hatte.

Die Kolonialmächte des 20. Jahrhunderts erkannten schließlich, dass sie das Steingeld als Repressalie gegen die Bevölkerung einsetzen konnten. Die deutschen Behörden bestraften vermeintliche Vergehen durch Pfändung von Steinmünzen, die zwar am Standort verblieben, aber mit einem „B.A." (für „Bezirksamt") gekennzeichnet wurden – ein Makel, der den ideellen Wert der Stücke für immer vernichtete. Die japanischen Machthaber (1914 – 1945), die im Jahr 1929 bei einer kompletten Bestandsaufnahme 13 281 Steingeldstücke gezählt hatten, zerstörten während des Zweiten Weltkrieges einen Großteil dieses Kulturgutes. Noch heute erzählen Einheimische tief betroffen, dass einst die Tarosümpfe ihrer Großeltern in Strafaktionen mit Steingeldtrümmern verfüllt wurden und dass man Steingeldbruch für den Bau von Straßen, Uferschanzen und Flugpisten verwendet hat. Während der amerikanischen Regierungszeit (1945 – 1978) sollen etliche Steingeldscheiben als Souvenirs entwendet worden sein, während gleichzeitig der US-$ auf den Inseln Fuß fasste. Etwa 6000 Steingeldmünzen haben allerdings diese kritischen Zeiten auf Yap überdauert. Als wichtiger Teil der kulturellen Identität stehen sie heute unter besonderem Schutz und dürfen die Inseln nicht verlassen.

▲ 177
Das tonnenschwere Steingeld von Yap wurde einst vermutlich auf Flößen transportiert, wie es eine historische Darstellung von F. Hernsheim aus dem späten 19. Jahrhundert zeigt

▲ 178
Werbe-Sammelbild aus der deutschen Kolonialzeit mit Steingeld-Motiv; die scheinbar leichte Handhabung der Steinmünzen entspricht allerdings nicht der Realität

Tasmanien – grüne Insel am roten Kontinent

Auf Tasmanien erzählen wir uns Geschichten, um uns selbst zu vergewissern, dass wir nicht unbemerkt über den Rand der Welt geschlittert sind.

(Cassandra Pybus, tasmanische Historikerin, zitiert in: Shakespeare [2005], S. 403)

Abgelegene Wildnis

Exponiert vor der Südostspitze Australiens, vom Kontinent durch die mehr als 200 Kilometer breite Bass-Straße getrennt und genau auf der Grenze von Pazifik und Indik liegt Tasmanien (vgl. Abb. 149). Die Insel, die in etwa ebenso groß wie Irland ist, prunkt mit üppig grünen Regenwäldern, weiten Moor- und Heidelandschaften, unzähligen Seen und Flüssen, wolkenverhangenen Gebirgen und sattgrünem Weideland. Obwohl der Mensch in den letzten 200 Jahren einen großen Teil der Insel in Besitz genommen und durch Waldrodung, Bergbau, Agrarwirtschaft und Staudammprojekte verändert hat, sind weite Teile Tasmaniens noch heute unzugängliche Wildnis. Etwa 20 % der Inselfläche gehören als „Tasmanian Wilderness“ zum UNESCO-Weltnaturerbe.

Als der holländische Seefahrer Abel Tasman im Jahr 1642 die Südspitze Tasmaniens umsegelte und den rauen Landstrich „Van-Diemens-Land“ taufte, hielt er seine Entdeckung für einen südlichen Teil des australischen Festlandes, eine Annahme, die erst Matthew Flinders im Jahr 1798 durch eine komplette Umschiffung Tasmaniens widerlegte. Während langer Episoden der letzten Kaltzeit war Tasmanien tatsächlich eine kontinentale Halbinsel. Zur Insel wurde das Land erst nach der letzten Eiszeit, als der ansteigende Meeresspiegel Teile des australischen Schelfs überflutete. Tasmaniens Lage bedingt ein ausgesprochen ozeanisches Klima. Der Eisrand der Antarktis liegt nur etwa 2400 Kilometer südlich. Das nächste Land im Westen ist zwei Ozeane und etwa 15 000 Kilometer entfernt: Patagonien, eine südamerikanische Landschaft, die mit Tasmanien gemeinsame Wurzeln hat, weil beide einst zum Urkontinent Gondwana gehörten. Neben dem auf Tasmanien weit verbreiteten Dolerit, ein typischer, grobkörniger Basalt des Gondwanalandes, sind etliche Tiere und Pflanzen lebende Zeugen der geologischen Verwandtschaft, zum Beispiel rattenähnliche Beuteltiere oder

▲ 180
Dünenlandschaft nördlich von Strahan an der Westküste Tasmaniens

◀ 179
Die Küste der Freycinet-Halbinsel an der Ostküste Tasmaniens; im Hintergrund die vorgelagerte Schouten-Insel

Scheinulmen der Gattung *Eucryphia*, deren Blüten auf Tasmanien wie im südlichen Chile einen begehrten Honig liefern. Gemeinsam mit Patagonien hat Tasmanien auch die Winde und Stürme der vierzigsten Breitengrade, die „Roaring Fourties“, die nach tausenden von Kilometern Meeresweg, ungehindert durch Landmassen und beladen mit Feuchtigkeit auf die Westküste der Insel prallen. Ganzjährig hohe Niederschläge von zum Teil mehr als 3000 Millimetern im Jahr lassen im Westen Tasmaniens undurchdringliche Regenwälder gedeihen. In der östlichen Hälfte Tasmaniens, wo heute die meisten der knapp 500 000 Einwohner leben, klingen die Niederschläge auf gemäßigte Mengen von etwa 500 bis 700 Millimeter jährlich ab, optimal für das Wachstum immergrüner Hartlaubwälder und eine ausgedehnte landwirtschaftliche Nutzung der fruchtbaren Böden in den tieferen Lagen.

Uralte Bäume, Riesen und der „Horizontal“: Die Pflanzenwelt Tasmaniens

Tasmaniens Flora weist sowohl australische als auch zu einem erheblichen Anteil antarktisch-südozeanische Elemente auf. Etwa 200 der ungefähr 1250 Blütenpflanzenarten sind endemisch, zum Beispiel der „Horizontal“ (*Anodopetalum biglandulosum*), ein Scheinulmengewächs, dessen Stämme sich nach einer Phase aufrechten Wachstums waagerecht umlegen, wieder austreiben, erneut umlegen und so fort. Die Pflanze bildet so in den feuchten Regionen Südwest-Tasmaniens undurchdringliche Dickichte und hat vermutlich entscheidend dazu beigetragen, dass die Besiedlung dieser Region unterblieb.

Endemisch sind auch einige der Silberbaumgewächse (Proteaceae), ebenfalls eine typische Pflanzenfamilie des Gondwanalandes, darunter die attraktiv blühende „Tasmanian Waratah“ (Abb. 183) oder *Lomatia tasmanica*, ein Strauch, der mit nur einem einzigen bekannten Individuum an einem abgelegenen und geheim gehaltenen Ort im

Südwesten der Insel wächst. Die sich ausschließlich durch Ausläufer vermehrende Pflanze hat mit ihren genetisch identischen Schösslingen ein mehr als einen Quadratkilometer großes Gebiet erobert und nach Radiocarbondatierungen hierfür etwa 43 000 Jahre benötigt – ein kaum vorstellbarer Altersrekord im Pflanzenreich. Die feuchten, baumfarn- und epiphytenreichen Wälder Tasmaniens werden vom Tiefland bis in die montane Stufe des über 1500 Meter aufragenden Zentralmassivs vor allem von zahlreichen Eukalyptusarten sowie von Südbuchen (*Nothofagus* spp.) bestimmt. Erstere sind ein typisch australisches Element, Letztere eine wichtige Charaktergruppe der „antarktischen" Gondwanaflora. Charakteristisch für den humiden Westen Tasmaniens sind neben den Wäldern großflächige Seggenriede, deren wassergesättigte Torfböden von den bis zu 2 Meter hohen Büscheln des Buttongrases (*Gymnoschoenus sphaerocephalus*) bewachsen sind. Akazien, Kasuarinen und wiederum etliche Proteenarten ergänzen das von Eukalypten geprägte Arteninventar der trockenen Wälder im Osten der Insel.

▲ 181
Die Russel Falls im Mount-Field-Nationalpark (Tasmanien)

▶ 182
Die „Waratah" (*Telopea truncata*) ist ein endemisches Proteengewächs im feuchten Bergland Tasmaniens

▼ 183
Stamm-Basis eines Königs-Eukalyptus (*Eucalyptus regnans*)

Seit der Kolonisierung Tasmaniens im 19. Jahrhundert sind fast 90 % der einstigen Naturwälder durch Kulturnahme und intensive Holzwirtschaft verschwunden, darunter nahezu der gesamte Bestand der Huon-Kiefer (*Lagarostrobus franklinii*) mit seinen Jahrtausende alten Bäumen. Obwohl heute der größte Teil des tasmanischen Urwaldes unter Schutz steht, fallen Jahr für Jahr immer noch einige tausend Hektar Primärwald der Papierindustrie zum Opfer. Von der Vernichtung bedroht sind dadurch unter anderem die letzten Bestände der bis zu fast einhundert Meter hohen Rieseneukalypten, der größten (noch) lebenden Laubbäume der Erde (Abb. 183).

Tiger, Teufel und eierlegende Säugetiere: Die besondere Tierwelt Tasmaniens

Ebenso wie auf dem australischen Kontinent bestimmen sehr urtümliche Tiergruppen die einheimische Säugetierfauna, darunter die eierlegenden Kloakentiere mit zwei Arten: der insektenfressende Schnabeligel (vgl. Abb. 38) und das in den Gewässern Tasmaniens nach Nahrung tauchende Schnabeltier. Stammesgeschichtlich alt sind auch die überwiegend nachtaktiven Beuteltiere, die auf Tasmanien mit mehreren Känguruarten, Kletterbeutlern („Possums", vgl. Abb. 48), Nasenbeutlern, Gleitbeutlern, Wombats sowie etlichen maus- bis mardergroßen Arten der Raubbeutler vertreten sind. Einige Arten, die auf dem australischen Kontinent durch Menschen, eingeführte Raubtiere und Lebensraumveränderungen stark dezimiert oder ausgelöscht wurden, blieben in der Wildnis Tasmaniens bis heute erhalten. Eine neue Gefahr für Tasmaniens Ökosysteme geht von Rotfüchsen aus, die vor erst wenigen Jahren vermutlich von Jägern hierhergeschmuggelt wurden und sich in den dichten Wäldern der Verfolgung entziehen. Nur noch auf Tasmanien zu finden sind heute der Rotbauchfilander, ein kleines Känguru, und der Aas verzehrende Beutelteufel (*Sarcophilus harrisii*), der aufgrund seiner markerschütternde Schreie, die den nächtlichen Wald durchdringen, zum Sinnbild der tasmanischen Wildnis wurde. Ein anderes symbolträchtiges Tier hat den modernen Menschen nicht überlebt: der Beutelwolf, wegen seiner gestreiften Fellzeichnung auch als „Tasmanischer Tiger" bezeichnet (Abb. 184). Die Tiere, die heute das Wappen von Tasmanien, die Bierflaschen einer Brauerei, den Namen einer bekannten Kricket-Mannschaft, Firmenlogos und tasmanische Souvenirs zieren, wurden im 19. Jahrhundert von den europäischen Siedlern systematisch verfolgt. Abschussprämien und staatlich geförderte Ausrottungsprogramme führten binnen weniger Jahrzehnte zur Vernichtung der Beutelwolfpopulation. Das letzte bekannte Individuum der Art starb 1936 im Zoo der tasmanischen Hauptstadt Hobart. Obwohl offiziell für ausgestorben erklärt, wird heute mit Privatinitiativen und auch mit Unterstützung des staatlichen Naturschutzes nach der verlorenen Art gesucht, weil immer wieder Einheimische berichten, sie hätten umherstreifende Beutelwölfe in entlegenen Wäldern gesehen. Als bizarrer Höhepunkt der Beutelwolf-Historie dürfen erfolglose Bemühungen australischer Wissenschaftler gelten, die zu Beginn des 21. Jahrhunderts versuchten, die Art aus geklontem Genmaterial eines in Alkohol konservierten Tieres wieder auferstehen zu lassen.

▲ 184
Tasmanische Beutelwölfe (*Thylacinus cynocephalus*) auf einer Zeichnung des 19. Jahrhunderts von H. C. Richter aus Gould und Richter (1845–63)

◀ 185
Aus der deutschen „Illustrirten Zeitung" des Jahres 1865: „Die letzten Tasmanier" – ausstaffiert mit europäischer Festkleidung für einen Ball des Gouverneurs von Hobart

Der Untergang der tasmanischen Urbevölkerung während der europäischen Kolonialzeit

Ein Buchkapitel über Tasmanien wäre unvollständig ohne die Erwähnung der tasmanischen Urbevölkerung, die von den frühen europäischen Siedlern grausam vernichtet wurde. Fast 40 000 Jahre hatten Menschen vor Ankunft der Europäer auf Tasmanien gelebt; nur etwa vierzig Jahre genügten zu ihrer Ausrottung. Die von den australischen Aborigines abstammenden Menschen waren einst über die Landbrücke der heutigen Bass-Straße nach Tasmanien eingewandert. Wie auch die australischen Ureinwohner waren die tasmanischen Aborigines überwiegend Nomaden. Sie sammelten an den Küsten Meerestiere, jagten im Binnenland Vögel und Beuteltiere und legten Buschfeuer zur Öffnung der Landschaft an. Aufgrund der nacheiszeitlichen Isolation der Insel blieben die Werkzeuge der Tasmanier auf präneolithischem Entwicklungsstand. Zur Jagd benutzten sie nur einfache Speere, Keulen oder Steine, während ihnen der australische Bumerang unbekannt war.

Während der ersten fünfzig Jahre der englischen Kolonisierung ab 1803 war Van-Diemens-Land vor allem Deportationsziel für rückfällige Strafgefangene. Ein brisanter Menschenschlag prägte damals die ersten europäischen Siedlungen: Soldaten, Gefangene, freigelassene oder entkommene Sträflinge, Abenteurer, Robbenfänger, selbstherrliche Inselgouverneure und gescheiterte Existenzen. Diese neuen Siedler begannen bald eine brutale Jagd auf die anfangs friedlichen und scheuen Ureinwohner. Sich gegen die Gewalt wehrende Aborigines lieferten den Vorwand für einen grausam effizienten Völkermord. Die letzten Überlebenden von etwa 5000 bis 7000 Ureinwohnern wurden in den 1830er Jahren auf die in der Bass-Straße liegende Flinders-Insel deportiert, wo die meisten von ihnen rasch durch Krankheit, an Kummer oder durch die Hand brutaler Robbenjäger starben.

Bald erschienen in Europa Artikel über die „letzten Tasmanier", die kurz vor ihrem Ende als Besonderheit zur Schau gestellt wurden (Abb. 185). Van-Diemens-Land benannte man 1856 in „Tasmanien" um, da man die mit dem alten Namen verbundenen Assoziationen von Sträflingsinsel und Völkermord abstreifen wollte. Die Aufarbeitung dieses dunklen Teils der tasmanischen Kolonialgeschichte dauert bis heute an.

Inseln des Indischen Ozeans

Bali

Bali

Bali

Bali

Bali

Madagaskar

Bali

Seychellen

Seychellen

▶ 186
Inseln im Indischen Ozean. Entlang des indonesischen Inselbogens Sumatra–Java–Timor ist die Abgrenzung von Indischem und Pazifischem Ozean international nicht eindeutig festgelegt. Tasmanien liegt auf der Grenze beider Ozeane

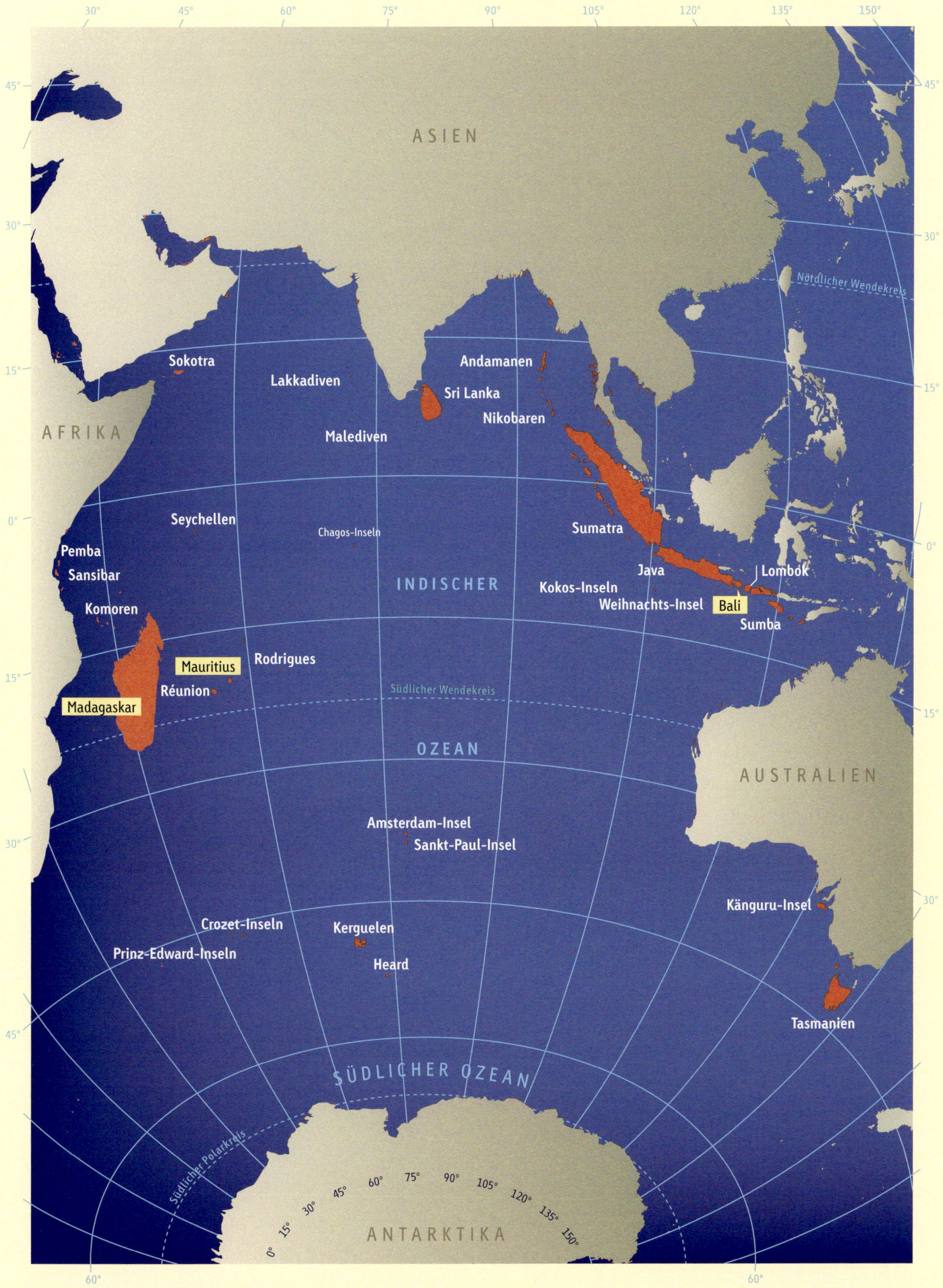

Maßstab am Äquator
0 1000 2000 3000 Kilometer

Gelb markierte Inseln werden im Folgenden ausführlich beschrieben.

Bali – die Insel der vertriebenen Götter

… Hunderte von Tänzen, einzig von den Göttern verstanden, sind verblasst
ihre Scherben vernichten die Reisblüten
Rituale haben ihre eigene Stimme verloren
und Frauen, die oft vom Geräusch der Karren erwacht
haben die Schönheit der Reisgöttin vergessen
Jedes Stück Erde, auf dem ich wandle, ist von Rauch umhüllt …“

[aus dem Gedicht „Die balinesische Erde“ von Oka Rusmini, in: Ramseyer & Tisna [2000], S. 51–55]

Vulkaninsel im Sunda-Land

Bali, etwa 5600 km^2 groß, ist die westlichste der Kleinen Sunda-Inseln, die zwischen Indik und Pazifik einen kleinen Abschnitt des gewaltigen, über 40 Längengrade verlaufenden indonesischen Inselbogens (vgl. Abb. 186) formen, der einst durch Vulkanismus an der Subduktionszone zwischen australischer und eurasischer Kontinentalplatte entstanden ist. Bali gilt als heilige und göttliche Insel für viele Menschen als Inbegriff eines realisierten Inselparadieses, doch für manchen kritischen Betrachter dagegen eher als Paradebeispiel für die Zerstörung traditioneller Kultur durch Massentourismus und Übervölkerung. Balis Einzigartigkeit im bevölkerungsreichsten Inselstaat der Erde mit seinen insgesamt mehr als 17 000 Inseln, darunter etwa 6000 bewohnten, liegt in der Verschmelzung von Natur, Landwirtschaft und gelebter Religion zu einem kunstvollen Ganzen, das seinen Ausdruck findet in Tempeln, Mythen, Tänzen, Musik, heiligen Handlungen ebenso wie in perfektionierter Reisbautechnik. Kulturelle Dimensionen liegen bereits zwischen Bali und der nur vier Kilometer entfernten westlichen Nachbarinsel Java: hier die einzige hinduistisch geprägte Insel Indonesiens, dort die Insel mit der größten muslimischen Bevölkerung auf der gesamten Erde. Naturräumliche Kosmen trennen Bali von seiner nur etwa 35 Kilometer entfernten östlichen Nachbarinsel Lombok, denn zwischen beiden Inseln verläuft eine bedeutsame tier- und pflanzengeographische Grenze: die Wallace-Linie (beschrieben vom Naturforscher Alfred Russel Wallace im 19. Jahrhundert), die das asiatische Tier- und Pflanzenreich vom australischen scheidet. Auf Bali endet der Lebensraum von Affen, Elefanten und Tigern. Auf Lombok beginnt das Reich

von Kakadu und Beuteltier. Diese scharfe Trennung hat folgenden Grund: Die tiefe Meeresstraße von Lombok und die Makassar-Straße zwischen Borneo und Sulawesi weiter nördlich blieben für einen Großteil der Tiere und Pflanzen auch in den Kaltzeiten unüberwindliche Hindernisse, als viele andere der heutigen indonesischen Inseln aufgrund des niedrigeren Meeresspiegels durch Landbrücken miteinander verbunden waren oder zum asiatischen Festland (Sunda-Land) auf der einen beziehungsweise zum australischen Festland (Sahul-Land) auf der anderen Seite gehörten.

Inselkultur mit dem Rücken zum Meer

Obgleich schon während der letzten Kaltzeit Menschen im Gebiet Indonesiens und vermutlich auch auf Bali lebten, hat die heutige Inselkultur ihre Wurzeln wohl in der sehr viel jüngeren austronesischen Expansion (siehe Kap. Meereswanderer), die vor etwa 4500 Jahren auch den indonesischen Raum erreichte. Anders als auf den meisten Inseln des Südpazifik, wo sich eben gerade speziell an das Meer angepasste nautische Fähigkeiten und Kulturen entwickelten, geschah auf Bali das Gegenteil: Die Menschen wandten sich vom Meer ab und widmeten sich vorrangig der Landnutzung. Fischerei und Schifffahrt spielen bis heute auf Bali eine untergeordnete Rolle. Das Meer ist für die Balinesen vor allem das Reich der Toten, der Geister und Dämonen. Binnengewässer, Berge und Böden hingegen werden als Quellen des Lebens und Sitz der Götter verehrt (Abb. 187). Maritimen Handel überließen die Balinesen schon vor zwei Jahrtausenden vor allem chinesischen und indischen Seefahrern. Bald nach der Zeitenwende entwickelten Inder einen ausgedehnten Gewürzhandel entlang des indonesischen Inselbogens und brachten von Hinduismus und Buddhismus geprägte Glaubensvorstellungen mit. Als Indonesien ab dem 15. Jahrhundert eine weitreichende Islamisierung erfuhr, wurde Bali zur Rückzugsinsel für Anhänger der hinduistischen Religion.

▲ 188
Geschmückte Dorfstraße in Ulakan (Bali) anlässlich des Kuningan-Festes

◀ 187
Der Bratan-See im Krater eines erloschenen Vulkans im Norden Balis ist nach der balinesischen Mythologie der Ursprung allen Wassers auf der Insel. In den See ragt der Tempel Pura Ulun Danu, Sitz der Wassergöttin Dewi Danu

Im eigenständigen balinesischen Hinduismus bilden Götter und Dämonen, Raum und Zeit, lebende Menschen und ihre Ahnen, heilige Orte und Rituale, belebte und unbelebte Natur ein untrennbares und auf steten Ausgleich gerichtetes Ganzes. Kaum ein interessierter Besucher Balis bleibt unberührt von den mit allen Sinnen erfahrbaren Ausdrucksformen des religiösen Alltags. Dazu gehören die unzähligen prächtig verzierten Schreine und Tempel ebenso wie die Prozessionen farbenprächtig gekleideter Frauen, die mit Anmut kunstvoll aufgetürmte Opfergaben zu den Tempeln tragen. Zum einprägsamen Bild der Insel gehören auch die so häufig festlich geschmückten Straßen oder die täglich liebevoll arrangierten Opfergaben am Straßenrand in der allgegenwärtigen Atmosphäre von duftendem Räucherwerk (Abb. 188). Keineswegs nur für Touristen inszeniert sind Schattenspiele oder ausdrucksstarke Tanzdarbietungen vor der bronzenen Klangkulisse der traditionellen Gamelan-Orchester.

Der heilige Reis

Reis ist auf Bali seit Jahrtausenden Lebensgrundlage und Herz der Kultur. Hohe Erträge ermöglichen eine der erdweit höchsten Bevölkerungsdichten, die auf landwirtschaftlich geprägten Inseln überhaupt zu finden sind. Mehr als drei Millionen Menschen leben heute auf Bali,

damit im Mittel fast 600 Menschen pro km² Inselfläche, doch im Süden Balis, dem Zentrum des Reisanbaus, liegt die Bevölkerungsdichte fast doppelt so hoch. Die natürlichen Voraussetzungen für den Reisanbau sind überaus günstig. Die tropische Lage der Insel auf 8,5° südlicher Breite, der Einfluss feuchter Monsunwinde und ganzjährig auftretende Steigungsregen an den bis über 3000 Meter aufragenden Vulkanen sorgen für ein ganzjährig warm-humides Klima mit lokal differenzierten Jahresniederschlägen von 1200 bis 3000 Millimetern. Die von West nach Ost verlaufende Vulkankette geht im Süden der Insel in ein breites, sanft gestuftes, von Flüssen und Bächen durchzogenes Tiefland über. Für den Nassreisanbau formten die Balinesen nach weitgehender Rodung der Inselwälder über Jahrtausende kunstvolle Terrassenlandschaften (Abb. 189), die heute zwei, manchmal sogar drei Ernten pro Jahr erbringen.

Aufgrund einer ganz besonders sorgfältigen Bearbeitung und Instandhaltung blieben die intensiv genutzten Felder über viele Generationen nahezu unbehelligt von Bodenerosion, abgesehen von gelegentlicher Zerstörung einzelner Anbaugebiete durch Vulkanausbrüche. Organisiert wird der Reisanbau durch Dorf- und Wassergemeinschaften, in denen die Aufteilung und Bearbeitung der Felder sowie die Zuteilung des (heiligen) Wassers nach altüberlieferten Systemen streng geregelt ist. Nach der Vorstellung der Balinesen lebt die Seele der Göttin Dewi Sri im Reis selbst. Aussaat, Pflanzung, Bodenbearbeitung, Ernte und Gewinnung der neuen Saat sind daher heilige Handlungen und werden das Jahr hindurch von zahlreichen Zeremonien und Festen zu Ehren der Reisgöttin begleitet. Jede kleine Opferschale am Straßenrand enthält daher stets auch einige Reiskörner. Besondere Reiskuchen werden für spezielle Opferzeremonien hergestellt (Abb. 190) und Menschen schmücken selbst ihre Gesichter für Tempelfeste mit Reiskörnchen (vgl. Abb. 16). Nirgendwo sonst dürfte Reisanbau eine so umfassende Wertschätzung finden wie auf Bali. Doch ist auch hier das über

◄ 189
Reisterrassen zur Erntezeit bei Tirta Gangga, Ost-Bali

Jahrtausende gewachsene Fundament aus ackerbaulicher Sorgfalt und spiritueller Hinwendung inzwischen erheblich erschüttert.

Massentourismus und „Grüne Revolution" zerstören die traditionelle Reiskultur

Der Tourismus auf Bali macht heute etwa 50 % der Inselwirtschaft aus und trägt dazu bei, dass der Fremdenverkehr gegenwärtig drittgrößter Devisenbringer für Indonesien insgesamt ist. Die Anfänge des Tourismus gehen zurück auf das Jahr 1914, als die ersten Kultur-Reisenden auf Schiffen kamen, sechs Jahre nach der gewaltsamen Einverleibung Balis in die holländische Kolonie Niederländisch-Ostindien. Über Jahrzehnte blieb Bali Fernziel einzelner, gut betuchter Reisender, bis nach der Unabhängigkeit Indonesiens (1945/1949) die Zentralregierung in Jakarta das wirtschaftliche Potenzial einer verstärkten touristischen Nutzung erkannte und den Massentourismus mit weitreichender Konsequenz plante. In den 1970er und 1980er Jahren explodierte im Süden der Insel die Zahl von Hotels und Ferienanlagen. Fischerdörfer und Mangrovenwälder verschwanden. Mit Fördergeldern internationaler Organisationen hat man einen großen Flughafen, Einkaufszentren, Golfplätze und Schnellstraßen gebaut. Reisfelder wurden zu Spekulationsobjekten einer ausufernden Immobilienwirtschaft. Menschen aus Java und anderen Regionen Indonesiens drängen heute in die Touristenzentren Balis, um Geld zu verdienen, während Einheimische wegen massiv gestiegener Grundsteuern aus den urbanen Ballungsräumen in ländliche Gebiete abwandern. Dort bauen sie neue Häuser, wiederum zu Lasten von Reisanbauflächen. Zunehmend werden andere Getreidearten, Kartoffeln und Gemüse im Trockenanbau auf höher gelegenen, steilen Vulkanhängen kultiviert. Bodenerosion und geminderte Erträge sind die Folge. Neben einer sich zuspitzenden Flächenknappheit ist die Landwirtschaft auch von Wassermangel betroffen, weil die großen Ferienzentren einen extrem hohen Wasserverbrauch haben. Viele Bewässerungssysteme werden zudem durch die negativen Wirkungen ausufernder Siedlungen zerstört. Migration, die Auflösung traditioneller Dorfstrukturen und die Schwächung der überlieferten Reiskultur gefährden nicht nur den sozialen Frieden, sondern auch die Ernährung der Menschen. Eine von der Zentralregierung zur Steigerung der indonesischen Reisproduktion in Kraft gesetzte „Grüne Revolution" zeigt gerade auf Bali negative Folgen. In vielen Reisanbaugebieten wurden nämlich die traditionelle organische Anbaumethodik und die Verwendung lokalen Saatgutes von der Verwendung importierter Saat nebst zugehörigem Mineraldünger abgelöst. Unter diesem Einfluss hat man zugleich vielfach die alten, dem Reis gewidmeten Rituale und damit einhergehend auch die traditionelle Sorgfalt des nachhaltigen Ackerbaus aufgegeben. Pessimisten befürchten, dass die besondere balinesische Kultur bald gänzlich verschwinden könnte. Optimisten vertrauen jedoch auf die Stärke von Balis Tradition und Religion, die das Inselvolk über mehr als zwei Jahrtausende auch schon durch andere schwierige Zeiten geführt hat.

▼ 190
Zeremonielle Reis-Kuchen auf Bali

Mauritius – steinreiche Zuckerinsel im Indischen Ozean

Um elf fiel der Regen in Strömen vom Himmel. Der Wind ließ nach und die Schluchten in den Bergen wurden zu ungeheueren Wasserfällen. Große Steine wurden mit einem Geräusch abgerissen, das Kanonendonner glich. Die Hügel hinunterrollend rissen sie große Löcher in die Wälder. Die Bäche traten über die Ufer und machten die Ebenen des Vorlandes zu einem Meer. […] Überall waren Bäume umgeworfen und Brücken fortgerissen worden.

[Auszug aus den Beschreibungen der Folgen eines tropischen Wirbelsturms am 23. Dezember 1768 auf Mauritius durch Bernardin de Saint-Pierre [1773/2002], S. 116]

Zuckerrohrfelder bedecken heute (noch) etwa die Hälfte von Mauritius – einer 1842 km² großen, östlich Madagaskar bis zu 828 Meter aus dem Indischen Ozean aufragenden vulkanischen Insel (vgl. Abb. 186). Als ob ein Riese grauschwarzen Zucker auf die Felder gestreut hätte, liegen zahllose dunkle vulkanische Steine auf der Inseloberfläche. Wie gelangten sie dorthin? Die Siedlungs- und Landnutzungsgeschichte gibt darüber Auskunft.

Mit der Einrichtung einer Niederlassung der Niederländischen Vereinigten Ostindienkompanie (VOC) begann 1638 die Rodung der tropischen Wälder und ein Jahr später mit Hilfe afrikanischer Sklaven der Anbau von Zuckerrohr. Letzterer scheiterte jedoch damals an der großen Zahl der zuvor über Segelschiffe aus Europa eingeführten Ratten. 1658 gab die VOC ihre kleine Kolonie auf, die hauptsächlich ein Stützpunkt für Schiffe auf dem Weg von den Niederlanden über die Kapkolonie in Südafrika nach Niederländisch-Ostindien (dem heutigen Indonesien) gewesen war. Eine zweite, 1664 beginnende Niederlassungsphase der VOC verlief zunächst erfolgreicher. Zuckerrohr wurde verbreitet angebaut. 1695 verheerte jedoch ein schwerer Sturm Häuser und Ernte, woraufhin viele Kolonisten Mauritius verließen. Anderthalb Jahrzehnte später endete die niederländische Zeit und Mauritius blieb vorerst menschenleer.

Dufresne d'Arsel nahm 1715 die unbewohnte Insel für Frankreich in Besitz. Die ersten Gouverneure der französischen Ostindienkompanie gaben aufgrund von Hungersnöten, ungünstiger Witterung, der schwierigen Kommunikation mit dem Mutterland und wiederum vor allem der Rattenplage wegen frühzeitig auf. Ab 1735 sorgte Gouverneur Mahé de La Bourdonnais jedoch für ei-

nen großflächigen Anbau von Zuckerrohr. Infolgedessen produzierten schließlich 60 Zuckerfabriken im Jahr 1810 etwa 3000 Tonnen Zucker.

Das Interesse der Engländer an der produktiven Insel wuchs. Die Franzosen konnten 1810 nicht lange den Angriffen der Engländer standhalten und Mauritius wurde britisch. Die Briten entwickelten Zucker zum wichtigsten Exportprodukt. Die Abschaffung der Sklaverei führte 1835 – anders als in Dänisch-Westindien (siehe Kap. Jungferninseln) – nicht zu einem Zusammenbruch des Zuckerrohranbaus. Ein Arbeitskräftemangel wurde durch die Anwerbung von Arbeitern vermieden: Von 1834 bis 1924 wanderten 453 000 Menschen aus Indien ein; die meisten von ihnen blieben. 1860 erzeugten bereits 259 Zuckerfabriken stattliche 130 000 Tonnen Zucker. Zerstörungen durch tropische Wirbelstürme, eine Malaria-Epidemie und die wachsende Konkurrenz durch den Anbau von Zuckerrüben im Vereinigten Königreich ließen in den folgenden drei Jahrzehnten den Zuckerrohranbau auf Mauritius dann wieder stagnieren.

Das Zuckerprotokoll der Lomé-Konvention der Europäischen Gemeinschaft garantierte Mauritius in den vergangenen drei Jahrzehnten die Abnahme von Zucker zu günstigen Bedingungen. Diese Unterstützung endet jetzt. Die früher einseitig auf Zucker ausgerichtete Wirtschaftsstruktur der Insel ändert sich. Mitte des 20. Jahrhunderts wurden noch 95 % der Exporterlöse durch den Verkauf von Zucker erzielt, heute sind es kaum mehr als 20 %. Textilien sind derzeit das wichtigste Exportgut. Die wirtschaftliche Bedeutung der Textilindustrie nimmt jedoch ab, diejenige des Tourismus wächst dagegen beständig.

Der großflächige Zuckerrohranbau machte Mauritius zu einer „steinreichen“ Insel: Im Verlauf von zweieinhalb Jahrhunderten erodierte der Abfluss zahlreicher intensiver tropischer Niederschläge die feineren Partikel der steinreichen Böden auf den Zuckerrohrfeldern. Durch den Abtransport der sie umgebenden Feinpartikel gelangten eben diese Steine an die Geländeoberfläche. Neben der üblichen Feldarbeit kam bald nach dem Beginn des Zuckerrohranbaus eine immer bedeutsamer werdende neue Tätigkeit hinzu: die Beseitigung der wachsenden Zahl von Steinen an der Oberfläche, die den Anbau zunehmend behinderten.

Zunächst waren die aus Afrika entführten Sklaven, dann die indischen Arbeiter mit dem Zerkleinern, dem Ablesen und Aufschichten der Steine betraut. Dunkle Steinhaufen prägen seitdem die Zuckerrohrfelder. Auf einer Zuckerplantage im Süden wurden Lesesteine gar behauen und zu meist zehnstufigen Pyramiden gesetzt (Abb. 192). Viele Steine wurden an Feldränder gebracht und dort zu Wällen aufgehäufelt. Heute entfernen Plantagenarbeiter mit bloßen Händen nur noch kleine Steine, die durch das Pflügen an die Bodenoberfläche gelangen. Große Steine werden von Baggern an die Ränder der Zuckerrohrfelder gebracht oder von steinbrechenden Maschinen an Ort und Stelle in tragegerechte kleine Portionen zerkleinert. Die Steine bleiben meist nicht mehr an den Feldrändern liegen, sondern werden in vielfältiger Weise weiterverwendet. Mit jedem entfernten Stein rücken der darunter liegende noch steinreichere Bereich und das anstehende Festgestein näher an die Oberfläche. Das Steinsammeln ist heute somit zu einer Daueraufgabe in der Landwirtschaft von Mauritius geworden.

▲ 192
Pyramidal aufgeschichtete Lesesteinhaufen in einem Zuckerrohrfeld im Südwesten von Mauritius
Foto: Hans-Rudolf Bork

◀ 191
Massiv Le Pouce südlich der Hauptstadt Port Louis mit einem der höchsten Berge von Mauritius (812 Meter ü. d. M.)
Foto: Hans-Rudolf Bork

Madagaskar – Insel der Lemuren und Legenden

Als Madagaskar in den Indischen Ozean abdriftete, wurde es von den evolutionären Entwicklungen der anderen Erdteile abgeschnitten. Es ist ein Rettungsfloß aus einer anderen Zeit.

[Aus: Adams & Carwadine [2000], S. 10]

Der rote Mikrokontinent

Madagaskar, die viertgrößte Insel der Erde und mit ca. 587 000 km² Fläche gut 1,5-mal so groß wie die Bundesrepublik Deutschland, ist ein großer Splitter des südlichen Urkontinents Gondwana. In der späten Phase des Zerfalls von Gondwana löste sich Madagaskar vom afrikanischen Kontinent und dürfte schon vor etwa 60 Millionen Jahren annähernd seine heutige isolierte Position, getrennt von der Südostküste Afrikas durch eine 400 bis 800 Kilometer breite Meeresstraße, erreicht haben (vgl. Abb. 186). Madagaskar ist mit seiner Lage zwischen 12° und 25,5° südlicher Breite eine Tropeninsel. Ihre Größe und ihr vielgestaltiges Relief bewirken eine starke Differenzierung von Klima und Vegetation. Die ganzjährig feuchte, vorwiegend von östlichen Passatwinden beeinflusste Ostküste mit Jahresniederschlägen von 3000 Millimetern und mehr ist bis in die untere Gebirgsstufe von Regenwäldern (Abb. 196) gesäumt, deren Ausdehnung allerdings inzwischen stark geschrumpft ist. Im Inselinnern erstreckt sich ein heute weitgehend entwaldetes Hochlandmassiv, das auf 750 bis 1500 Meter Höhe über dem Meer ein eher kühles und mäßig feuchtes Klima mit ausgeprägtem Wechsel von Trocken- und Regenzeiten aufweist. Die Landschaften des Westens und Südens im Regenschatten des Zentralmassivs sind von wechselgrünen Trockenwäldern, semiariden Gras- und Baumsavannen (Abb. 195) sowie trockenen Dornendickichten mit zahlreichen sukkulenten (wasserspeichernden) Pflanzenarten gekennzeichnet, zu denen zum Beispiel die markanten Baobabs (Affenbrotbäume) gehören (Abb. 194).

Besucher Madagaskars begeistern vor allem die von Farben sprühenden Landschaftseindrücke. Leuchtend rotbraune Böden kontrastieren zur Vegetation. Rotbraune Lehmhäuser und Dörfer wetteifern mit dem intensiven Grün von Reisfeldern. Graubraune Felsen und blaugrüne Palmen ragen aus weiten, gelben Savannenlandschaften. Diese Landschaftsbilder entstanden jedoch erst durch die Vernichtung von Wäldern nach dem Eintreffen des Menschen vor etwa 2000 Jahren. Die Relikte des einstigen Waldes sind heute die biologischen Schatzkammern der Insel, derentwegen die meisten Besucher nach Madagaskar kommen.

▼ 193
Kulturlandschaft mit typischem Wohnhaus aus Lehmziegeln am Lac Itasy im zentralen Hochland Madagaskars

◄ 194
Adansonia rubrostipa ist eine der sieben endemischen Affenbrotbaumarten (Baobabs) Madagaskars. Das abgebildete Individuum im Reniala-Schutzgebiet im Südwesten Madagaskars ist etwa 1400 Jahre alt

Hot Spot der Biodiversität

Die lange währende geologische Isolation, die große Inselfläche, die klimatische und geomorphologische Vielfalt Madagaskars bedingten die Entwicklung einer außerordentlich eigenständigen und diversen Tier- und Pflanzenwelt. Mehr als 1000 Orchideen- sowie mindestens 8000 weitere Blütenpflanzenarten Madagaskars machen ein Drittel der bekannten Pflanzenarten des gesamten afrikanisch-madagassischen Raumes aus. Mehr als 80 % der Flora sind endemisch. Den Bestand der noch nicht erfassten Pflanzenarten in den verbliebenen Wäldern der Insel schätzen Botaniker etwa genauso hoch ein wie die Zahl bereits beschriebener Arten. Nicht zuletzt die internationale Pharmaforschung interessiert sich heute für den ungeheuren Artenreichtum der Pflanzen, weil sich in ihm viele medizinisch wirksame Inhaltsstoffe verbergen.

Die wohl bekanntesten Vertreter der einheimischen Tierwelt Madagaskars sind die endemischen Lemuren, Nachfahren von Halbaffen, die vor etwa 50 Millionen Jahren die Küste der bereits isolierten Insel auf pflanzlichem Treibgut schwimmend erreicht haben. Weil keine höheren Primaten und nur sehr wenige andere größeren Säuger den „Sprung" über die Straße von Moçambique schafften, blieben die Halbaffen auf der Insel bis in die jüngste Evolutionsgeschichte von Konkurrenten verschont. In dieser Ungestörtheit brachten sie eine große

◀ 195
Savannenlandschaft am Rand des Isalo-Gebirges mit endemischen, brandresistenten Satranapalmen (*Bismarckia nobilis*)

Formenvielfalt hervor, von der mehr als 70 rezente Lemurenarten und -unterarten zeugen (vgl. Abb. 31, 197). Kein Besucher Madagaskars wird Begegnungen mit den Lemuren vergessen: die über den Regenwald gellenden Rufe des in Sozialverbänden auf Baumwipfeln lebenden Indri, der größten rezenten Lemurenart; die nächtliche Begegnung mit dem winzigen Mausmaki, des kleinsten lebenden Primaten der Erde; die zutrauliche Neugier der hübsch gezeichneten, langschwänzigen Katzenmakis oder das eigene Aufspüren des erst 1986 von Wissenschaftlern entdeckten Goldenen Bambuslemuren. Ein besonders geheimnisvoller und seltener Lemur bleibt den meisten Besuchern verborgen: das nachts an Baumrinden nach Insekten suchende Aye-Aye, das mit seinen überlangen Klauenfingern, fledermausartigen Ohren und langen Schneidezähnen ungewöhnlich aussieht und vermutlich deshalb bei den Einheimischen als Unglücksbringer verpönt ist. Eine weitere ursprüngliche Säugetiergruppe, die nur auf Madagaskar lebt, sind die zu den Insektenfressern gehörenden igelähnlichen Tanreks, von denen 30 Arten bekannt sind. Auch Amphibien und Reptilien warten mit einer großen Artenvielfalt auf, ebenso wie die Wirbellosenfauna. Fast alle der mehr als 200 bekannten Froscharten sind endemisch (Abb. 199). Unter den Reptilien machen vor allem die etwa 65 Chamäleonarten – das ist etwa die Hälfte aller Chamäleonspezies der Erde – den Mikrokontinent bei Zoologen und Besuchern aus aller Welt berühmt (vgl. Abb. 30, 198). Schließlich kennzeichnen mehr als 4000 bislang erfasste Schmetterlingsarten zusammen mit vielen weiteren artenreichen Insektengruppen Madagaskar als eines der bedeutsamsten Biodiversitätszentren der Erde.

Bereits in der frühen Kulturgeschichte starben zahlreiche Tierarten durch Eingriffe des Menschen aus, darun-

▶ 196
Montaner Regenwald am östlichen Rand des Hochlandes von Madagaskar bei Andasibe

ter mindestens siebzehn Lemurenarten. Aus subfossilen Knochenfunden ließ sich rekonstruieren, dass einige der früheren Lemuren die Körpergröße und das Gewicht großer Menschenaffen erreichten. Ausgestorben ist auch ein weiterer Inselgigant: der sagenumwobene „Vogel Rock", ein Riesenstrauß und wohl der größte Laufvogel, der je lebte. Im 17. Jahrhundert lebten vermutlich die letzten dieser bis zu drei Meter großen und 500 Kilogramm schweren „Elefantenvögel". Nicht selten werden heute die Schalen ihrer riesigen Eier gefunden.

Einwanderer aus vielen Kulturen

Die neunzehn größeren Volksgruppen Madagaskars zeichnen eine sehr vielseitige Einwanderungsgeschichte nach. Vermutlich vor etwa 2000 Jahren kamen die ersten

▲ **197 bis 199** Tierwelt Madagaskars (von oben nach unten): Katta (Katzenmaki, *Lemur catta*), ein Lemur der trockenen Wälder Süd-Madagaskars; *Calumma parsonii cristifer* (männliches Tier), mit bis zu 60 Zentimeter Körperlänge eine der größten Chamäleonarten Madagaskars; „Tomatenfrosch" (*Dyscophus antongili*), eine von mehr als 200 endemischen Froscharten Madagaskars

Einwanderer aus dem südostasiatischen Inselraum auf direktem Weg über den Indischen Ozean nach Madagaskar. Sie brachten die ansonsten nur im Pazifik verbreitete austronesische Sprache, das Auslegerboot (siehe Kap. Meereswanderer) und die Techniken des Reisanbaus mit. Im Hochland rodeten die Einwanderer Wälder, legten Reisfelder und Bewässerungssysteme an (Abb. 200). Reis ist folglich seit dieser Zeit das wichtigste Grundnahrungsmittel auf Madagaskar.

Genetische und materielle Befunde belegen, dass weitere Volksgruppen etappenweise über die Küsten Indiens, Vorderasiens und Afrikas nach Madagaskar gelangten. Mit Menschen aus Ostafrika kamen vielleicht schon vor mehr als 1000 Jahren die Rinderhaltung und bestimmte Techniken der Fischerei nach Madagaskar. Arabische Einwanderer brachten die Kunst der Papierherstellung, Schriftzeichen und astronomische Kenntnisse auf die Insel sowie auch den (Sklaven-)Handel. Portugiesen waren die ersten Europäer, die um 1500 n. Chr. Madagaskar auf Karten verzeichneten. Nutznießer der neu „entdeckten" Insel waren zunächst Piraten, die sich vor amerikanischen und europäischen Küsten nicht mehr sicher fühlten, auf Madagaskar neue Verstecke fanden und hier im 18. Jahrhundert sogar eine eigene „Republik" gründeten. Europäische Kolonisierungsversuche, vor allem durch Portugiesen und Franzosen, schlugen lange Zeit fehl. Zu unbeugsam waren die sich zur Wehr setzenden Einwohner Madagaskars und zu mächtig deren regionale Herrscher, die nicht nur unerwünschte Eindringlinge zurückschlugen, sondern parallel dazu in teilweise gewaltsamen

▼ 200 Landschaftlich genutztes Hochland bei Ambohimahasoa (Madagaskar)

▲ 201
Kinder in einem Fischerdorf an der Südwest-Küste Madagaskars

Auseinandersetzungen einige der heimischen Volksgruppen in einem straff regierten Staat vereinten. Erst am Ende des 19. Jahrhunderts gelang Frankreich die gewaltsame Unterwerfung der Madagassen. Doch die französische Kolonialherrschaft währte kaum mehr als ein halbes Jahrhundert. Nach erneutem Aufflammen des Widerstandes und dem Tod zahlreicher Menschen im Kampf mit französischen Fremdenlegionären wurde Madagaskar 1960 zum unabhängigen Inselstaat erklärt.

Traditionelle Werte

Viele Traditionen der madagassischen Kultur sind vor allem auf dem Lande noch heute von großer Bedeutung. Familie, Dorfgemeinschaft und sozialer Zusammenhalt haben Vorrang vor Individualität. Die Arbeitskraft in der Landwirtschaft und Fischerei dient zuvorderst dem familiären Grundbedarf des täglichen Lebens. Materieller Besitz ist rar, abgesehen von Zeburindern, die bei einigen Volksgruppen eine sehr hohe Wertschätzung als Statussymbol genießen. Ein kompliziertes System von Gesetzen und Tabus, sogenannte *Fadys*, regeln die täglichen Lebens- und Arbeitsabläufe auf regionaler, dörflicher, familiärer oder sogar individueller Ebene. Regeln, Wissen, Geschichten und Legenden werden mündlich ausgetauscht. Die Kraft guter Rhetorik genießt in der dörflichen Gemeinschaft höchstes Ansehen. Vor allem sind es aber die Ahnen, die der Gesellschaft als Ratgeber und Vermittler zwischen den Lebenden und dem Schöpfergott Halt geben. Den Verstorbenen werden aufwändige Grabhäuser errichtet, in denen man die Familienmitglieder nach strengem Rangsystem bestattet. Die größten und teuersten Feste auf Madagaskar sind neben den Beisetzungen die Totenumwendungen (*Famadihana*), bei denen die sterblichen Überreste der Vorfahren den Gräbern entnommen, umhergetragen, mit neuen Grabtüchern versorgt und erst dann wieder zur Ruhe gebettet werden, nachdem sie einige Tage das ausgelassene Fest der Lebenden begleitet haben.

Einige solcher fest verwurzelten alten Traditionen werden heute von manchen Analysten als ein Grund dafür ausgemacht, dass Madagaskar trotz vielfältiger wirtschaftlicher Potenziale zu den ärmsten Ländern der Erde gehört. Mangelndes individuelles Gewinnstreben, nicht selten ruinöse Aufwendungen für Totenumwendungsfeiern und die manchmal sogar für Einheimische schwer nachvollziehbare Tabuisierung einträglicher Tätigkeiten durch *Fadys* scheinen einer wirtschaftlichen Entwicklung genauso entgegenzustehen wie die zunehmende Auflösung sozialer Netze oder die wachsende Korruption in den Städten. Die vielfältigen wirtschaftlichen Hemmnisse sind insbesondere in Anbetracht des rasanten Bevölkerungswachstums kritisch zu bewerten. Die aktuelle Bevölkerungszahl von etwa 20 Millionen Menschen wird sich in etwa 25 Jahren verdoppelt haben. Nochmals erheblich wachsende Umweltprobleme dürften daraus resultieren.

Dramatische Waldvernichtung

„Madagaskar brennt" und „Madagaskar blutet" sind Schlagworte, die die Begleiterscheinungen eines dramatischen Landschaftswandels beschreiben, der sich seit dem Eintreffen des Menschen ereignet. Dieser Wandel äußert sich vor allem in der Vernichtung von Madagaskars Wäldern. Von der ursprünglichen Waldbedeckung der Insel

◀ 202
Traditionelle Holzschnitzkunst aus dem madagassischen Hochland

◄ 203 Schluchtenerosion im zentralen Hochland bei Antsirabe (Madagaskar)

sind mehr als 90 % verschwunden. Seit der Kolonialzeit wurden zahlreiche Regenwaldgebiete durch Rodungen für den Export von Edelhölzern sowie zur Etablierung von Reis- und Zuckerrohrfeldern, Kaffee-, Kakao-, Vanille- und Gewürzplantagen zerstört, mit der Folge, dass die Primärregenwälder auf kleine Restgebiete schrumpften. Doch viele Veränderungen liegen weitaus länger zurück. Im Hochland entstanden schon vor mehr als 1000 Jahren offene Landschaften durch Holzeinschlag, Brandrodung und Wanderfeldbau auf den nur wenig fruchtbaren eisenreichen Böden. Konnten sich die Systeme früher noch durch das Wachstum von Sekundärwäldern regenerieren, ist eine solche Erholung von Vegetation und Böden wegen des erheblich gestiegenen Nutzungsdruckes inzwischen kaum noch gegeben. Nicht nur für den Feldanbau von Reis, Sisal, Gemüse und Obst, sondern auch für die Viehhaltung wird heute das Land regelmäßig abgebrannt. Auf abgeflammten Weideflächen wächst zwar schnell frisches Gras für die großen Zebuherden nach, doch die meisten Bäume und Sträucher sterben ab und die Fläche der artenarmen Grassavanne wächst. Zeburinder dringen auch in die empfindlichen Trockenwälder ein, um nach Nahrung zu suchen. Rinderhalter fällen dort Jahrhunderte alte Exemplare der wasserspeichernden Baobabs, um ihre Tiere in Trockenperioden für ein paar Tage mit Flüssigkeit zu versorgen. Das heute größte Problem ist wohl der Waldverbrauch zur Deckung des immensen Holzkohlebedarfs der rasch wachsenden Bevölkerung. Holzkohle ist in ganz Madagaskar nahezu der einzige Energieträger für die Zubereitung warmer Mahlzeiten. Berge von Holzkohle aus oft illegalem Holzeinschlag gelangen von den ländlichen Gebieten in die Städte, weil hier wie dort Strom, Gas oder Solartechnik nicht zur Verfügung stehen oder nicht erschwinglich sind.

Der rapide fortschreitende Waldverlust hat dramatische Folgen: Der Lebensraum tausender endemischer Tier- und Pflanzenarten geht unwiederbringlich verloren. Das Schwinden der Waldfläche verändert das lokale Klima, den Wasserhaushalt und die Böden. Die Flüsse Madagaskars transportieren gewaltige rötliche Sedimentfrachten bis weit vor die Küsten, weil in den entwaldeten Gebieten die Böden unter den tropischen Niederschlägen erodieren. Landwirtschaftliche Flächen werden durch den Verlust der humosen Bodenhorizonte entwertet und durch das Einreißen tiefer Schluchten vernichtet (Abb. 203). Immer wieder zerstören Schlammlawinen Dörfer, Straßen und Anbauflächen, vor allem bei extremen Niederschlägen, die häufige tropische Wirbelstürme mit sich bringen.

Ein Aufhalten des Waldschwundes erscheint kaum möglich. Weiten Teilen der Bevölkerung fehlen bislang die materiellen und technischen Möglichkeiten einer nachhaltigen Flächenbewirtschaftung und ebenso die Mittel für die Etablierung ökologisch verträglicher Energieträger. Ohne eine Verbesserung dieser Situation wird ein wirksamer Naturschutz kaum durchsetzbar sein. Praktizierte Aufforstungsmaßnahmen mit schnell wachsenden, nicht heimischen Hölzern wie Eukalyptus sind aus ökologischer Sicht keine geeignete Lösung. Vermutlich wäre es schon ein Erfolg, wenn die wenigen heute noch vorhandenen Primär- und Sekundärwälder Madagaskars auch außerhalb der zwar zahlreichen, doch meist nur kleinflächigen Schutzreservate bewahrt werden könnten. Kommenden Generationen würde so wenigstens ein Teil der einmaligen Tier- und Pflanzenwelt erhalten bleiben.

Literatur

Aufgeführt sind die zitierten und alle weiteren dem Buch zu Grunde gelegten Quellen. Hervorgehobene Namen erleichtern die gezielte Suche nach Literatur zu bestimmten **Inseln**, **Archipelen** und **Meeresregionen**.

A

ADAMS, D. & CARWADINE, M. (2000): Die letzten ihrer Art: Eine Reise zu den aussterbenden Tieren unserer Erde. Wilhelm Heyne Verlag, München

ADDISON, J. & HAZAREESINGH, K. (1999): A New History of **Mauritius**. Editions de l'Océan Indien, Rose-Hill

ALLEN, J. (1998): The pre-Austronesian settlement of Island **Melanesia**: Implications for Lapita archaeology. In: W. H. Goodenough (Hrsg.): Prehistoric Settlement of the Pacific. American Philosophical Society, Philadelphia, 11 - 27

ALLEN, R. B. & LEE, W. G. (Hrsg.) (2006): Biological Invasions in **New Zealand**. Ecological Studies 186, Springer-Verlag, Heidelberg

ALLIANCE OF SMALL ISLAND STATES (AOSIS): http://www.sidsnet.org/aosis/

ALTHOF, W. (2005): Sträflingsinseln: Schauplätze der Verbannung. Mittler, Hamburg, Berlin, Bonn

ANCKAR, D. (2006): Islandness or smallness? A comparative look at political institutions in small island states. Island Studies Journal 1 (1), 43 - 54

ANDERSCH, A. (1969): Hohe Breitengrade. Diogenes, Zürich **[Spitzbergen]**

ANDERSON, A. J. (1989): Prodigious Birds: Moas and Moa-hunting in Prehistoric **New Zealand**. Cambridge University Press, Cambridge

ANDERSON, A. J. (2002): Faunal collapse, landscape change and settlement history in remote Oceania. World Archaeology 33, 375 - 390

ANDERSON, A. J. (2005): Subpolar settlement in **South Polynesia**. Antiquity 79 (306), 791 - 800

ANDERSON, A. J. (2007): Island archaeology. In: G. Baldacchino (Hrsg.): A World of Islands. Institute of Island Studies, University of Prince Edward Island, Charlottetown, 237 - 266

ANDERSON, A. J., HABERLE, S., ROJAS, G., SEELENFREUND, A., SMITH, I. & WORTHY, T. (2002): An archaeological exploration of **Robinson Crusoe Island**, **Juan Fernández Archipelago**, Chile. In: S. Bedford, C. Sand & D. Burley (Hrsg.): Fifty Years in the Field. Essays in Honour and Celebration of Richard Shutler Jr's Archaeological Career. New Zealand Archaeological Association Monograph No. 25, Auckland, 239 - 249

ANDERSON, B., ANDERSON, J., CLERC, U., PRENZLAU-ENANDER, G. & ÅSTRÖM, P. (2004): The Mail Road across Land and Sea. Postal Museum Publication No. 53, Stockholm **[Åland-Inseln]**

ANONYMUS (2004): **Åland** in Kürze. Regierung und Parlament von Åland, Mariehamn

ANONYMUS (2007): **Åland** in Zahlen. Ålands statistik- och utredningsbyrå, Mariehamn

ANTOINE, J.-C. (2004): Sugar-Island: A Short History of Sugar in **Mauritius**. Editions L'Ile aux Images, Mauritius

APOSTOPOULOS, Y. & GAYLE, D. J. (2002): Island Tourism and Sustainable Development: Caribbean, Pacific, and Mediterranean Experiences. Praeger Publishers, Westport

APPIAN (o. J.): Appian's History of Rome. The Punic Wars. § 96, http://www.livius.org/ap-ark/appian/appian_punic_20.html#%A796

ARNBERGER, E. & ARNBERGER, H. (1993): Die tropischen Inseln des Indischen und Pazifischen Ozeans. Eigenverlag der Autoren, Wien

ARNEBORG, J. & GULLØV, H. C. (Hrsg.) (1998): Man, Culture and Environment in Ancient **Greenland**. Report on a Research Programme. Dansk Polar Center, Copenhagen

ASHBY, G. (2003). **Pohnpei**: An Island Argosy. Rainy Day Press, Pohnpei

ATHENS, S., TUGGLE, H. D., WARD, J. V. & WELCH, D. J. (2002): Avifaunal extinctions, vegetation change, and Polynesian impacts in prehistoric **Hawai'i**. Archaeology in Oceania 37, 57 - 78

ATHENS, S. (2007): Polynesian introduced rats and the dissappearance of lowland native forest in **Hawai'i**. Präsentation auf der Konferenz „Rats, Humans, and their Impacts on Islands: Integrating Historical and Contemporary Ecology". University of Hawai'i at Manoa, Honolulu, 27. - 31. März. Abstract-Sammlung, S. 10

ATKINSON, I. A. E. (1977): A reassessment of factors, particularly *Rattus rattus* L., that influenced the decline of endemic forest birds in the Hawaiian Islands. Pacific Science 31, 109 - 133 **[Hawaii]**

ATKINSON, I. A. E. (1985): The spread of commensal species of *Rattus* to oceanic islands and their effect on island avifaunas. In: P. J. Moors (Hrsg.): Conservation of Island Birds: Case Studies for the Management of Threatened Island Species: Case Studies for the Management of Threatened Island Birds (Technical Publications No. 3). International Council for Bird Preservation, Cambridge UK

B

BAESSLER, R. & BAESSLER, H.-F. (1990): **Gotland**: Sonneninsel der Ostsee. Prestel-Verlag, München

BAHNSON, H., KNUDSEN, K. L. & HANSEN, J. M. (1986): Bidrag til Læsøs Geologi, Lithologi, Biostratigrafi og Geofysik. DGU serie D, 6. Danmarks Geologiske Undersøgelse, Kopenhagen **[Læsø]**

BAILEY, P. (1971): **Orkney**. The Island Series. David & Charles, Newton Abbot

BALDACCHINO, G. (2004): Sustainable use practices, including tourism, in/for small islands. Insula: International Journal of Island Affairs 13 (1), 5 - 10

BALDACCHINO, G. (2006): Editorial: Islands, Island Studies, Island Studies Journal. Island Studies Journal 1 (1), 3 - 18

BALDACCHINO, G. (2007): Editorial: Introducing a World of Islands. In: G. Baldacchino (Hrsg.): A World of Islands. Institute of Island Studies, University of Prince Edward Island, Charlottetown, 1 - 30

BALDACCHINO, G. (Hrsg.) (2007): A World of Islands. Institute of Island Studies. University of Prince Edward Island, Charlottetown

BALLARD, C., BROWN, P., BOURKE, R. M. & HARWOOD, T. (Hrsg.) (2005): The Sweet Potato in Oceania: A Reappraisal. Ethnology Monograph 19, University of Pittsburgh & Oceania Monograph 56, Sydney University, Pittsburgh, Sydney

BANCK, C. (1992): **Lofoten** und **Vesterålen**. DuMont Buchverlag, Köln

BARÜSKE, H. (1990): **Grönland**: Kultur und Landschaft am Polarkreis. DuMont Buchverlag, Köln

BATELY, J. & ENGLERT, A. (Hrsg.) (2007): Ohthere's Voyages: Maritime Culture of the North - 1. The Viking Ship Museum, Roskilde

BATES, B. C., KUNDZEWICZ, Z.W., WU, S. & PALUTIKOF, J. P. (Hrsg.) (2008): Climate Change and Water. Technical Paper VI of the Intergovernmental Panel on Climate Change, IPCC Secretariat, Genf, http://www.ipcc.ch/ipccreports/tp-climate-change-water.htm

BATTISTINY, R. & RICHARD-VINDARD, G. (Hrsg.) (1972): Biogeography and Ecology in **Madagascar**. Dr. W. Junk B.V., Publishers, Den Haag

BEEBE, W. (1926): **Galápagos**, das Ende der Welt. F. A. Brockhaus, Leipzig

BEGON, M. E., Harper, J. L. & Townsend C.R. (1998): Ökologie. Spektrum Akademischer Verlag, Heidelberg, Berlin

BELLWOOD, P. (1979): Man's Conquest of the Pacific. Oxford University Press, New York

BELLWOOD, P. (1991): Frühe Landwirtschaft und die Ausbreitung des Austronesischen. Spektrum der Wissenschaft 9/1991, 106 - 112

BENNIKE, O., MIKKELSEN, N., PEDERSEN, H. K. & WEIDICK, A. (2006): Ilulissat Icefjord, a World Heritage Site. Geological Survey of Denmark and **Greenland** (GEUS), Ministry of the Environment, Kopenhagen

BERGDOLT, K. (2008): Die Pest. Geschichte des Schwarzen Todes. Beck Wissen, München

BERNARDIN DE SAINT-PIERRE, J.-H. (1773, Neuausg. 2002): Journey to **Mauritius**. Signal, Oxford

BERRY, A. (2007): Evolution on islands. In: G. Baldacchino (Hrsg.): A World of Islands. Institute of Island Studies, University of Prince Edward Island, Charlottetown, 143 - 174

BERRY, R. J. S. (2007): Island fauna. In: G. Baldacchino (Hrsg.): A World of Islands. Institute of Island Studies, University of Prince Edward Island, Charlottetown, 199 - 236

BERTRAND, K. (1968): **Carcass Island** 1765 - 1967. The Falkland Islands Journal (1968), 48 - 51 **[Falklandinseln]**

BESSON, J. (2003): History, Land and Culture in the English-speaking Caribbean. Land Tenure Center, http://pdf.usaid.gov/pdf_docs/PNADC122.pdf (7.9.2008)

BILL, J. & SOLSVIK, R. (Hrsg.) (2009): Early Man and the Ocean: Current Knowledge of Ancient Navigation and Sailing Techniques. Conference 3. - 4. April 2008. The Kon-Tiki Museum Occasional Papers 12, im Druck

BING, L. H. (1802): Physik og Økonomiske Beskrivelse over den Lesøe Beliggende i Categat under Hjøring i Aalborg Stift. Reprint 1977: Beskrivelse over Læsø 1802 med Tillæg til samme 1806. Rosenkilde og Bagger, Kopenhagen **[Læsø]**

BITTMANN, W. & FUGGER, B. (1999): **Galápagos**. BLV Verlagsgesellschaft, München, Zürich, Wien

BLUST, R. (1998): Austronesian culture history: The window of language. In: W. H. Goodenough (Hrsg.): Prehistoric Settlement of the Pacific. American Philosophical Society, Philadelphia, 28 - 35

BÖCHER, T. W. (1941): Über die Flechtenheiden und Dünen der Insel **Læsø**. Beiträge zur Pflanzengeographie und Ökologie dänischer Vegetation. Det Kongelike Danske Videnskabernes Selskab, Biologiske Skrifter II (1)

BOHN, R. (Bearb.) (1988): **Gotland** - Tausend Jahre Kultur- und Wirtschaftsgeschichte im Ostseeraum. Veröffentlichungen des Zentrums für Nordische Studien II. Jan Thorbeke Verlag, Sigmaringen

BOHN, R. (2007): Die Piraten. Beck Wissen, München

BOJER, J. (1924): Die Lofotfischer. Verlag C. H. Beck, München **[Lofoten]**

Boomert, A. & Bright, A. J. (2007): Island archaeology: In search of a new horizon. Island Studies Journal 2 (1), 3 - 26
Bork, H.-R. (2006): Landschaften der Erde unter dem Einfluss des Menschen. Wissenschaftliche Buchgesellschaft und Primus Verlag, Darmstadt
Bork, H.-R. & Mieth, A. (2003): The key role of Jubaea palm trees in the history of **Rapa Nui**: A provocative interpretation. Rapa Nui Journal 17 (2), 119 - 122 **[Osterinsel]**
Bork, H.-R. & Mieth, A. (2005): Catastrophe on an enchanted island: **Floreana**, **Galápagos**, Ecuador. Rapa Nui Journal 19 (1), 25 - 29
Bork, H.-R. & Mieth, A. (2006): El Niño verheert: Klima- und Nutzungsfolgen im 20. Jahrhundert auf **Floreana** (Galápagos, Ekuador): In: H.-R. Bork: Landschaften der Erde unter dem Einfluss des Menschen. Wissenschaftliche Buchgesellschaft und Primus Verlag, Darmstadt, 103 - 107
Bork, H.-R., Mieth, A. & Tschochner, B. (2006): Eine Milliarde Steine, von Menschenhand bewegt: Steinmeer **Osterinsel** (Chile): In: H.-R. Bork: Landschaften der Erde unter dem Einfluss des Menschen. Wissenschaftliche Buchgesellschaft und Primus Verlag, Darmstadt, 91 - 99
Bork, H.-R., Keiser, B., Mieth, A. & Vera Carrera, H. (2006): Der Schatz von Veracruz (**Robinson-Crusoe-Insel**, Chile): In: H.-R. Bork: Landschaften der Erde unter dem Einfluss des Menschen. Wissenschaftliche Buchgesellschaft und Primus Verlag, Darmstadt, 79 - 85
Bork, H.-R., Mieth, A., Dierssen K. & Bade, S. (2006c): Die Zerstörung von Böden und Vegetation der **Robinson-Crusoe-Insel** (Chile). In: H.-R. Bork: Landschaften der Erde unter dem Einfluss des Menschen. Wissenschaftliche Buchgesellschaft und Primus Verlag, Darmstadt, 70 - 79
Bramwell. D. (Hrsg.) (1979): Plants and Islands. Academic Press, London
Bremer, G. (1998): Satan kam nach Eden: die mysteriöse Mordaffäre um deutsche Aussteiger auf der Galápagosinsel **Floreana**. Oesch, Zürich **[Galápagos-Inseln]**
Bristowe, W. S. (1969): A Book of Islands. G. Bell & Sons, London
Bunting, M. J. (1996): The development of heathland in **Orkney**, Scotland: pollen records from Loch of Knitchen (Rousay) and Loch of Torness (Hoy). The Holocene 6 (2), 193 - 121
Burney, D. A. (1999): Rates, patterns, and processes of landscape transformation and extinction in **Madagascar**. In: R. D. E. MacPhee: Extinctions in Near Time. Kluwer Academic / Plenum Publishers, New York, 145 - 164

C

Calder J (2008): World Island Information. http://www.worldislandinfo.com/ (25.03.2008)
Cambers, G. (2006): Islanders' perspectives on sustainable living. Island Studies Journal 1 (1), 125 - 142
Carlquist, S. (1965): Island Life. Natural History Press, New York
Carlquist, S. (1974): Island Biology. Columbia University Press, New York, London
Carstensen, R. (1973): Bergen: Entwicklungsbild einer norwegischen Hafenstadt, besonders im Hinblick auf Bergens Beziehungen zur Hanse. Mitteilungen der geographischen Gesellschaft in Lübeck, Heft 53 **[Lofoten]**
Castilla, J. C. (Hrsg.) (1987): Islas Oceánicas Chilenas: Conocimiento Científico y Necesidades de Investigaciones. Ediciones Universidad Católica de Chile, Santiago de Chile **[Robinson Crusoe, Osterinsel]**
Caviedes, C. N. (2005): El Niño. Klima macht Geschichte. Wissenschaftliche Buchgesellschaft und Primus Verlag, Darmstadt
Cawkell, M. B. R., Maling, D. H. & Cawkell, E. M. (1960): The **Falkland Islands**. MacMillan & Co Ltd, London
Chapman, W. (1991): Slave villages in the **Danish West Indies**: Changes of the late eighteenth and early nineteenth centuries. Perspectives in Vernacular Architecture, Vol. 4, 108 - 120
Christensen, A. E. (2008): Navigation instruments in the Viking age? Präsentation auf der Konferenz „Early Man and the Ocean". The Kon-Tiki Museum and the Norwegian Maritime Museum, Oslo, 3. - 4. April 2008
CIA: The World Fact Book. http://www.cia.gov/library/publications/the-world-factbook/ (2008)
Clarke, T. (2003). Die Insel: Eine Welt für sich. marebuchverlag, Hamburg
Conlin, M. V. & Baum, T. (Hrsg.) (1995): Island Tourism: Mangement Principles and Practice. John Wiley & Sons, Chichester
Connell, J. (2007): Island migration. In: G. Baldacchino (Hrsg.): A World of Islands. Institute of Island Studies, University of Prince Edward Island, Charlottetown, 455 - 481
Conry, M. J. (1971): Irish plaggen soils, their distribution, origin and properties. Journal of Soil Science 22, 401 - 416 **[Aran-Inseln]**
Cosgrove, R. (1990): Palaeo-ecology and Pleistocene human occupation in south central **Tasmania**. Antiquity 64 (242), 59 - 78
Cox, P. A. & Banack, S. A. (Hrsg.) (1991): Islands, Plants, and Polynesians. Proceedings of a Symposium Sponsored by the Institute of Polynesian Studies, Brigham Young University-Hawaii Campus Laie, Hawaii. Dioscorides Press, Portland **[Polynesien]**
Cronin, L. (1996): Key Guide to Australian Mammals. Reed Books Australia, Port Melbourne
Cushman, J. H. (1995): Ecoystem-level consequences of species additions and deletions on islands. In: P. M. Vitousek, L. L. Loope & H. Andersen (Hrsg.): Islands: Biological Diversity and Ecosystem Function. Springer Verlag, Berlin, 135 - 147

D

Dänisches Generaldirektorat für Forst und Natur (Hrsg.) (o. J.): **Læsø** Klitplantage. Wanderungen in den staatlichen Forsten. Faltblatt Nr. 431
Danton, P. (2004): Plantas Silvestres de la **Isla Robinson Crusoe**. Guía de Reconocimiento. CONAF Región de Valparaíso, Vinöa del Mar
Danton, P., Breteau, E. & Baffrey, M. (1999): **Les Îles de Robinson**: Trésor Vivant des Mers du Sud. Entre Légende et Réalité. Nathan, Lucon
Dantonio, C. M. & Dudley, T. L. (1995): Biological invasions as agents of change on islands versus mainlands. In: P. M. Vitousek, L. L. Loope & H. Andersen (Hrsg.): Islands: Biological Diversity and Ecosystem Function. Springer Verlag, Berlin, 103 - 121
Darwin, C. (1839, Neuausg. 1989): Voyage of the Beagle. Penguin Books, London
Defoe, D. (1719): The Life and Strange Surprizing Adventures of Robinson Crusoe, of York, Mariner: Who Lived Eight and Twenty Years, all Alone in an Uninhabited Island on the Coast of America, near the Mouth of the Great River of Oroonoque; Having been Cast on Shore by Shipwreck, wherein all the Men Perished but himself. With an Account how he was at last as Strangely Deliver'd by Pyrates. London, gedruckt für W. Taylor.
Degn, C. (2000): Die Schimmelmanns im atlantischen Dreieckshandel: Gewinn und Gewissen. Wachholtz Verlag, Neumünster **[Amerikanische Jungferninseln]**
Delhon, C. & Orliac, C. (2007): The vanished palm trees of **Easter Island**: new radiocarbon and phytolith data. Paper presented at the 7th International Conference on Easter Island and the Pacific, Gotland University, Visby, 20.–25. August 2007: Abstract-Sammlung, S. 27
Delius, U. (2005): Indiens ferne Inseln: Die **Andamanen** und **Nikobaren** nach der Flutkatastrophe. In: M. Waibel, T. Thimm & W. Kreisel (Hrsg.): Fragile Inselwelten: Tourismus, Umwelt und indigene Kulturen, Pazifik Forum Band 9, 27 - 32
Depraetere, C. & Dahl, A. (2007): Island locations and classifications. In: G. Baldacchino (Hrsg.): A World of Islands. Institute of Island Studies, University of Prince Edward Island, Charlottetown, 57 - 105
Diamond, J. M. (1988): Express train to **Polynesia**. Nature 336, 307 - 308
Diamond, J. M. (2005): Kollaps: Warum Gesellschaften überleben oder untergehen. S. Fischer Verlag, Frankfurt a. M. **[Grönland, Osterinsel, Neuguinea]**
Diamond, J. M. (2007): **Easter Island** revisited. Science 317, 1692 - 1694
Diamond, J. M. & May, R. M. (1976): Island biogeography and the design of natural reserves. In: R. M. May (Hrsg.): Theoretical Ecology: Principles and Applications. Blackwell Scientific Publications, Oxford, 228 - 252
Diamond, J. M. & Keegan, W. F. (1984): Supertramps at sea. Nature 311, 704 - 705
Dierssen, K. (1996): Vegetation Nordeuropas. Verlag Eugen Ulmer, Stuttgart
Dobzahansky, T. (1963): Biological evolution in island populations. In: F. R. Fosberg (Hrsg.): Man's Place in the Island Ecoystem. A Symposium. Tenth Pacific Science Congress Honolulu. Hawaii. Bishop Museum Press, Honolulu, 65 - 74
Dobzhansky, T., Ayala, F. J., Stebbins, G. L & Valentine, J. W. (1977): Evolution. W. H. Freeman and Company, San Francisco
Dodd, E. (1972): Polynesian Seafaring. Dodd, Mead & Company, New York **[Polynesien]**
Domeij, M. (1999): Treasures: **Gotland**. Länsmuseet Gotlands Fornsal, Visby
Dookhan, I. (1995): A History of the **Virgin Islands** of the United States. University of the West Indies Press, Kingston
Downes, J. & Ritchie, A. (2003): Sea Change: **Orkney** and Northern Europe in the Later Iron Age AD 300 - 800. The Pinkfoot Press, Balgavies, Angus
Drake, D. R., Mulder, C. P. H., Towns, D. R. & Daugherty, C. H. (2002): The biology of insularity: An introduction. Journal of Biogeography 29, 563 - 569
Drake, D. R. & Hunt, T. (Hrsg.) (2007): Rats, Humans, and their Impacts on Islands: Integrating Historical and Contemporary Ecology. Abstract-Sammlung zu einer Konferenz an der University of Hawai'I, Honolulu, 27. bis 31. März 2007
Dreijer, M. (1986): The History of the **Åland** People. Almquist & Wiksell International, Stockholm
Dridi, H. (2006): Carthage et le Monde Punique. Guides Belles Lettres des Civilisations 21. Société d'édition Les Belles Lettres, Paris

E

Eberle, J. & Thannheiser, D. (1995): Rezente Permafrostdegradierung: Auswirkungen auf Böden und Vegetation in **Nordwestspitzbergen** (Liefde- und Bockfjord). Die Erde 126, 19 - 33

Ehrhart, S. (1993): Die **Südsee**: Inselwelten im Südpazifik. DuMont Buchverlag, Köln
Eibl-Eibesfeldt, I. (2001): **Galápagos**. Die Arche Noah im Pazifk. Piper Verlag, München
Eliason, S. (2000): Fossilien auf **Gotland**: Entstehung, Bestimmung und Fundorte. Länsmuseet Gotlands Fornsal, Visby
Eiliason, S. & Sjöswärd, U. (2007): Orkidéerna på **Gotland**. Länsmuseet på Gotland, Visby
Elvebakk, A. & Prestrud, P. (1996): A Catalogue of **Svalbard** Plants, Fungi, Algae and Cyanobacteria. Norsk Polarinstituts Skrifter 198, Oslo **[Spitzbergen]**
Englert, A. (2008): Travel speed in the Viking age. Präsentation auf der Konferenz „Early Man and the Ocean". The Kon-Tiki Museum and The Norwegian Maritime Museum, Oslo, 3.–4. April 2008
Ermel, A. (1889): Eine Reise nach der **Robinson-Crusoe-Insel**. Friederichsen, Hamburg
Escher, A. & Watt, W. S. (Hrsg.) (1976): Geology of **Greenland**. Grønlands Geologiske Undersøgelse. The Geological Survey of Greenland, Copenhagen
Esen-Baur, H.-M. (Hrsg.) (1989): 1500 Jahre Kultur der **Osterinsel**. Verlag Philipp von Zabern, Mainz
European Small Islands Network (ESIN): http://www.europeansmallislands.net/

F

Fauque, C. (2002): L'Aventure du Sucre. IPC, Beau Plan **[Mauritius]**
Feehan, J. (1999): The geology of the **Aran Islands**. In: J. Waddell, J. W. O'Conell & A. Korf (Hrsg.): The Book of **Aran**. Tír Eolas, Newtownlynch, Kinvara, 16–34
Fenton, A. (1978): The Northern Isles: **Orkney** and **Shetland**. John Donald Publishers LTD, Edinburgh
Fitter, J., Fitter, D. & Hosking, D. (2000): Wildlife of the **Galapagos**. Harper Collins Publishers, London
Fitzpatrick, S. M., Erlandson, J. M., Anderson, A. & Kirch, P. V. (2007): Straw boats and the proverbial sea: A response to 'Island archaeology: In search of a new horizon'. Island Studies Journal 2 (2), 229–238
Finney, B. (1998): Colonizing an island world. In: W. H. Goodenough (Hrsg.): Prehistoric settlement of the Pacific. American Philosophical Society, Philadelphia, 71–116
Finsch, O. (1900): **Carolinen** und **Marianen**. Verlagsanstalt und Druckerei A.-G., Königliche Hofbuchhandlung, Hamburg
Fischer, S. R. (2005): Island at the End of the World: The Turbulent History of **Easter Island**. Reaktion Books, London
Fitzpatrick, S. M. (Hrsg.) (2004): Voyages of Discovery: The Archaeology of Islands. Westport (CT), London
Fleischer, J. (2003): A Short History of **Greenland**. Aschehoug Dansk Forlag A/S, Copenhagen
Flenley, J. R. (1993): The palaeoecology of **Rapa Nui** and its ecological disaster. In: S. R. Fischer (Hrsg.): Easter Island Studies. Contributions to the History of Rapanui in Memory of William T. Mulloy. Oxford Books, Oxford, 27–45 **[Osterinsel]**
Flenley, J. R. & Bahn, P. (2003): The Enigmas of **Easter Island**. Oxford University Press, Oxford
Forster, G. (1778–1780, Neuausg. 2007): Reise um die Welt. Illustriert von eigener Hand. Eichborn Verlag, Frankfurt am Main
Fosberg, F. R. (Hrsg.) (1965): Man's Place in the Island Ecosystem: A Symposium. Bishop Museum Press, Bernice P. Bishop Museum, Honolulu
Friis, A. (1928): De Danske Øer. Band 3. Gyldendahl, Kopenhagen **[Læsø und andere dänische Inseln]**

G

Gannholm, T. (1996): 2000 Jahre Handel und Kultur im Ostseegebiet: **Gotland**, Perle der Ostsee. Stavgard Verlag, Stånga
Garcia, M. & Rubin, K. (2008): A Brief History of the Pu'u 'O'o Eruption of Kilauea. Hawaii Center for Volcanology, University of Hawaii, http://www.soest.hawaii.edu/GG/HCV/puuoo_history.html (10.9.2008) **[Hawaii]**
Geigel, W. A. (2005): Salt River in St. Croix: Columbus landing site. El Libro, Santurce, Puerto Rico **[Amerikanische Jungferninseln]**
Génsbøl, B. (2004): A Nature and Wildlife Guide to **Greenland**. Gyldendahl Publishers, Copenhagen
Gennard, D. E. & McAdam, J. H. (1986): A Pollen Profile from Tussac Peat, **Sea Lion Island**, **East Falkland**. The Warrah, Annual Report of the Falkland Islands Trust, 4–7
Gibbons, A. (2001): The peopling of the Pacific. Science 291, 1735–1737
Gierloff-Emden, H. G. (1980): Geographie des Meeres: Ozeane und Küsten, Teil 1 und 2. Walter de Gruyter, Berlin, New York
Gillespie, R. G. (2002): Biogeography of spiders on remote oceanic islands of the Pacific: Archipelagos as stepping stones? Journal of Biogeography 29, 655–662
Gillis, J. (2004): Islands of the Mind: How the Human Imagination Created the Atlantic World. Palgrave Macmillan, New York
Glaw, F. & Vences, M. (2007): A Fieldguide to the Amphibians and Reptiles of **Madagascar**. Vences & Glaw Publishers, Köln
Global Islands Network: http://www.globalislands.net/
Gøbel, E. (2002): A Guide to Sources for the History of the **Danish West Indies** (U. S. Virgin Islands), 1671–1917. University Press of Southern Denmark, Odense
Gössling, S. & Wall, G. (2007): Island tourism. In: G. Baldacchino (Hrsg.): A World of Islands. Institute of Island Studies, University of Prince Edward Island, Charlottetown, 429–453
Goodenough, W. H. (Hrsg.) (1998): Prehistoric Settlement of the Pacific. American Philosophical Society, Philadelphia
Goodman, S. M. & Benstead, J. P. (Hrsg.) (2003): The Natural History of **Madagascar**. The University of Chicaco Press, Chicago, London
Gotfredsen, A. B. & Møbjerg, T. (2004): Nipisat: A Saqqaq Culture Site in Sisimiut, Central West **Greenland**. Meddelser om Grønland, Man & Society 31, Danish Polar Center, Kopenhagen
Gould, J. & Richter, H. C. (1845–63): Mammals of Australia. Taylor and Francis, London
Graichen, G. & Gründer, H. (2007): Deutsche Kolonien: Traum und Trauma. Ullstein Verlag, Berlin
Grassmann, A. (Hrsg.) (2005): Das Hanseatische Kontor zu Bergen und die Lübecker Bergenfahrer. International Workshop Lübeck 2003. Veröffentlichungen zur Geschichte der Hansestadt Lübeck, Reihe B, Band 41, Archiv der Hansestadt Lübeck **[Lofoten]**
Grau, J. (2004): Palmeras de Chile. Oikos, Santiago de Chile
Grihault, A. (2005): Dodo: The Bird behind the Legend. IPC, Cassis **[Mauritius]**
Grove, R. H. (1995): Green Imperialism: Colonial Expansion, Tropical Island Edens and the Origins of Environmentalism, 1600–1860. Cambridge University Press, Cambridge
Grüner Nielsen, H. (1924): Læsøfolk i Gamle Dage. Danmarks Folkeminder Nr. 29. Det Schønsbergske Forlag, Kopenhagen **[Læsø]**
Grüssner, A.-J. (1937): Die **Ålands-Inseln** im Ostseeraum. Deutsche Geographische Blätter, 41 (3–4), 209–288

H

Hansen, D. M, Olesen, J. M. & Jones, C. G. (2002): Trees, birds and bees in **Mauritius**: exploitative competition between introduced honey bees and endemic nectarivorous birds? Journal of Biogeography 29 (5–6), 721–734
Hansen, J. M. (1977): Sedimentary history of the island **Læsø**. Bulletin of the Geological Society Denmark 26, 217–236
Hatcher Childress, D. (1998): Ancient **Micronesia** & the Lost City of Nan Madol: including **Palau**, **Yap**, **Kosrae**, **Chuuk** & the **Marianas**. Adventures Unlimited Press, Kempton (IL)
Hay, P. (2006): A phenomenology of islands. Island Studies Journal 1 (1), 19–42
Hernsheim, F. (1875–1880): **Südsee**-Erinnerungen. A. Hofmann & Comp., Berlin
Heyde, D. (1999): **Hallig**: Landschaft wie ein Vers im Psalter. Breklumer Verlag, Breklum
Heyerdahl, T. & Skjölsvold, A. (1956): Archaeological Evidence of Pre-Spanish Visits to the **Galápagos** Islands. Memoirs of the Society for American Archaeology 12, Suppl. zu American Antiquity XXII 2/3
Hiery, H. J. (2001): Die deutsche **Südsee** 1884–1914: ein Handbuch. Schöningh, Paderborn, München, Wien, Zürich
Highfield, A. R. (Hrsg.) (2004): Hans West's Accounts of **St. Croix** in the **West Indies**. Sources in Danish West Indian and U. S. Virgin Islands History. The Virgin Islands Humanities Council, St. Thomas
Hobart, A., Ramseyer, U. & Leemann, A. (1996): The Peoples of **Bali**. Blackwell Publishers, Oxford
Howe, K. R., Kiste, R. C. & Lal, B. V. (Hrsg.) (1994): Tides of History: The Pacific Islands in the Twentieth Century. University of Hawaii Press, Honolulu
Hughes, T. P., Baird, A. H., Bellwood, D. R., Card, M., Connolly, S. R., Folke, C., Grosberg, R., Hoegh-Guldberg, O., Jackson, J. B. C., Kleypas, J., Lough, J. M., Marshall, P., Nyström, M., Palumbi, S.R., Pandolfi, J. M., Rosen, B. & Roughgarden, J. (2003): Climate change, human impacts, and the reslience of coral reefs. Science 301, 929–933
Hunt, T. (1997): Introduction: Island as laboratories: Archaeological research in comparative perspective. Human Ecology 25 (3), 379–383
Hunt, T. L. (2006): Rethinking the fall of **Easter Island**: New evidence points to an alternative explanation for a civilization's collapse. American Scientist 94 (5), 412–419
Hunt, T. L. & Lipo, C. P. (2006): Late colonization of **Easter Island**. Science 311, 1603–1606
Hympendahl, K. (1997): Die Kunst der polynesischen Navigation. Palstek 4/97, 22–29

I

Institute of Island Studies, University of Prince Edward Island, Kanada: http://upei.ca/islandstudies/
Iriondo, M. (1979): The evolution of the Paraná River delta. In: K. Suguio & L. Martin (Hrsg.): Proceedings of the International Symposium on Coastal Evolution in the Quaternary, São Paulo, 405–418 **[Inseln im Delta des Río Paraná]**
Iriondo, M. (2004): The littoral complex at the Paraná mouth. Quaternary International 114, 143–164 **[Inseln im Delta des Río Paraná]**

Irwin, G. (1992): The Prehistoric Exploration and Colonisation of the Pacific. Cambridge University Press, Cambridge
Island Studies: http://www.islandstudies.ca/
Island Vulnerability: http://www.islandvulnerability.org/
IUCN/ISSG: Global Invasive Species Database. http://www.issg.org/database/welcome/ (02.07.2008)

J

Jackman, S. W. (1974): **Tasmania**. The Island Series. David & Charles, Newton Abbot
Jäger, H., Tye, A. & Kowarik, I. (2007): Tree invasion in naturally treeless environments: Impacts of quinine (*Cinchona pubescens*) trees on native vegetation in **Galápagos**. Biological Conservation 140, 297 – 307
James, H. F. (1995): Prehistoric extinctions and ecological changes on oceanic islands. In: P. M. Vitousek, L. L. Loope & H. Andersen (Hrsg.): Islands: Biological Diversity and Ecosystem Function. Springer Verlag, Berlin, 87 – 102
James, H. F. & Olson, S.L. (1991): Descriptions of thirty-two species of birds from the Hawaiian Islands: Part II. Passeriformes. Ornithological Monographs 46, 598 – 599 **[Hawaii]**
Johansen, H. & Remmer, L. (Hrsg.) (1968): Kattegatøen **Læsø**, Naturen og Mennesket. Carlo Mortensens Bogtrykkeri, Viborg
Johannsen, K. (1982): Læsøs Historie til ca. 1750. Museumsforeningen for Læsø **[Læsø]**
Jones, H. P, Tershy, B. R., Zavaleta, E. S., Croll, D. A., Keitt, B. S., Finkelstein, M. E. & Howald, G. R. (2008): Severity of the effects of invasive rats on seabirds: A global review. Conservation Biology 22 (1), 16 – 26
Jones, T. L. (2008): Polynesians in the New World: The Cumash connection and beyond. Präsentation auf der „VII International Conference on Easter Island and the Pacific. Migration, Identity and Cultural Heritage". Gotland University, Visby, 20. – 25. August 2007: Abstract-Sammlung, S. 35
Jones, T. L. & Klar, K. A. (2005): Diffusionism reconsidered: Linguistic and archaeological evidence for prehistoric Polynesian contact with Southern California. American Antiquity 70 (3), 457 – 484
Jonsson, M. & Lindquist, S.-O. (1993): Kulturführer **Gotland**. Gotlands Fornsal, Visby
Juvik, S. P. & Juvik, J. O. (Hrsg.) (1998): Atlas of **Hawaii**. University of Hawaii Press, Honolulu

K

Karrasch, H. (2005): **Rapa Nui**: Weltkulturerbe und nachhaltiger Tourismus. In: M. Waibel, T. Thimm & W. Kreisel (Hrsg.): Fragile Inselwelten: Tourismus, Umwelt und indigene Kulturen, Pazifik Forum Band 9, 134 – 163 **[Osterinsel]**
Kelman, I. (2007): Sustainable livelihoods from natural heritage on islands. Island Studies Journal 2 (1), 101 – 114
Kerr, A. (2003): A history of grazing management in the **Falkland Islands**. The Falkland Islands Journal, Vol. 8 (2), 94 – 106
Kershaw, P., David, B., Tapper, N., Penny, D. & Brown, J. (Hrsg.) (2002): Bridging Wallace's Line: The Environmental and Cultural History and Dynamics of the SE-Asian-Australian Region. Advances in Geoecology 34. Catena Verlag, Reiskirchen
King, C. (1984): Immigrant Killers: Introduced Predators and the Conservation of Birds in **New Zealand**. Oxford University Press, Oxford
King, C. A. M., Hirst, R. (1964): The boulder-fields of the **Åland Islands**. Fennia 89 (2), 1 – 41
King, R. (1993): The geographical faszination of islands. In: D. G. Lockhart, D. Drakakis-Smith & J. A. Schembri (Hrsg.): The Development Process in Small Island States. Routledge, London, 13 – 37
King, R. & Connell, J. (Hrsg.) (1999): Small Worlds, Global Lives: Islands and Migration. Pinter, London, New York
Kirch, P. V. (1998): Lapita and its aftermath: The Austronesian settlement of Oceania. In: W. H. Goodenough (Hrsg.): Prehistoric Settlement of the Pacific. American Philosophical Society, Philadelphia, 57 – 70
Kirch, P. V. (2000): On the Road of the Winds: An Archaeological History of the Pacific Islands before European Contact. University of California Press, Berkeley, Los Angeles
Kirch, P. V. & Kahn, J. (2007): Advances in Polynesian prehistory: A review and assessment of the past decade (1993 – 2004). Journal of Archaeological Research 15, 191 – 238 **[Polynesien]**
Kirch, P. V. & Rallu, J.-L. (Hrsg.) (2007): The Growth and Collapse of Pacific Island Societies: Archaeological and Demographic Perspectives. University of Hawaii Press, Honolulu
Klar, K. A. & Jones, T. L. (2005): Linguistic evidence for a prehistoric **Polynesia**-Southern California contact event. Anthropological Linguistics 47 (4), 369 – 400
Kloth, J.-H. & Loven, U. (2002): Field Guide to Outdoor **Gotland**: Natural History and Wildlife. Gotlands Fornsals Förlag, Visby
Koch, G. (1984): Boote aus **Polynesien** und **Mikronesien**. In: G. Koch (Hrsg.): Boote aus aller Welt. Staatliche Museen Preußischer Kulturbesitz, Berlin, 11 –31
Kreisel, W. (2004): Die pazifische Inselwelt. Eine Länderkunde. Bornträger, Berlin, Stuttgart
Kreisel, W., Vossen, J. & Dickmann, F. (Hrsg.) (1990): Entwicklungstendenzen und Entwicklungsstrategien im pazifischen Inselraum. Pazifk Forum, Schriftenreihe der Arbeitsgemeinschaft für Pazifische Studien, Band 1. Horlemann Verlag, Bad Honnef
Krogh, K. J. & Svend, E. A. (1971): Das **Grönland** der Wikinger. Nationalmuseum, Kopenhagen
Krünitz, J. G. (1773 – 1858): Oekonomische Encyklopädie oder allgemeines System der Staats- Stadt-Haus- und Landwirthschaft, http://www.kruenitz1.uni-trier.de/
Kubary, J. S. (1895): Ethnographische Beiträge zur Kenntnis des Karolinen-Archipels. Verlag von P. W. M. Trap, Leiden **[Mikronesien]**
Küffer, C., Vos, P., Lavergne, C. & Mauremootoo, J. (2004): Case Studies on the Status of Invasive Woody Plant Species in the Western Indian Ocean, First Synthesis. Forest Health & Biosecurity Working Papers. Working Paper FBS/4 – 1 E, FAO, Rom
Küffer, C. (2006): Impacts of Woody Invasive Species on Tropical Forests of the **Seychelles**. Dissertation 16602 an der Eidgenössischen Technischen Hochschule Zürich
Kurle, C. M, Croll, D. A. & Tershey, B. (2008): Introduced rats indirectly change marine rocky intertidal communities from algae- to invertebrate-dominated. Proceedings of the National Academy of Sciences of the United States of America 105 (10), 3800 – 3804

L

Laage, K. E. (2004): Theodor Storms **Halligwelt** und seine Novelle „Eine Halligfahrt". Boyens Verlag, Heide
Labby, D. (1976): The Demystification of **Yap**. University of Chicago Press, Chicago, London
Læsø Produktionsskole og Saltsyderi (Hrsg.) (2001): **Læsø** Salt – i Røg & Damp. Læsø
Lange, D. (2005): Abfall als Faktor touristischer Tragfähigkeit: Eine Untersuchung zum Abfallmanagement auf der Insel **Juan Fernández**, Chile. In: M. Waibel, T. Thimm & W. Kreisel (Hrsg.): Fragile Inselwelten: Tourismus, Umwelt und indigene Kulturen, Pazifik Forum Band 9, 164 – 178
Larsen, E. (Hrsg.) (1982): Abel J. Tasman: Entdeckung **Neuseelands**, **Tasmaniens** und der **Tonga**- und der **Fidschi**-Inseln 1642 – 1644. Edition Erdmann, Tübingen
Latinis, D. K. (2000): The development of subsistence system models for Island Southeast Asia and Near Oceania: The nature and role of arboriculture and arboreal-based economies. World Archaeology 32 (1), 41 – 67
Lautz, T. (1994): Steinreich in der Südsee. Traditionelle Zahlungsmittel aus **Mikronesien**. Das Fenster Nr. 174, Geldgeschichtliches Museum der Kreissparkasse Köln **[Yap, Palau]**
Lautz, T. (1999): Steinreich in der Südsee. Traditionelle Zahlungsmittel in **Mikronesien**. Dritter Sonderband der EUCOPRIMO (European Union to Search for, Collect, and Preserve Primitive and Curious Money), Köln **[Yap, Palau]**
Lewthwaite, G. R. (1967): Geographical knowledge of the Pacific peoples. In: H. R. Friis (Hrsg.): The Pacific Basin. American Geographical Society. Special Publication No. 38, New York
Lingenfelter, S. G. (1975): **Yap**: Political Leadership and Culture Change in an Island Society. The University Press of Hawaii, Honolulu
Lingenhöhl, D. (2008): Kettenreaktion: Eingeschleppte Ratten beeinflussen sogar Meeresökosystem. Spektrumdirekt, Ausgabe vom 26. 02.2008. http://www.wissenschaft-online.de/artikel/944094&_z=859070 (30.06.2008)
Link, P. M. (2003): Auswirkungen populationsdynamischer Veränderungen in Fischbeständen auf die Fischwirtschaft in der Barentssee. Essener Geographische Arbeiten, Band 35, 179 – 202
Long, V. & Wall, G. (1995): Small-scale tourism development in **Bali**. In: M. V. Conlin & T. Baum (Hrsg.): Island Tourism: Management Principles and Practice. John Wiley & Sons, Chichester, 237 – 257
Lowe, S., Browne, M., Boudjelas, S. & De Poorter, M. (2004): 100 of the World's Worst Invasive Alien Species: A Selection from the Global Invasive Species Database. The Invasive Species Specialist Group (ISSG), World Conservation Union (IUCN), Auckland
Lüpnitz, D. (1975): Subalpine und alpine Pflanzengesellschaften auf der Insel **Pico** – **Azoren**. Botanisches Jahrbuch 95, 149 – 173
Lüpnitz, D. (1976): Geobotanische Studien zur natürlichen Vegetation der Azoren unter Berücksichtigung der Chorologie innerhalb Makaronesiens. Beiträge zur Biologie der Pflanzen 51, 149 – 319
Lundh, J. P. (1999, 2001): The **Galapagos**. A brief history. http://www.lundh.no/jacob/galapagos/pg05.htm (19.12.2007)

M

MacArthur, R. H. & Wilson, E. O. (1967): The Theory of Island Biogeography. Princeton University Press, Princeton (NJ)
MacCall, G. (1994): Nissology: The study of islands. Journal of the Pacific Society 17, 1 – 14
MacCall, G. (1996): Clearing confusion in a disembedded world: The case for nissology. Geographische Zeitschrift 84 (2), 74 – 85

MacPhee, R. D. E. (1999): Extinctions in Near Time. Kluwer Academic / Plenum Publishers, New York
Mafham-Preston, K. (1991): **Madagascar**: A Natural History. Facts On File, New York
Mahendra, S. & Daniel, L. (2007): The Island Advantage: Practices for Prospering in Isolation. id21 insights 70, Institute of Development Studies, University of Sussex, Brighton
Martin, P. S. & Steadman, D. W. (1999): Prehistoric extinctions on islands and continents. In: R. D. E. MacPhee (Hrsg.): Extinctions in Near time. Kluwer Academic / Plenum Publishers, New York, 17 – 55
Martinsson-Wallin, H. & Crockford, S. J. (2002): Early settlement of **Rapa Nui** (**Easter Island**). Asian Perspectives 40 (2), 244 – 278
Martinsson-Wallin, H. (2007): **Rapa Nui**: Aku Aku from Afar. Rapa Nui Press, Hanga Roa & Kon-Tiki Museum, Oslo **[Osterinsel]**
McElroy, J. L. (2003): Tourism development in small islands across the world. Geografiska Annaler 85B (4), 231 – 242
McMullen, C. K. (1999): Flowering Plants of the **Galápagos**. Cornell University Press, Ithaca, London
McNeill, J. R. (1994): Of rats and men: A synoptic environmental history of the Island Pacific. Journal of World History 5 (2), 299 – 349
Mead, W. R. & Jaatinen, S. H. (1975): The **Åland Islands**. David & Charles, Newton Abbot, London
Meehan, H. J., McConkey, K. R. & Drake, D. R. (2002): Effects of alien organisms on plant-animal mutualisms in insular systems. Journal of Biogeography 29 (5 – 6), 695 – 712
Meier, D. (1994): Geschichte der Besiedlung und Bedeichung im Nordseeküstenraum. In: J. Lozan et al. (Hrsg.): Warnsignale aus dem Wattenmeer. Blackwell Wissenschafts-Verlag, Berlin, Wien, 11 – 16 **[Halligen]**
Meier, D. (2001): Landschaftsentwicklung und Siedlungsgeschichte des Eiderstedter und Dithmarscher Küstengebietes als Teilregionen des Nordseeküstenraumes. Universitätsforschungen zur prähistorischen Archäologie Bd. 79. Rudolf Habelt Verlag, Bonn
Meldgaard, M. (2004): Ancient Harp Seal Hunters of Disko Bay: Subsistance and Settlement at the Saqqaq Culture Site Qeqertasussuk (2400 – 1400 BC), West **Greenland**. Meddelser om Grønland, Man & Society 30, Danish Polar Center, Kopenhagen
Melville, H. (1841, Neuausg. 2002): The Enchanted Isles. Hesperus Press, London
Melville, R. (1979): Endangered island floras. In: D. Bramwell (Hrsg.): Plants and Islands. Academic Press, London, 361 – 377 **[Galápagos-Inseln]**
Menard, H.W. (1987): Inseln: Geologie und Geschichte von Land im Meer. Spektrum der Wissenschaft Verlagsgesellschaft, Heidelberg
Métraux, A. (1957): Die **Osterinsel**. Verlag Kohlhammer, Stuttgart
Métraux, A. (1971): Ethnology of **Easter Island**. Bernice P. Bishop Museum Bulletin 160, Bishop Museum Press Reprints, Honolulu
Meurer, M. (Bearb.) (1998). Inseln: Landschaft und Ökologie. Geographische Rundschau 50 (12). Westermann Schulbuchverlag, Braunschweig
Mieth, A. & Bork, H.-R. (2003): Diminution and degradation of environmental resources by prehistoric land use on Poike Peninsula, **Easter Island (Rapa Nui)**. Rapa Nui Journal 17 (1), 34 – 42
Mieth, A. & Bork, H.-R. (2004): **Easter Island – Rapa Nui**: Scientific Pathways to Secrets of the Past. Christian-Albrechts-Universität zu Kiel, Ökologie-Zentrum, Kiel
Mieth, A. & Bork, H.-R. (2006a): The dynamics of soil, landscape and culture on **Easter Island** (Chile). In: J. R. Mc Neill & V. Winiwarter (Hrsg.): Soils and Societies. The White Horse Press, Isle of Harris
Mieth, A. & Bork, H.-R. (2006b): Die Rodung von 16 Millionen Palmen und ihre Folgen (**Osterinsel**, Chile). In: H.-R. Bork: Landschaften der Erde unter dem Einfluss des Menschen. Wissenschaftliche Buchgesellschaft und Primus Verlag, Darmstadt, 85 – 91
Mieth, A. & Bork, H.-R. (2007a): Kein Kollaps auf der **Osterinsel**? Spektrum der Wissenschaft, 2/2007, 9
Mieth, A. & Bork, H.-R. (2007b): Humans or introduced rats: who is to blame for **Easter Island's** deforestation? Präsentation auf der Konferenz „Rats, Humans, and their Impacts on Islands: Integrating Historical and Contemporary Ecology". University of Hawai'i at Manoa, Honolulu, 27. – 31. März: Abstract-Sammlung, 24
Mieth, A., Bork H.-R., Feeser, I. & Dierssen, K. (2006): Bodenzerstörung durch Beweidung und Brände im 20. Jahrhundert auf der **Osterinsel** (Chile). In: H.-R. Bork: Landschaften der Erde unter dem Einfluss des Menschen. Wissenschaftliche Buchgesellschaft und Primus Verlag, Darmstadt, 94 – 99
Mittermeier, R. A., Konstant, W. R., Hawkins, F., Louis, E. E., Langrand, O., Ratsimbazafy, J., Rasoloarison, R., Ganzhorn, J. U., Rajaobelina, S., Tattersall, I. & Meyers, D. M. (2006): Lemurs of **Madagascar**. Conservation International, Washington D.C.
Möller, I. (2000): Pflanzensoziologische und vegetationsökologische Studien in Nordwestspitzbergen. Mitteilungen der Geographischen Gesellschaft. Hamburg Band 90
Molloy, K. & O'Connell, M. (2004): Holocene vegetation and land-use dynamics in the karstic environment of Inis Oírr, **Aran Islands**, Western Ireland: Pollen analytical evidence evaluated in light of the archaeological record. Quaternary International 113, 41 – 64
Mommsen, T. (1856): Römische Geschichte. Band 4, Kapitel 1. In: eLib (Hrsg.): literature.at/elib, http://www.literature.at/elib/index.php5?title= Römische_Geschichte_-_Theodor_Mommsen_-_Breslau_-_1856 (13.08.2008)
Moore, D. M. (1983): Human impact on island vegetation. In: W. Holzner, M. J. A. Werger & I. Ikusima: Man's Impact on Vegetation. Geobotany 5. Dr. W. Junk Publishers, Den Haag, 237 – 246
Moree, P. J. (1998): A Concise History of Dutch **Mauritius**, 1598 – 1710. A Fruitful and Healthy Land. Kegan Paul International, London
Morgan, W. N. (1988): Prehistoric Architecture in **Micronesia**. University of Texas Press, Austin
Mortensøn, M. D. & Olsen, N. F. (2005): Kulturhistoriske Værdier på **Læsø**: Pilotprojekt Marin Nationalpark Læsø. Center for Kulturanalyse, Univesität Kopenhagen, http://centerforkulturanalyse.ku.dk
Mückler, H. (2003): Traditionelle und moderne Mobilität auf Atollinseln: zur räumlichen Orientierung, Navigation, Bootsbau und Migration in **Mikronesien**. Mitteilungen der Anthropologischen Gesellschaft in Wien (MAGW) 133, 125 – 137
Müller, W. (1917): **Yap**. In: G. Thilenius (Hrsg.): Ergebnisse der Südsee-Expedition 1908 – 1910, Teil II Ethnographie, B: **Mikronesien**, Band 2, Hamburgische Wissenschaftliche Stiftung. L. Friedrichsen & Co., Hamburg
Mueller-Dombois, D. & Fosberg, F. R. (1998): Vegetation of the Tropical Pacific Islands. Springer-Verlag, New York
Mykura, W. (1976): British Regional Geology. **Orkney** and **Shetland**. Natural Environment Research Council, Institute of Geological Sciences. Her Majesty's Stationary Office, Edinburgh

N

Nagarajan, P. (2006): Collapse of **Easter Island**: Lessons for sustainability of small islands. Journal of Developing Societies 22 (3), 287 – 301
Naroika, H., Adnyana, I. W. S., Medina, M. & Medina, S. M. (2001): Land characteristics and soil erosion in relation to slope farming in the highlands of Candikuning, **Bali**, Indonesia. Journal of the Japanese Society of Soil Physics 87, 37 – 45
Nentwig, W. (Hrsg.) (2007): Biological Invasions. Springer-Verlag, Heidelberg
New Economics Foundation (Nef) (2006): The (Un)happy Planet Index: An Index of Human Well-being and Environmental Impact. http://www.happyplanetindex.org (11.02.2008)
Nicolson, J. R. (1975): **Shetland**. The Island Series. David & Charles, Newton Abbot, London
Nilssen, E. (2004): Development of the cultural landscape in the **Lofoten** area, North Norway. In: H. H. Birks, H. J. B. Birks, P. E. Kaland & D. Moe (Hrsg.): The Cultural Landscape: Past, Present and Future. Cambridge University Press, Cambridge, 369 – 380
Nylén, E. & Lamm, J. P. (1991): Bildsteine auf **Gotland**. Karl Wacholtz Verlag, Neumünster

O

Öhrmann, R. (o. J.): Geschichte **Gotlands**. Länsmuseet på Gotland. Internet: http://www.gotmus.i.se/2_tyska/vorzeit.htm; .../mittelalter.htm; .../neuzeit.htm (15.10.2007)
Oerlemans, J. (2001): Glaciers and Climate Change. A. A. Balkema Publishers, Lisse, Abingdon, Exton (PA), Tokio
Øye, I. (Bearb.) (1996): Bergen und die deutsche Hanse. Bryggens Museum, Bergen
Olson, S. L. & James, H. F. (1991): Descripitions of thirty-two species of birds from the **Hawaiian Islands**: Part I. Non-Passeriformes. Ornithological Monographs 45, 1 – 85
Opitz, C. (2004): Traditional Money on **Yap** and **Palau**. First Impressions Printing Inc., Ocala (Florida)
Oppenheimer, S. J. & Richards, M. (2001): Slow boat to **Melanesia**? Nature 410, 166 – 167
Orliac, C. & Orliac, M. (1998): The disappearance of **Easter Island**'s forest: Overexploitation or climatic catastrophe? In: C. M. Stevenson, G. Lee & F. J. Morin (Hrsg.): **Easter Island** in Pacific Context. South Seas Symposium. Proceedings of the 4th International Conference on Easter Island and East Polynesia. Easter Island Foundation, Los Osos, 129 – 134
Orliac, C. (2000): The woody vegetation of **Easter Island** between the Early 14th and the Mid-17th Centuries AD. In: C. M. Stevenson and W. S. Ayres (Hrsg.): Easter Island Archaeology. Research on Early Rapa Nui Culture. Easter Island Foundation, Los Osos, 211 – 220
O'Rourke, C. (2006): Nature Guide to the **Aran Islands**. The Lilliput Press, Dublin
Osterhaus, A. (1997): **Madagaskar**. Beck'sche Reihe Länder. Verlag C. H. Beck, München
O'Sullivan, P. (1980): A World of Stone. The O'Brian Press, Dublin **[Aran-Inseln]**

P

Page, S. E., Siegert, F., Rieley, J. O., Boehm, H.-D., Jaya, A. & Limin, S. (2002): The amount of carbon released from peat and forest fires in Indonesia during 1997. Nature 420, 61 – 65

Palomäki, M. (1963): Über den Einfluss der Landhebung als ökologischer Faktor in der Flora flacher Inseln. Fennia 88 (2), 1 – 66 **[Finnisches Schärengebiet]**

Parry, M., Canziani, O., Palutikof, J., van der Linden, P. & Hanson, C. (2008): Climate Change 2007: Impacts, Adaptation and Vulnerability. Cambridge University Press, Cambridge

Pelling, M. & Uitto, J. I. (2001): Small island developing states: Natural disaster vulnerability and global change. Environmental Hazards 3, 49 – 62

Percy, D., Blackmore, S. & Cronk, Q. C. B. (2007): Island flora. In: G. Baldacchino (Hrsg.): A World of Islands. Institute of Island Studies, University of Prince Edward Island, Charlottetown, 175 – 198

Peter, H. (Hrsg.) (o. J.): Polynesier: Vikinger der Südsee. Museum für Völkerkunde, Wien **[Polynesien]**

Petersen, R. (2003): Settlements, Kinship and Hunting Grounds in Ttraditional **Greenland**: A Comparative Study of Local Experiences from Upernavik and Ammassalik. Meddelser om Grønland, Man & Society 27, Danish Polar Center, Kopenhagen

Peterson, J. & Ingmanson, G. (2007): **Gotlands** Flora: En Guide. Gotland Botaniska Förening och författarna, Snaba Tryk, Visby

Phillips, T. (2003): Seascapes and landscapes in **Orkney** and northern Scotland. World Archaeology 35 (3), 371 – 384

Pochin Mould, D. (1972): The **Aran Islands**. David & Charles, Newton Abbot, Devon

Pollis, G. A. & Hurd, S. D. (1995): Extraordinarily high spider densities on islands: Flow of energy from the marine to terrestrial food webs and the absence of predation. Proceedings of the National Academy of Sciences of the United States of America 92, 4382 – 4386

Q

Quack, U. (1997): **Gotland**. DuMont Buchverlag, Köln

Quammen, D. (2001): Der Gesang des Dodo: Eine Reise durch die Evolution der Inselwelten. Econ Ullstein List Verlag, München

Quedens, G. (1997): Kirche und Friedhöfe auf **Amrum**. Breklumer Verlag, Breklum

Quedens, G., Hingst, H., Stück, G. & Wilts, O. (1991): **Amrum**: Landschaft, Geschichte, Natur. Verlag Jens Quedens, Amrum

R

Radhe, B. (Bearb.) (2006): Linné. Gotländskt Arkiv 2006. Länsmuseet Gotlands Fornsal, Visby **[Gotland]**

Rainbird, P. (2002): A message for our future? The **Rapa Nui [Easter Island]** ecodisaster and Pacific island environments. World Archaeology 33 (3), 436 – 451

Rainbird, P. (2004): The Archaeology of **Micronesia**. Cambridge University Press, Cambridge

Rainbird, P. (2007): The Archaeology of Islands. Cambridge University Press, Cambridge **[u. a. Gotland, Malta, Mikronesien, Polynesien]**

Ramírez, J. M. (1990/1991): Transpacific contacts: The Mapuche connection. Rapa Nui Journal 4 (4), 53 – 55

Ramírez, J. M. (2007): The **Polynesia**-Mapuche transpacific contact. Präsentation auf der „VII International Conference on Easter Island and the Pacific. Migration, Identity and Cultural Heritage". Gotland University, Visby, 20. – 25. August 2007: Abstract-Sammlung, 36

Ramseyer, U. & Tisna, I. G. R. P. (Hrsg.) (2001): **Bali**: Leben in zwei Welten, ein kritisches Selbstportrait. Museum der Kulturen & Verlag Schwabe & Co., Basel

Rapaport, M. (1999): The Pacific Islands: Environment and Society. Bess Press, Honolulu

Rauh, W. (1979): Problems of biological conservation in **Madagascar**. In: D. Bramwell (Hrsg.): Plants and Islands. Academic Press, London, 405 – 421

Renfrew, C. (Hrsg.) (1993): The Prehistory of **Orkney**. Edinburgh University Press, Edinburgh

Rheinheimer, M. (2007): Der fremde Sohn: Hark Olufs Wiederkehr aus der Sklaverei. Wachholtz Verlag, Neumünster

Riera, N., Traveset, A. & García, O. (2002): Breakage of mutualism by exotic species: The case of *Cneorum tricoccon* L. in the **Balearic Islands** (Western Mediterranean Sea). Journal of Biogeography 29 (5 – 6), 713 –719

Riis, T. (2001): 1848 – und seine Kehrseite. Demokratische Geschichte, Jahrbuch für Schleswig-Holstein 14, 9 – 14, siehe auch: http://www.beirat-fuer-geschichte.de/fileadmin/pdf/band_14/Demokratische_Geschichte_Band_14_Essay_2.pdf (5.10.2008)

Ritchie, A. (1995): Prehistoric **Orkney**. Historic Scotland, B.T. Batsford Ltd, London

Ritchie, A. (1996): Viking Scotland. Historic Scotland, B.T. Batsford Ltd, London **[Orkney- und Shetlandinseln]**

Ritter, F. (1935): Als Robinson auf **Galapagos**. Grethlein und Co. Nachf., Leipzig

Robinson, T. (1999): Stones of **Aran**: Labyrinth. Lilliput Press, Dublin

Rodda, G. H., Fritts, T. H., McCoid, M. J. & Campbell, E. W. (1999): An overview of the biology of the brown treesnake (*Boiga irregularis*), a costly introduced pest on Pacific Islands. In: G. H. Rodda, Y. Sawai, D. Chiszar & H. Tanaka (Hrsg.): Problem Snake Management: The Habu and the Brown Treesnake. Cornell University Press, Ithaka N. Y., 44 – 80

Roden, C. (1999): The **Aran** flora. In: J. Waddell, J. W. O'Conell & A. Korf (Hrsg.): The Book of Aran. Tír Eolas, Newtownlynch, Kinvara, 35 – 46

Rodriguez, L. F. (2006): Can invasive species facilitate native species? Evidence of how, when, and why these impacts occur. Biological Invasions 8 (4), 927 – 939

Røde, G. (Bearb.) (1996): Die Geschichte der **Lofoten**: ein Wegbegleiter. Die öffentlichen Museen auf den Lofoten, Lofotrådet

Rogers, D. S. & Ehrlich, P. R. (2008): Natural selection and cultural rates of change. Proceedings of the National Academy of Sciences of the United States of America 105 (9), 3416 – 3420

Ronström, O. (2007): „Oh! Island in the Sun": Telling the Gotlandic Story. Unveröffentlichtes Manuskript, Gotland University, Dep. of Cultural and Social Studies, Visby **[Gotland]**

Rothschild, W. (1893 – 1900): The Avifauna of **Laysan** and the Neighbouring Islands with a Complete History to Date of the Birds of the Hawaiian Possession. R. H. Porter, London **[Hawaii-Inseln]**

Routledge, K. (1919, Neuausg. 1998): The Mystery of **Easter Island**. Adventures Unlimited Press, Kempton, Illinois

Royle, S. A. (1985): The economy and society of the **Aran Islands**: County Galway in the early nineteenth century. Irish Geography 16, 36 – 54

Royle, S. A. (2001): A Geography of Islands: Small Island Insularity. Routledge, London

Royle, S. A. (2006): Culture, Environment and the tourist gaze: The **Falkland Islands**. In: H. Johnson (Hrsg.): Papers from the 2nd International Small Islands Cultures Conference, Museum Theatre, Norfolk Island Museum, 9. – 13. Februar 2006, 119 – 128

Royle, S. A. (2007): Island definitions and typologies. In: G. Baldacchino (Hrsg.): A World of Islands. Institute of Island Studies. University of Prince Edward Island, Charlottetown, 33 – 56

Rying, B. (Hrsg.) (1969): Nordjylland med **Læsø** og Hirsholmene. Danmark Gyldendahls Egnsbeskrivelse, Band 2, Gyldendahl, Kopenhagen

S

Salesius, P. (1906): Die Karolinen-Insel **Jap**. Süsserotts Kolonialbibliothek Band 12. Wilhelm Süsserott Verlagsbuchhandlung, Berlin

Scarr, D. (2001): A History of the Pacific Islands: Passages through Tropical Time. Curzon Press, Richmond, Surrey

Schäfer, H. (2003): Chorology and Diversity of the Azorean Flora. Dissertationes Botanicae 374 **[Azoren]**

Schäfer, H. (2005): Flora of the **Azores**: A Field Guide. Markgraf Verlag, Weikersheim

Schindlbeck, M. (1993): Von Kokos zu Plastik: Südseekulturen im Wandel. Veröffentlichungen des Museums für Völkerkunde Berlin, Neue Folge 59. Dietrich Reimer Verlag, Berlin **[Südsee]**

Schindlbeck, M. (2007): Expeditionen in die **Südsee**. Veröffentlichungen des Ethnologischen Museums Berlin, Neue Folge 74. Dietrich Reimer Verlag, Berlin

Schlick, W. (1989): Die **Orkney- und Shetland-Inseln**: Landschaft und Kultur im Nordatlantik. DuMont Buchverlag, Köln

Schmincke, H.-U. (2000): Vulkanismus. Wissenschaftliche Buchgesellschaft, Darmstadt

Schnyder-Meyer, J. O. (2001): Die Schatzinsel Chiles: **Juan Fernández**. Eigenverlag des Autors, San Juan Bautista **[Robinson-Crusoe-Insel]**

Schøyen, C. (1924): Der **Lofot**. Eugen Diederichs Verlag, Jena

Schüring, J. (2007): Zu neuen Ufern. Abenteuer Archäologie 4/2007, 34 – 39

Schultz, J. (2000): Handbuch der Ökozonen der Erde. UTB, Stuttgart

Schwager, M. (2000): Eisbohrkernuntersuchungen zur räumlichen und zeitlichen Variabilität von Temperatur und Niederschlagsrate im Spätholozän in **Nordgrönland**. Berichte zur Polarforschung 362, Alfred-Wegener-Institut für Polar- und Meeresforschung, Bremerhaven

Schweinfurth U. (1962): Studien zur Pflanzengeographie von **Tasmanien**. Bonner Geographische Abhandlungen 31, Geographisches Institut der Universität Bonn, Bonn

Selvon, S. (2005): A Comprehensive History of **Mauritius**. Mauritius Press, Pailles/Mauritius

Selwyn, P. (1980): Smallness and islandness. World Development 8, 945 – 951

Shakespeare, N. (2005): In **Tasmanien**. marebuchverlag, Hamburg

Sick, W.-D. (1979): **Madagaskar**: tropisches Entwicklungsland zwischen den Kontinenten. Wissenschaftliche Länderkunden, Band 16. Wissenschaftliche Buchgesellschaft, Darmstadt

Simpson, G. G. (1952): How many species? Evolution 6, 342

Sjögren, E. (1973): Recent Changes in the Vascular Flora and Vegetation in the **Azores Islands**. Memorias da Sociedade Brotheriana, Band 22

Small Island Cultures Research Initiative (SICRI): http://www.sicri.org/

Small Island Developing States Network: http://www.sidsnet.org/

Small Islands Voice: http://www.unesco.org/csi/smis/siv/sivindex.htm

Snell, H. M., Stone, P. A. & Snell, H. L. (1996): A

summary of geographical characteristics of the **Galápagos**. Journal of Biogeography, 23 (5), 619–624

Solomon, H. & Smith, H. H. (2008): Effectiveness of Mantadory Law of Cistern Construction for Rainwater Harvesting on Supply and Demand of Public Water in **U.S. Virgin Islands**, http://prwreri.uprm.edu/7CIWRC/archives/Presentation%20Slides/Oct%20 26_CIWRC/3%20Hossana%20Solomon%20and%20 Henry%20Smith.pdf (3.9.2008)

Souhami, D. (2004): Selkirks Insel: Die wahre Geschichte von **Robinson Crusoe**. Goldmann, München

Spalding, M.D., Ravillious, C. & Green, E.P. (2004): Weltatlas der Korallenriffe. Delius Klasing, Bielefeld

Spitzing, G. (1983): **Bali**: Tempel, Mythen und Volkskunst auf der tropischen Insel zwischen Indischem und Pazifischem Ozean. DuMont Buchverlag, Köln

Steadman, D. W. (1995): Prehistoric extinctions of Pacific Island birds: Biodiversity meets zooarchaeology. Science 267, 1123–1131

Steadman, D. W. (1997): Human-caused extinctions of birds. In: M. L. Reaka-Kudla, D. E. Wilson & E. O. Wilson (Hrsg.): Biodiversity II: Understanding and Protecting our Biological Resources. Joseph Henry Press, Washington DC, 139–161

Steadman, D.W. (1998): The prehistoric extinction of south-pacific birds: catastrophy versus attrition. In: M. Spriggs, C. Sand & I. Lilly (Hrsg.): Le Pacifique de 5000 à 2000 avant le Présent. Suppléments à l'Histoire d'une Colonisation. The Pacific from 5000 to 2000 BP. Colonisation and Transformations. Actes du colloque Vanuatu, 31 Juillet–6 Aout 1996. Editions de l'ORSTOM. Collection Colloques et séminaires, Paris, 375–386

Steadman, D. W. (2002): Prehistoric butchery and consumption of birds in the kingdom of **Tonga**, South Pacific. Journal of Archaeological Science 29, 571–584

Steadman, D. W. & Olson, S. L. (1985): Bird remains from an archaeological site on **Henderson Island**, South Pacific: Man-caused extinctions on an „uninhabited" island. Proceedings of the National Academy of Sciences of the United States of America 82, 6191–6195

Steadman, D. W. & Kirch, P. V. (1990): Prehistoric extinction of birds on **Mangaia**, **Cook Islands**, **Polynesia**. Proceedings of the National Academy of Sciences of the United States of America 87, 9605–9609

Steadman, D. W., Vargas, C. P. & Ferrando, C. C. (1994): Stratigraphy, chronology and cultural context of an early faunal assemblage from **Easter Island**. Asian Perspectives 33, 79–96

Steadman, D. W., Pregill, G. K. & Burley, D. V. (2002): Rapid prehistoric extinction of iguanas and birds in **Polynesia**. Proceedings of the National Academy of Sciences of the United States of America 99 (6), 3673–3677

Stevenson, C. M., Jackson, T. L., Mieth, A., Bork, H.-R. & Ladefoged, T. N. (2006): Prehistoric and early historic agriculture at Maunga Orito, **Easter Island** (Rapa Nui), Chile, Antiquity 80, 919–936

Stieglitz, A. (2008): Azorenflora. Books on Demand, Norderstedt **[Azoren]**

Stingl, M. (1985a): Die schwarzen Inseln: ein Ethnologe erzählt von **Melanesien**. In der Südsee, Band 1. VEB F. A. Brockhaus Verlag, Leipzig

Stingl, M. (1985b): Atolle im Taifun: Reise durch die Inselwelt **Mikronesiens**. In der Südsee, Band 2. VEB F. A. Brockhaus Verlag, Leipzig

Stingl, M. (1985c): Wikinger der Südsee: Forschungen in **Polynesien**. In der Südsee, Band 3. VEB F. A. Brockhaus Verlag, Leipzig

Stingl, M. (1985d): **Hawaii**: auf den Spuren einer alten Kultur. In der Südsee, Band 4. VEB F. A. Brockhaus Verlag, Leipzig

Stoklund, B. (1985): Economy, work and social roles: Continuity and change in the island community of **Læsø** c. 1200–1900. Ethnologia Europaea Vol. XV (2), 129–163

Storey, A. A., Ramírez, J. M., Quiroz, D., Burley, D., Addison, D. J., Walter, R., Anderson, A. J., Hunt, T. L., Athens, J. S., Huynen, L. & Matisoo-Smith, E. A. (2007): Radiocarbon and DNA evidence for a pre-Columbian introduction of Polynesian chickens to Chile. Proceedings of the National Academy of Sciences of the United States of America 104 (25), 10335–10339

Strange, I. J. (1983): The **Falkland Islands**. David & Charles, Newton Abbot

Strange, I. J. (1992): A Field Guide to the Wildlife of the **Falkland Islands** and **South Georgia**. Harper Collins Publishers, London

Strauss, S. (2006): Konkurrenz um die Ressource Wasser: Nutzungskonflikte am Beispiel der südbalinesischen Reiskultur. Hausarbeit zur Erlangung des Magistergrades an der Sozialwissenschaftlichen Fakultät der Georg-August-Universität Göttingen **[Bali]**

Stumböck, M. (1993): Vegetation und Ökologie von Narsarsuaq, **Südwestgrönland**. Dissertationes Botanicae 203, J. Cramer, Berlin, Stuttgart

Synge, J. M. (Erstveröff. 1907, deutsche Neuausg. 1972): Die **Aran-Inseln**. Suhrkamp Verlag, Frankfurt am Main

T

Thirslund, S. (2007): Viking Navigation. Viking Ship Museum, Roskilde

Treide, B. (1997): In den Weiten des Pazifik: **Mikronesien**. Dr. Ludwig Reichert Verlag, Wiesbaden

U

Uhlig, H. (1979): **Bali**: Insel der lebenden Götter. Bertelsmann Verlag, München

UNESCO. The World Heritage List: http://whc.unesco.org/en/list (21.02.2008)

United Nations (1999). General Assembly Special Session (UNGASS) on the Development of Small Island Developing States (SIDS). UN Headquarters, New York, 27.–28. September 1999. http://www.iisd.ca/sids/

United Nations: UNEP Islands Web Site, Island Directory. http://www.unep.ch/isldir.htm

Utne, A. (Hrsg.) (1982): Bryggen: Das Hanseatische Kontor in Bergen. Det Hanseatiske Museums Skrifter Nr. 25. Det Hanseatiske Museum, Bergen

V

Van Tilburg, J. A. (1994): **Easter Island**: Archaeology, Ecology and Culture. British Museum Press, London

Veit, B. (2005): **Tasmanien**: Australiens grünes Paradies. National Geographic und Frederking & Thaler, München

Vellev, J. (2000): Saltproduktionen på **Læsø**, i Danmark og i Europa. Forlaget Hikuin, Højbjerg

Vickers, A. (Hrsg.) (1996): Being Modern in **Bali**: Image and Change. Monograph 43, Yale Southeast Asia Studies. Yale University, New Haven

Vitousek, P. M., Loope, L. L. & Adersen, H. (1995): Islands: Biological Diversity and Ecosystem Function. Ecological Studies 115. Springer-Verlag, Berlin, Heidelberg, New York

von Bremen, A. (1926): Hamburgische Kirchengeschichte. Viertes Buch: Beschreibung der Inselwelt des Nordens. Verlag der Dykschen Buchhandlung, Leipzig

Vorlaufer, K. (2005): **Phuket** und **Samui**: Massentourismus, wirtschaftliche Entwicklung und Umweltprobleme auf **südthailändischen Inseln**. In: M. Waibel, T. Thimm & W. Kreisel (Hrsg.): Fragile Inselwelten: Tourismus, Umwelt und indigene Kulturen, Pazifik Forum Band 9, 33–54

Vornlocher, P. (1992): Die dänische Insel **Læsø**: eine regionalgeographische Studie. Eigenverlag Vornlocher, Buckenhof

Vorren, K.-D., Nilssen, E. & Mørkved, B. (1990): Age and agricultural history of the 'staðir' farms of North and Central Norway. Norsk Geografisk Tidskrift 44, 79–102 **[Lofoten]**

W

Waddell, J. (1999): The archaeology of the **Aran Islands**. In: J. Waddell, J. W. O'Conell & A. Korf (Hrsg.): The Book of **Aran**. Tír Eolas, Newtownlynch, Kinvara, 75–136

Waddell, J., O'Conell, J. W. & Korf, A. (Hrsg.) (1999): The Book of **Aran**. Tír Eolas, Newtownlynch, Kinvara

Waibel, M., Thimm, T. & Kreisel, W. (Hrsg.) (2005): Fragile Inselwelten: Tourismus, Umwelt und indigene Kulturen. Pazifk Forum, Schriftenreihe der Arbeitsgemeinschaft für Pazifische Studien, Band 9. Horlemann Verlag, Bad Honnef

Wakonigg, H. (2002): Geographische Reisenotizen zu den **Azoren**. Grazer Geographische Mitteilungen 30, 31

Waldner, R. (1998): **Bali**: Touristentraum versus Lebensraum? Ökosystem und Kulturlandschaft unter dem Einfluss des internationalen Tourismus in Indonesien. Peter Lang AG, Europäischer Verlag der Wissenschaften, Bern

Walther, E. (1984): Boote aus Europa. In: G. Koch (Hrsg.): Boote aus aller Welt. Staatliche Museen Preußischer Kulturbesitz, Berlin, 137–167

Watkins, G. & Cruz, F. (2007): **Galápagos** at Risk: A Socioeconomic Analysis of the Situation in the Archipelago. Charles Darwin Foundation, Puerto Ayora

Watlington, R. A. & Lincoln, S. H. (1997): Disaster and Disruption in 1867: Hurricane, Earthquake and Tsunami in the **Danish West Indies**. Collection of Accounts and Reports. Eastern Caribbean Center, University of the Virgin Islands, St. Thomas

Wessel, P. & Smith, W. H. F. (1996): A global self-consistent, hierarchical, high-resolution shoreline database. Journal of Geophysical Research 110, 8741–8743

Westholm, G. (Hrsg.) (2005): The Hoard from Spillings. Länsmuseet Gotlands Fornsal, Visby **[Gotland]**

Wetekam, B. (2008): Vom Ende einer Art. Zeit Online 20/2008, 90, http://www.zeit.de/2008/20/A-Riesenalk

Whittaker, R. J. (2004): The importance of islands. In: M. V. Lomolino, D. F. Sax & J. H. Brown (Hrsg.): Foundations of Biogeography: Classic Papers with Commentaries. University of Chicago Press, Chicago IL, 931–941

Whittaker, R. J. & Fernández-Palacios, J. M. (2007): Island Biogeography: Ecology, Evolution, and Conservation. Oxford University Press, Oxford

Williams, A. & Fonseca, M. L. (1999): The **Azores**: Between Europe and America. In: R. King. & J. Connell (Hrsg.): Small Worlds, Global Lives: Islands and Migration. Pinter, London, New York, 55–76

Williams, W. D. (Hrsg.) (1974): Biogeography and Ecology in **Tasmania**. Monographiae Biologicae 25. Dr. W. Junk b.v., Publishers, Den Haag

Williamson, M. H. (1981): Island Populations. Oxford University Press, Oxford

Wilmshurst, J. M. & Higham, T. F. G. (2004): Using rat-gnawed seeds to independently date the arrival of Pacific rats and humans in **New Zealand**. The Holocene 14 (6), 801 – 806

Wing, P. (1995): Tourism development in the South Indian Ocean: The case of **Mauritius**. In: M. V. Conlin & T. Baum (Hrsg.): Island Tourism: Management, Principles and Practice. John Wiley & Sons, Chichester, 229 – 235

Wittmer, M. (2004): Postlagernd **Floreana**: Ein außergewöhnliches Frauenleben am Ende der Welt. Bastei Lübbe, Bergisch Gladbach

Woods, R. W. (1988): Guide to Birds of the **Falkland Islands**. Anthony Nelson Ltd., Oswestry

Woodward, R. L. (1969): **Robinson Crusoe's Island**: A History of the **Juan Fernández Islands**. University of North Carolina Press, Chapel Hill

World Island Information: http://www.worldislandinfo.com/

Worthy, T. H. (1997): What was the menu? Avian extinction in **New Zealand**. New Zealand Journal of Archaeology 19, 125 – 160

Wright, C. (1974): **Mauritius**. The Island Series. David & Charles, Newton Abbot

Wüthrich, C. & Thannheiser, D. (2002): Die Polargebiete. Das Geographische Seminar, Westermann, Braunschweig

WWF (2006): „Aliens" im Tier- und Pflanzenreich. WWF Hintergrundinformation, August 2006, WWF Deutschland & Traffic Europe-Germany, Frankfurt am Main

Y

Yap Visitor's Bureau (2000): A Visitor's Handbook to the Islands of **Yap**. Yap State Government, Colonia

Yen, D. E. (1974): The Sweet Potato and Oceania: An Essay in Ethnobotany. Bernice P. Bishop Museum Bulletin 236. Bishop Museum Press, Honolulu

Young, L. B. (1999): Islands: Portraits of Miniature Worlds. W. H. Freeman & Company, New York

Z

Zier, W. (1980): Hölle im Paradies: Entdeckung und Untergang der Südsee-Kulturen. Econ Verlag, Wien, Düsseldorf **[u. a. Polynesien, Mikronesien, Tasmanien]**

Zimmermann, E. C. (1963): Nature of the land biota. In: F. R. Fosberg (Hrsg.): Man's Place in the Island Ecoystem: A Symposium. Tenth Pacific Science Congress Honolulu, Hawaii. Bishop Museum Press, Honolulu, 57 – 63

Zizka, G. (1991): Flowering Plants of **Easter Island**. Wissenschaftliche Berichte des Palmengartens, Heft 3, Frankfurt am Main

Zizka, G. & Klemmer, K. (Hrsg.) (1994): Pflanzen- und Tierwelt der **Galápagos-Inseln**. Entstehung, Erforschung, Gefährdung und Schutz. Kleine Senckenbergreihe Nr. 20, Palmengarten Sonderheft 22, Frankfurt am Main

Register

Kursive Zahlen verweisen auf Abb./Tab., blau hervorgehobene auf das jeweilige Kapitel

C

D

E

F

G